KB273124

0원으로 시작하는
부동산 경매 이야기

# 0원으로 시작하는
# 부동산 경매 이야기

**초판 1쇄 발행**  2026년 2월 28일

지 은 이　강민수(채원별님)
펴 낸 이　김동하

마 케 팅　이승민
디 자 인　김수지
펴 낸 곳　책들의정원
출판신고　2015년 1월 14일 제2016-000120호
주　　소　(10881) 경기도 파주시 산남로 5-86
문　　의　(070) 7853-8600
팩　　스　(02) 6020-8601
이 메 일　books-garden1@naver.com

ISBN  979-11-6416-270-3 (03320)

월급쟁이가
서울에 집 사는 유일한 방법

# 0원으로 시작하는 부동산 경매 이야기

강민수(채원별님) 지음

# 아무것도 하지 않으면
# 아무것도 일어나지 않는다

2026년, 수도권 아파트는 전 고점을 넘어서 더 높은 곳으로 올라가고 있다. 정부는 말한다. 집은 하나만 소유하라고. 징벌적인 세금으로 부동산을 규제하겠다고. 그럼 우리는 세금을 내지 않는 선에서만 움직이면 된다. 이 방법은 10년 전, 20년 전에도 유효했고, 다시 10년 후, 20년 후에도 가능할 것이다.

문제는 규제가 아니라 실천력이다. 해보지 않은 사람은 두려워서 점점 더 웅크리게 된다. 가만히 떠올려보자. 아무것도 하지 않으면 인생이 안전해졌던가? 실패하지 않기 위해 멈춰 있었던 시간만큼 뒤처지지는 않았던가? 아무것도 하지 않으면 아무것도 일어나지 않는다. 그렇게 어떤 일도 일어나지 않은 채로 인생이 끝난다.

한 번뿐인 인생이다. 각자 나의 자유, 혹은 가족의 미래를 짊어지고 있을 것이다. 그렇다면 안 될 이유를 찾기 전에, 한 번은 해봐야 하지 않을까?

누군가는 말한다. 빌라는 영원히 팔리지 않는다고, 그래서 지워지지 않는 문신 같다고. 그럼 빌라는 절대 사면 안 될까? 우리에게는 빌라냐, 아파트냐 하는 고민이 필요없다. 오피스텔이냐, 상가냐 하는 고민도 쓸모없다. 우리에게 중요한 사실은 오직 '싸게 사서 비싸게 팔 수 있는가' 하는 문제뿐이다.

빌라가 무섭다고? 아파트에 투자할 수 있으면 바로 아파트에 투자하라. 하지만 종잣돈이 없어서 아파트에 투자할 수 없다면, 빌라로 먼저 레버리지 해서 아파트를 사라. 아무것도 소유하지 않는 것보다는 빌라를, 그리고 언젠가는 아파트를 보유하는 편이 낫지 않겠는가. 대단지 아파트가 오르면 그다음은 나홀로 아파트, 마지막은 빌라가 오르는 것이 당연하다.

내가 말하는 '0원으로 시작하는 부동산 경매'는 바로 이 흐름을 말한다. 처음부터 서울 상급지 아파트를 살 수 있다고 말하는 사람이 있다며 의심하라. 하지만 서울 아파트로 가는 '길'은 분명히 존재한다.

나는 쉽게 부자가 될 수 있고 말하지 않는다. 한 방에 인생이 바뀐다고도 말하지 않는다. 다만 한 가지는 분명히 약속할 수 있다. 돈이 없어서 아무것도 못 한다는 말은 사실이 아닐 수 있다. 지난 시간 직접 경험했고, 이 책을 통해 그 과정을 전부 증명할 것이다.

음식을 파는 사람이 내 아이에게 먹인다는 마음으로 식자재를 관리한다면 좋은 재료와 위생을 유지하게 된다. 이 책 역시 내 아이에게 보여준다는 마음으로, 경험과 투자에서 얻은 모든 노하우를 담았다. 이 책을 읽는 이들이 어떤 시장에서도 길을 잃지 않고 남들보다 먼저 과실을 따길 바란다. 하루빨리 경제적 자유와 시간적 자유를 이루고, 가족과 함께 행복한 시간을 보내며 하고 싶은 일을 마음껏하며 사는 삶에 닿기를 바란다.

이 책이 세상에 나올 수 있었던 것은 가족의 응원 덕분이다. 아내의 지지와 배려가 없었다면 지금의 나도, 이 책도 존재하지 않았을 것이다. 아내의 위암 수술을 계기로 부동산 투자를 시작했고, 그때부터 인생은 바뀌기 시작했다. 식당과 호프집을 운영하며 투자까지 병행하느라 집에서는 잠만 자고 나가는 남편을 묵묵히 이해해준 아내에게 깊이 감사한다. 부족한 남편을 믿고 응원해 준 사랑하는 아내 별님에게 고마움을 전한다. 집 근처로 이사 와 아이들을 돌봐준 장모님과, 사위를 아들처럼 대해준 장인어른께도 감사드린다. 어릴 때부터 돈의 개념을 가르쳐준 어머니와, 삶의 태도에 큰 가르침을 준 아버지께도 감사의 마음을 전한다.

투자의 목적은 가족과 함께하는 행복한 시간이다. 앞으로도 사랑하는 가족과 더 많은 시간을 보내며, 좋은 남편이자 좋은 아버지가 되겠다고 다짐한다. 채원이와 이준이, 그리고 막내 도준이를 많이 사랑한다고 전한다.

강민수(채원별님)

# 차례



## 1부
# 당신이 지금 경매를<br>시작해야 하는 이유

# 1부

## 당신이 지금 경매를 시작해야 하는 이유

# 이대로는 못 살겠다는 생각

## 과로로 쓰러진 선배

직장을 그만둔 지 15년이 지났다. 나는 IT 개발자로 일본 도쿄에서 근무했다. 일본에서 어학연수를 했기 때문에 일본어로 소통할 수 있다는 이유로 연세대학교를 졸업한 형보다 연봉을 더 많이 받았다. 좋은 대학을 나오지 못했지만, 무언가를 한 번에 보상받는 느낌이었다. 그러나 버는 만큼 비싼 세금과 월세, 생활비가 빠져나갔다. 다람쥐 쳇바퀴를 도는 듯 하루하루가 반복됐다. 밑 빠진 독에 물을 붓는 삶 같았다. 힘들게 번 돈이 다시 일을 하기 위한 준비금으로 모두 빠져나가는 듯한 기분도 들었다.

무엇보다 하루 15시간이 넘는 노동과 휴일에도 출근해야 하는 끝

없는 업무 속에서 내 인생은 월급을 주는 회사 대표를 위해 갈려 없어지고 있었다. 언제 끝날지 모르는 업무 탓에 저녁 약속조차 잡을 수 없는 외국인 근로자의 삶이었다. 잠자고 먹고 화장실 가는 시간 외에는 모든 시간을 일에 쏟는 내 모습에 회의감이 들었다.

친구 중 방송국에서 카메라맨으로 일하는 친구가 있었다. 어느 날 싸이월드에서 배우 박신양과 어깨동무를 하고 사진을 찍은 친구의 모습을 보았다. 지금 생각하면 우습지만, 그때 나는 막연히 방송 일을 해보고 싶어졌다. 일본어 전문학교 선생님은 하고 싶은 일이 정해졌다면 일본어 공부는 병행하면 된다며 바로 진학하라고 추천서를 써줬다. 그렇게 방송제작과로 진학했다. 영상을 촬영하고 편집해 완성하는 과정은 재미있었지만, 1분 30초짜리 영상을 밤을 새워 일주일 동안 편집하는 작업은 곤욕이었다. 무엇보다 빨리빨리 문화에 익숙한 나와 달리, 원리와 원칙을 철저히 지키는 일본인 친구들과 함께하는 프로젝트는 쉽지 않았다. 그들 눈에는 내가 대충대충 일하는 사람처럼 보였을 것이다. 방송 일을 하는 친구에게 고민을 털어놓자, 차라리 한국에 들어와 일하면서 배우는 편이 시간과 돈을 아끼는 현명한 방법이라는 조언이 돌아왔다. 그렇게 내 길이 아니라고 판단하고 학업을 접었다.

그 무렵 한 선배를 알게 됐다. 일본 오사카의 한국인 모임에서 만난 선배는 IT 개발자였는데, 늘 수트를 입고 다니며 매일 정해진 시간에 조깅을 하고 밤 8시 이후에는 음식을 먹지 않는 등 자기관리가 철저한 사람이었다. 차도 있었고, 돈 없고 가난한 유학생의 삶과는 대조적인 일본 생활을 하고 있었다. 이자카야에서 아르바이트를 하던 시절, 쉬는 날이면 선배 차를 타고 여기저기 일본 여행을 다녔다.

유학생에게 돈이 어디 있느냐며 비싼 스시집에서도 계산을 해주고, 고급 이자카야에서 술을 사주기도 했다. 비싼 술집 대신 원룸에서 캔맥주를 마셔야 했던 유학생의 삶과 대비되는 선배의 삶은 단번에 나의 롤모델이 됐다. 선배처럼 되고 싶다는 생각으로 한국에 돌아와 IT 공부를 시작했고, 1년 뒤 도쿄의 한 회사에 취업했다.

그러던 어느 날, 나보다 1년 먼저 입사한 선배가 과로로 쓰러졌다. 당시 일본 붉은악마 회장으로 활동하던 선배였고, 일본인 여자친구도 있었으며 성격과 실력 모두 인정받던 사람이었다. 병문안을 가며 선배가 좋아하던 치킨을 코리아타운에서 사 갔는데, "젓가락 먹게 치킨 가지고 와"라며 단어 순서를 뒤바꿔 말하는 모습을 보고 큰 충격을 받았다. 얼마 지나지 않아 회사 부장님마저 쓰러져 돌아가셨다. 과로와 스트레스로 인한 돌연사였다.

당시 IT 강대국이던 한국 인력은 일본인 두세 명 몫의 일을 혼자 해냈고, 인건비도 절반 수준이어서 일본에는 한국인을 찾는 일자리가 넘쳐났다. 일본어로 기본적인 소통만 가능하면 바로 현장에 투입됐다. 그렇게 투입된 현장에서는 해본 적 없는 프로그래밍 언어를 다루며 무에서 유를 만들어야 했고, 물어볼 사람도 없는 상황에서 혼자 해결해야 했다. 그렇게 나보다 먼저 시작한 선배들과 상사들은 고된 업무를 오래 버티다 결국 쓰러진 것이었다.

나는 큰 충격을 받았다. 그들의 모습에서 미래의 내 모습을 보았기 때문이다. 일본이라는 타지에서 이렇게까지 일해야 하는 이유는 무엇일까. 이 정도의 돈을 벌기 위해 내 건강을 바쳐야 하는 걸까. 지금의 고된 노동이 나 자신을 위한 것이 아니라는 생각이 들었다. 내 시간과 건강을 돈과 맞바꾸고 있다는 자각과 함께 강한 허탈감이 밀려왔다.

알베르 카뮈는 에세이집 〈시시포스 신화〉에서 시시포스가 제우스를 속인 벌로 끝없이 굴러떨어지는 바위를 산꼭대기로 밀어 올리는 형벌을 받았다고 썼다. 그는 무익하고 희망 없는 노동보다 가혹한 형벌은 없다고 했다. 주변을 돌아보면 시시포스는 어디에나 있다. 굴러떨어지는 바위를 아무 생각 없이 다시 밀어 올리며 살아간다. 우리는 가난하게 태어났다는 이유만으로 형벌을 받고 있는지도 모른다.

모두가 공장에서 찍어낸 물건처럼 비슷한 삶을 산다. 대한민국 남자들은 휴학과 군 복무를 거쳐 복학하고 졸업한다. 취업해 결혼하고 아이를 낳다 보면 자연스럽게 어느 순간 부동산과 마주한다. 계약 갱신 청구권을 쓴다고 해도 4년 뒤에는 엄청나게 올라 있는 전세 보증금을 올려 주지 못해 이사를 해야 한다. 울며불며 가기 싫어하는 아이를 전학 보낸다. 그제야 내 집 하나는 있어야 한다는 생각을 한다. 아이 초등학교 입학 전까지가 내 집 마련의 골든 타임이라는 사실을 뒤늦게 깨닫고 부동산에 눈을 뜬다.

내가 가지고 있는 돈보다 훨씬 많은 돈을 은행에서 대출받아 겨우 내 집 마련을 한다. 평생 대출 이자와 원금을 갚으며 하우스 푸어로 산다. 등골이 휘도록 죽을 때까지 일해서 대출 원금과 이자를 갚아야 하는 인생을 살아야 한다. 누군가 이미 만들어놓은 기성품 같은 인생 프레임을 그대로 따르며 틀에 박힌 삶을 반복한다.

일은 우리에게 어떤 의미일까. 삶은 무엇일까. 이런 질문들이 머릿속을 채우기 시작했다. 아침마다 만원 전철에 시달리며 출근해 책상에 앉아 컴퓨터를 켜는 순간, 하루는 기계적으로 흘러갔다. 나는 나를 위해 일하는 존재가 아니라 상사의 도구로 사용되고 있었다.

당시 일본은 사무실에서 담배를 피우며 일하던 시기였다. 하루 종일 담배 연기에 노출돼 머리부터 발끝까지 재떨이 냄새가 배었다. 업무 강도도 힘들었지만, 업무 시간 내내 가스와 화생방 훈련을 받는 듯한 고통이 따랐다. 당시 나 역시 흡연자였기에 버텼지만, 비흡연자였다면 하루도 견디기 어려웠을 것이다. 다른 사람의 담배 연기로 눈이 매워 눈물을 흘리며 일했고, 목도 늘 아팠다.

금연을 제안했지만 외국인의 요구를 들어줄 사람은 없었다. 나는 늘 밖에 나가 담배를 피우고 들어왔지만, 사람들은 그런 나를 이상하게 바라봤다. 담배 피우는 시간조차 줄이려 담배를 문 채 키보드를 두들겼다.

부장님은 하루 종일 줄담배를 피우며 인터넷 쇼핑을 하다가 내가 코딩한 소스를 넘기면 그것을 업데이트하며 시간을 보냈다. 나의 공은 상사의 공이 됐고, 나의 실수 역시 상사의 실수가 됐다. 임상병리 시스템 유지 보수 업무 중 버그가 발생했을 때, 단기간에 해결할 수 없는 문제였음에도 당일 해결을 지시받았다. 불가능하다고 말하자 책임감이 없다는 질책이 돌아왔다. 나는 외국인 노동자라는 사실을 다시 떠올렸다. 그렇게 상사의 도구로 쓰이고 있었다. 열심히 산다고 스스로를 위로했지만, 실상은 남을 위해 사는 삶이었다. 그것을 자각한 순간, 삶을 바꿔야 한다는 결론에 이르렀다.

## 노동자에서 자영업자로, 다시 투자자로

2008년 금융위기 무렵 회사 사정이 악화되며 급여가 밀리기 시작했다. 퇴사를 고민하던 차에 급여까지 끊기자 결국 회사를 떠날 수밖에 없었다. 월급쟁이로는 부자가 될 수 없다는 판단 아래 창업을 결심했다. 일본과 한국 사이에서 고민하다 비자 문제 등을 고려해 한국으로 돌아왔다. 그렇게 자영업을 시작했고, 어느덧 자영업 15년 차가 됐다.

일을 못해서 그만둔 것이 아니었기에 후회는 없었다. 함께 공부해 일본으로 취업한 사람들은 현재 억대 연봉을 받고 있다. 그들은 쉬는 날도 없이 일하는 나를 동물원의 원숭이 보듯 봤지만, 나는 그들이 닭장에 갇힌 닭처럼 느껴졌다. 내 시간을 남을 위해 팔고 싶지 않았고, 오롯이 나를 위한 인생을 살고 있다고 생각했기 때문이다.

그러나 자영업자의 삶은 직장인 시절보다 더 고된 노동을 요구했다. 월급을 받는 위치에서 주는 위치로 옮기며, 사장이라는 왕관의 무게를 실감했다. 회사원은 시간을 팔아 돈을 번다. 자영업자는 자신의 시간을 투입해 돈을 번다. 사업가는 타인의 시간을 활용해 돈을 번다. 투자자는 자산이 일하게 한다. 나는 노동자에서 자영업자를 거쳐 사업가와 투자자로 이동하는 과정에 있다.

수많은 투자 가운데 내가 선택한 것은 부동산이었고, 그중에서도 부동산 경매였다. 서울 광진구 아차산은 아버지가 생전에 자주 오르던 산이다. 고민이 있거나 마음이 답답할 때면 아차산을 찾았다. 정상에서 팔당부터 남산까지 바라보며 수많은 집 중 하나라도 내 집이면 좋겠다고 생각하던 때가 2013년이다.

지금은 법인사업자 두 곳, 개인 명의, 개인사업자 명의로 아파트 스물네 채, 빌라 열 채, 상가 두 곳, 총 서른여섯 채의 부동산을 보유하고 있다. 이 가운데 경매 낙찰이 열아홉 건, 분양 한 건, 일반 매매 열여섯 건이다. 상당수는 무피로 매수했고, 0원 경매도 경험했다.

돈이 없어도 경매는 가능하다. 직접 경험으로 확인한 사실이다. 남들보다 더 찾고, 실행할 용기만 있다면 가능하다. 실제 사례를 중심으로 경매 지식을 전하려 한다. 이 책 한 권으로 입찰까지 가능하도록 실전 경험을 공개한다. 성공 사례뿐 아니라 실패 사례도 담았다. 실패에서 얻는 배움이 더 크기 때문이다.

기존 경매 서적은 이론 중심이 많고 실전 사례는 부족하다. 2~3건의 경매 낙찰 사례로 경매 강사를 하고 있는 사람도 많다. 강의 플랫폼에서는 수많은 경매 강의들이 넘쳐흐른다. 그리고 가격도 몇 백만 원에 달한다. 그러나 고가의 강의를 듣지 않아도 입찰은 가능하다. 나 역시 강의를 듣지 않고 책으로 공부하고 낙찰을 받았다. 빌라, 아파트, 상가 사례를 모두 공개한다. 이를 통해 소액으로 월세를 만드는 방법을 익히고, 경제적 자유와 시간적 자유에 한 걸음 다가가길 바란다.

# 규제가 강할수록 경매가 유리하다

## 무피투자의 구조

무피투자란 전세 가격 이하로 집을 매입하거나, 매입 시 받은 대출금과 임차인의 보증금 합계가 매입가보다 높은 경우를 말한다. 다시 말해, 들어가는 비용 없이 부동산을 매입하는 투자법이다.

낙찰가 〈 전세가

낙찰가 〈 경락잔금대출 + 임대보증금

바로 결과가 나오지 않아도 다음 임차인을 맞출 때 투자금을 회수할 수 있다. 부동산은 궁극적으로 시간을 먹고 자라기 때문에 시간이 지나면서 초기에 들어갔던 투자금을 모두 회수할 수 있게 돼 있다. 너무 조급해하지 말자. 삶은 속도가 아니라 방향이다. 방향만 잘 잡고 간다면 단기적인 하락이 있더라도 다시 상승하는 시기가 반드시 온다. 우리가 생각하는 장기투자란 그냥 시간이 오래 걸리는 길을 쭉 간다고 여기기 쉽지만, 실제 장기투자는 하락과 상승을 반복한다.

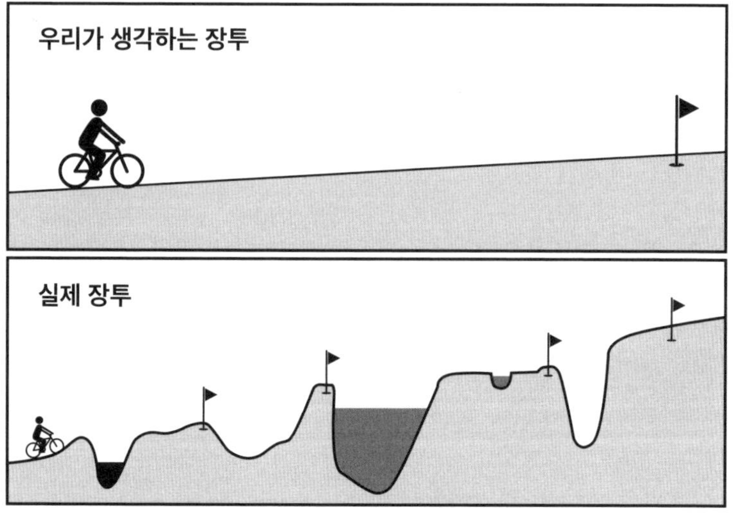


인내하고 리스크를 감수하고 끝까지 기다린 끝에 성공점에 도달한다. 아파트를 매입해 전세를 주고 오랜 기간 보유하면 자연스럽게 무

피투자, 풀피투자의 의미를 알게 된다. 전세가격이 상승하면서 추가로 보증금이 들어오면 투자금을 회수할 수 있게 된다.

워런 버핏과 조지 소로스가 공통적으로 하는 이야기가 있다. "좋은 투자는 지루한 투자다"라는 말이다. 이 지루하고 단순한 투자에 복리효과가 더해지는 것이다. 타이밍에 맞춰 사고팔고를 반복하며 얻는 수익으로는 절대로 큰돈을 벌지 못한다. 벌었다 한들 독이 돼서 결국 다시 다 집어넣게 만드는 촉매 역할을 한다.

부동산 경매를 통해 소액으로 투자가 가능한 이유는 바로 '경락잔금대출' 때문이다. 대출은 대출받는 사람의 소득과 신용에 따라 모두 다르지만, 일반 부동산 담보대출은 실제로 은행에 가보면 잘 받아야 매매가의 70퍼센트 선이고 보통은 50~60퍼센트 정도로 제한돼 있다. 하지만 경락잔금대출은 최대 90퍼센트까지 나온다. 돈을 빌린 사람이 돈을 갚지 않으니 못 받은 돈을 받을 수 있게 도와주는 것이 부동산 경매다. 부동산 경매의 수요를 많이 만들어 빠르게 매각될 수 있도록 대출을 많이 해주는 이유가 있는 것이다. 보통 감정가의 80퍼센트가 나오기 때문에 감정가 역시 다소 높게 책정되는 편이다. 그래서 감정가는 시세가 아님을 명심 또 명심해야 한다.

부동산 경매는 정부의 부동산 규제에서 비교적 자유롭다. 토지거래허가구역은 매매가 제한돼 있지만 부동산 경매는 제외된다. 경락잔금대출 또한 일반 담보대출을 제한하는 정부의 대출 규제에서 비교적 자유롭고, 신협·수협·새마을금고 등 제2금융권에서 이뤄지기 때문에 보통 무주택자, 생애 최초 기준으로 감정가 80퍼센트, 낙찰가 90퍼센트 중 낮은 금액으로 대출을 받을 수 있다. 대신 금리는 제1금융권보다 1.5~2퍼센트 정도 높은 수준이다.

## 가격에 흔들리는 심리와 사이클의 의미

점점 비싸지는 집값을 잠깐 한눈팔고 다시 쳐다봤더니 두 배, 세 배가 돼 있다. 과거의 가격이 자꾸 생각나서 지금은 손이 떨려 살 수가 없다. 숨이 막힌다. 지난 상승장을 그렇게 놓쳤다. 그리고 또 상승분을 반납하고 하락했다. 망연자실하며 부동산이 미쳤다며 포기하고 있었는데 다시 떨어진다. 다시 원래의 가격으로 돌아와야 한다고 폭락을 기다린다.

앞으로 인구 감소, 도시 소멸 때문에 대한민국 부동산은 망한다고 한다. 부동산은 끝났다고 사람들은 말한다. 그렇게 또 하락장을 흘려보내고 상승장을 만난다. 평생 집을 사지 못하는 사람들의 전형적인 패턴이고, 과거부터 지금까지 반복됐고 앞으로도 똑같이 흘러갈 것이다.

반토막이 되면 살 수 있을까. 아마 못 살 것이다. 집을 사는 데는 상당한 용기가 필요하다. 원래 부동산 자체가 영끌을 해야 살 수 있는 것이기 때문이다. 집값은 20년 전이나 지금이나 여전히 비싸다. 1979년 강남구 대치동 은마아파트 평당 분양가는 68만 원이었다. 30평이면 약 2,000만 원이지만, 그 당시에도 엄청 비싼 가격이었다. 45년이 지난 2025년에는 27억 원이다. 그리고 현재 2026년 2월 기준 38억 원으로 1년 만에 11억 원이 올랐다. 186배가 오른 셈이다.

1970년 자장면 평균 가격은 100원이었고, 2025년 평균은 7,500원(서울 기준)으로 55년 동안 75배 상승했다. 전국 평균으로 보면 약 7,000원 선으로, 70배 이상 올랐다. 특히 최근 5년간 상승폭이 가파르게 변했다. 2020년 5,500원대였던 자장면은 5년 만에 35% 넘게 뛰었다. 자장면에 들어가는 식재료 인상률은 더욱 가파르다. 5년 전과 비교하면 밀가루는 46.9%, 식용유는 33.2% 상승했다. 양파는 166.7% 가격이 올랐다. 식재료가 오르니 자장면 가격도 어쩔 수 없이 올라가는 것이다. 자장면 가격을 자장면집 주인 마음대로 올린 게 아닌 것처럼, 부동산 또한 집주인 마음대로 올리는 게 아니고 여러 가지 요인으로 상승하는 것임을 이해해야 한다.

집값이 왜 오르는지 정확히 알지 못한다면 앞으로도 계속 알지 못할 가능성이 높다. 지금 내가 무주택자라면 앞으로도 여전히 무주택자일 가능성이 높다는 말이다. 집값이 오를 수밖에 없는 상황을 이야기하면 FOMO<sub>Fear of Missing Out</sub>를 자극하는 꼴이 된다. 무의식 속에서 집값이 폭락할 것이라고 생각하는 사람들에게 앞으로 상승할 것이라고 말하면 가장 먼저 드는 감정은 거부감이다. 그 거부감에 기인해 다음 메커니즘은 방어기제가 작동하는 것이다. 방어기제가 작동하면 자신의 생각을 정당화하고 상대의 생각을 부정하는 논리를 찾게 된다. 그렇게 계속 무주택 포지션을 유지하게 된다.

사람은 쉽게 변하지 않는다. 집값이 왜 오르는지 공부하지 않는다면 이 대한민국이라는 나라에서는 부자가 될 확률이 점점 더 줄어든다. 우리나라가 망하지 않는 이상 부동산은 우상향한다는 믿음을 갖고 살아가도 된다. 솔직히 앞으로의 미래를 예단하거나 전망하는 것은 대단히 위험한 일이지만, 지난 과거부터 지금까지의 데이터로는 조금은 예측해볼 수 있다. 앞으로도 큰 이상 요인이 없다면 비슷할 것이라고 봐도 좋다.

언젠가 전세라는 제도가 없어지고 월세만 남게 된다면 시장은 크게 바뀔 것이다. 부동산을 사기 위해 필요한 임차인의 전세보증금과 은행 대출 레버리지가 사라진다면 진입조차 하지 못하게 될 테니 말이다.

지금 다주택자가 시장에 진입하지 못하게 하는 취득세 중과처럼 수요를 시장에서 차단해버리면, 새로운 수요가 받쳐주지 않는 이상 가격은 하락할 수밖에 없다. 부동산이 자동차처럼 감가상각되는 재화가 돼버린다면 사람들은 더 이상 부동산을 사지 않게 된다. 우리나라에도 일본의 잃어버린 30년처럼 부동산이 우하향하는 시기가 올 수도 있다. 정말 그럴까? 시장은 살아 있어서 여러 요인에 의해 변화할 수 있지만, 당분간은 아니라는 것이 내 결론이다.

우리나라 국민의 자산 70퍼센트가 들어 있는 부동산이 무너지면 경제는 도미노처럼 연달아 무너지게 돼 있다. 정부는 부동산이 폭삭 가라앉을 위기에 처하면 그냥 놔두지 않는다. 모든 규제를 완화하고 양도세 면제 같은 부양책으로 하락을 철저하게 막을 것이다.

나는 상승론자도 아니고 하락론자도 아니다. 부동산은 상승과 하락을 반복하며 올라가는 사이클이다. 그리고 그 사이클은 포물선을 그리며 올라가는 것이 아니라, 누운 'L'자 모양으로 급등하는 시기가 있다. 주식투자든 부동산투자든, 이 급등하는 시기를 만나기 위한 기다림이라고 말하고 싶다. 강산이 바뀌는 10년에 한 번 오는 그 상승장과 부동산 전체의 사이클을 이해하며 우리는 그 안에서 사고팔고를 하면서 인생을 풍요롭게 만들면 된다.

우리가 부동산을 공부하는 이유는 부동산 박사가 되려는 것이 아니다. 더 이상 하고 싶지 않은 일을 그만하기 위해서고, 누군가에게 아쉬운 소리를 하지 않기 위해서다. 내 소중한 시간을 다른 사람에게 팔지 않고 우리 가족에게 쓰기 위함이다. 더 나아가 우리 가족, 모두의 행복을 위해 이제 부동산 공부는 선택이 아니라 필수인 것이다.

# 성실하게 저축해서는
# 절대 못 사는 서울 아파트

## 당신의 목표는 어디인가

"왜 부동산 경매를 해야 할까?"

이 질문에 대한 견해는 사람마다 제각기 다를 수 있다. 어떤 이는 "부동산 투자가 삶의 질을 높이며 더 나아가 목표 있는 인생을 만든다"라고 이야기하기도 하고, 어떤 이는 "경제적 자유를 얻기 위해 부동산투자를 한다"라고 말하기도 한다. 어떤 것이든 좋다. 그러나 이 단순한 질문에 대한 확고한 소신 없이 시작하는 부동산투자는 목적지 없이 태평양 한가운데에서 망망대해를 표류하는 것과 같다. 미국으로 갈지 일본으로 갈지, 자신이 어디로 가고 있는지도 모른 채 그냥 하루하루를 관성에 이끌려 흘러가고 있는 것이다.

인적이 드문 곳에 비행기가 불시착하는 경우, 실종자의 시신 대부분이 비행기 주변 십 킬로미터 이내에서 발견된다고 한다. 인가를 찾아 사고기를 떠난 사람들이 확실한 방향을 잡지 못해 비행기 근처만 맴도는 경우도 있을 것이고, 올바른 방향으로 가고 있음에도 확신이 없어 중간에 방향을 바꿔 버리는 경우도 있을 것이다. 그렇게 체력이 고갈되고 희망을 놓으면서 죽음에 이르게 된다. 이렇듯 인생에서 뚜렷한 방향과 목표를 잡느냐 못 잡느냐는 결과에서 확연한 차이를 보여준다.

단도직입적으로 묻겠다. 이 책을 집어 든 당신은 당신의 1년 뒤, 5년 뒤, 10년 뒤 모습을 그려본 적이 있는가. 이 질문에 아무 대답조차 하지 못한다면 당신은 앞으로 지금보다 나아질 게 없을 것이다. 미래에 대한 불안감을 조용한 곳에 앉아 조목조목 따져본 적이 없고 목표가 없다면 사람은 변화하지 못한다. 우리 주위를 둘러보면 아무 목표 없이 인생을 그냥 흘러가는 대로 사는 사람들이 대부분이다. 부자가 되고 싶지만 막연히 부자가 되고 싶다는 생각뿐이다.

어제와 똑같은 삶을 살면서 다른 미래를 기대하는 것 자체가 정신병이라고 아인슈타인은 말했다. 당신이 부자가 되고 싶다면 어제와 다른 삶을 살아야 한다. 목표 없이 사는 것은 정말 위험하다는 사실을 인지해야 한다. 자기 자신의 인생뿐 아니라 자식들까지 다시는 돌아올 수 없는 구렁텅이로 끌고 갈 수도 있다.

부동산 경매의 목적은 쉽게 말해 싸게 낙찰받아 비싸게 팔아 돈을 벌기 위함이라고 말할 수 있다. 그러면 왜 돈을 벌어야 하는가. 물론 인생에서 돈이 가장 중요한 것은 아니다. 돈이 많아야 행복하다고도 할 수 없다. 그러나 돈이 많으면 돈 때문에 불행할 일은 적어진다. 실제로 1997년 IMF 외환위기 때나 2008년 리먼브러더스 사태 때 돈 때문에 많은 가정이 무너졌다.

돈이 곧 행복이라고 정의할 수는 없지만, "부자들은 나쁜 놈들이다. 돈을 밝히면 속물이다"라는 주입식 마인드를 어려서부터 자연스럽게 드라마로 교육받고 자랐기 때문에 돈이 없어도 행복할 수 있다고 믿게 된 것이다. 돈이 인생의 전부가 아니야, 돈은 행복의 전부가 아니야, 돈은 내가 필요한 만큼만 있으면 된다고 말하면서 내일도 내가 하기 싫은 일을 하러 직장을 억지로 나가고 있다. 모순이다.

돈이 목적이 되는 삶을 거의 대다수가 산다. 인생을 살아가면서 돈의 노예가 돼서는 절대 안 된다. 돈의 주인이 돼야 한다. 돈으로부터 해방되는 것, 그것이 우리가 추구하는 경제적 자유가 아닌가. 그러면 경제적으로, 돈으로부터 자유로워진다는 것은 어떤 의미일까. 더 이상 일을 안 해도 되는 것일까. 아니면 돈을 걱정 없이 마음껏 사용할 수 있다는 의미일까. 부동산을 소유하고 일을 하지 않아도 근로소득만큼 월세가 나오는 시스템을 만들었음에도 불구하고 일을 하지 않는 사람은 없다. 내가 본 부자들은 죽을 때까지 쓰고도 남을 돈을 벌었음에도 불구하고 여전히 열심히 일을 하면서 산다.

경제적 자유는 여러 의미로 해석할 수 있지만, 내가 생각하는 경제적 자유는 시간적 자유를 얻어 하기 싫은 일을 하지 않고 사랑하는 사람들과 3일 안에 바로 여행을 떠날 수 있는 삶이다. 연봉이 10억 원인 대기업 임원이 부럽지 않은 이유다. 많이 받는 만큼 휴일도 없이 열심히 일해야 하기 때문이다.

경제적 자유를 얻기 위해 우리가 할 수 있는 투자는 여러 가지 종류가 있다. 그중에서도 부동산, 또 부동산의 여러 매입 방법 중 부동산 경매를 선택한 당신은 지금 이 책을 보고 있는 것이다. 먹고살기 바쁜 일반 회사원이 빠르게 치솟는 집값을 잡아 소유할 수 있는 방법은 단언컨대 부동산 경매밖에 없다. 아무리 성실하게 일해서 저축을 한들, 서울 아파트를 저축해서 살 방법은 죽었다 깨어나도 없다.

## PIR: 몇 년 치 연봉으로 집을 살 수 있는가

PIR<sub>Price Income Rate</sub> 지수라는 것이 있다. 주택 가격과 소득의 비율을 나타내는 지표로, 쉽게 말해 어떤 사람의 연봉으로 그 사람이 집을 몇 년 치 수입으로 살 수 있는지를 나타내는 수치다. 서울 아파트 PIR이 10이라거나 26이라거나 하며 기준으로 잡는 주택 가격에 따라 몇 년을 모아야 살 수 있는지가 나오는데, 내가 모으는 속도보다 부동산이 올라가는 속도가 훨씬 빠르므로 돈을 모아서는 내가 원하는 아파트를 절대 살 수 없다. 부동산은 이미 아주 오래전부터 그런 것이었다. 열심히 일만 했기 때문에 부동산을 사는 방법을 모르는 것이 어쩌면 당연하다.

나는 항상 작은 투자부터 경험해보라고 말한다. 물론 비싼 부동산이 좋다는 것은 누구나 안다. 큰 떡에 콩고물이 많이 붙고, 좁쌀을 아무리 굴려봐야 호박이 한 번 구르는 것만 못하다. 스노우볼 이펙트도 잘 이해하고 있지만, 우선 좁쌀부터 굴려보라고 말하고 싶다. 경험도 없이 너무 큰 목표를 잡고 움직이는 것은 리스크가 크고, 잘못된 투자로 모든 것을 잃을 수도 있기 때문이다.

초등학교에 다니는 어린이에게 노벨 물리학상을 타기 위해 내일부터 영어 원서로 공부해야 한다고 하면 어떻겠는가. 아이는 제대로 시작도 못 해보고 포기할 것이다. 그래도 꿈 자체는 원대하게 가져야 한다고 말하고 싶다. 하지만 모든 일에는 순서가 있다. 작은 일부터 시작해 기본기를 탄탄히 다지며 배워야 한다. 작은 돈을 벌지 못하는데 큰돈을 벌 수 있을까.

작은 돈을 담지 못하는 그릇은 큰돈도 결국 담지 못하고 뱉어낼 수밖에 없다. 큰돈을 벌었다고 해도 순식간에 날려버린다. 로또로 일확천금을 손에 쥐어도 통제하지 못하고 결국 다 없어져 버린다는 이야기를 한 번쯤 들어봤을 것이다. 투자에도 순서가 있다. 목표를 처음부터 너무 크게 세우면 금방 나가떨어진다. 그렇다고 소소한 꿈만 꾸라는 뜻도 아니다.

우리 같은 평범한 사람은 재벌을 꿈꾸지 말라는 법도 없다. 한국의 최대 기업인 삼성도 마른 국수를 팔던 대구의 한 가게에서 시작했다. 국수에 별 세 개를 그려 넣은 별표 국수가 국숫가게를 벗어나며 오늘의 삼성이 됐다. 현대는 어떤가. 서울에서 경일상회라는 가게로 쌀장사를 시작한 청년이 차린 회사가 지금의 현대가 됐다. 진주에서 포목상을 하던 구 씨와 사돈인 허 씨가 직접 가마솥에 원료를 붓고 불을 지펴 국내 최초의 화장품 동동구리무(럭키크림)를 만들며 커진 회사가 지금의 LG가 됐다. 국숫가게, 쌀가게, 가마솥으로 만든 화장품이 작은 불씨가 돼 오늘날 우리나라를 이끌어가는 대기업으로 성장한 것이다.

나비의 작은 날갯짓이 바다를 건너 큰 허리케인이 될 수 있듯, 이 책을 읽은 당신이 책을 읽는 데서 그치지 않고 무거운 몸을 움직여 부동산 경매에 도전해 낙찰까지 이어간다면 시간이 지나며 엄청난 기적을 일으키는 날갯짓이 될 수 있을 것이다.

# 이론이 빠삭해도
# 실천을 안 하면 끝이다

## 언제까지 공부만 할 텐가

많은 사람이 "도대체 몇 권의 책을 읽어야 입찰을 할 수 있을까요?" 라고 묻는다. 책은 많이 보면 많이 볼수록 좋다. 책에는 저자의 투자 사례와 노하우가 담겨 있다. 책을 읽고 저자의 강의를 들으러 가보면 알게 되는 사실이 있다. 책의 내용과 강의 내용이 상당 부분 중첩돼 같은 이야기를 반복한다는 점이다. 그만큼 책을 쓴 저자는 자신의 모든 것을 300쪽 남짓한 책 한 권에 갈아 넣는다.

보통 경매 책 다섯 권 정도를 읽으면 어느 정도 감이 생기고, 이제 는 슬슬 움직여볼까 하는 생각이 든다. 하지만 수천만 원, 억 단위의 금액 앞에서 지레 겁을 먹게 된다. 권리 분석을 잘못해 덜컥 인수하는 것이 생기지 않을까 하는 두려움도 크고, 난생처음 경험하는 큰 금액의 대출도 왠지 큰일이 날 것 같은 기분이 든다. 이 공포를 극복하지 못하는 사람은 책 열 권을 읽고 스무 권을 읽어도 입찰을 하지 못할 수밖에 없다.

그렇다면 그런 사람이 경매 강의를 들으면 입찰을 할 수 있을까. 몇 백만 원씩 하는 수강료를 받는 강의는 안전한 물건인지 권리 분석도 해주고, 입찰가에 대한 피드백도 해준다. 그래서 입찰 자체는 할 수 있을 것이다. 하지만 그렇게 낙찰을 받고 나면 한 가지 사실을 알게 된다. 수많은 부동산 경매 책의 저자들이 각자의 노하우를 이미 충분히 알려주고 있다는 점이다. 요즘은 누구나 한 번쯤 부동산 경매 책 한 권 정도는 읽어본 적이 있다. 그런데도 왜 사람들은 또 다른 경매 책을 찾아 읽는 것일까.

많은 책을 읽고 경매의 기술과 노하우를 아는 것이 중요한 게 아니다. 이미 시작하는 법은 알게 됐다. 이제 가장 중요한 것은 행동이다. 입찰을 위해 가장 필요한 것은 경매에 대한 이론이나 지식이 아니라 '용기'였다는 사실을, 실제로 낙찰을 받고 나서야 깨닫게 된다.

직장은 당신을 책임지지 않는다. 과거에는 회사를 믿고 열심히 일하면 평생직장도 보장되고, 적당한 시기에 승진도 하며 생활에 큰 불편함이 없었다. 그러나 IMF를 겪으면서 많은 샐러리맨은 회사가 더 이상 자신의 인생을 책임져주지 못한다는 사실을 인식하기 시작했다. 구조조정이라는 이름 아래, 돈이 가장 필요하던 시기의 세대가 명예퇴직을 당했고, 회사의 중심축이어야 할 40대는 회사 눈치를 보며 살아야 했다.

대부분의 직장인은 가슴 한편에 항상 사직서를 넣고 다니지만, 막상 제출하는 일은 두렵다. 당장 생활비와 대출 이자, 카드값 등 돈에 묶여 있는 노예 신세임을 자각하게 되기 때문이다. 돈 때문에 하기 싫은 일을 하면서 직장을 다닐 수밖에 없는 이유다. 힘든 시기를 견뎌내면 승진도 하고 급여도 오르며 삶이 더 좋아질 것이라 스스로를 위로하면서 다시 우물 안으로 들어간다.

우리가 우물 안 개구리처럼 우물 밖으로 나오지 못하고, 닭장 안에서 시간이 되면 나오는 모이를 꼬박꼬박 받아 먹으며 천적으로부터 안전한 닭장을 벗어나지 못하는 이유는 무엇일까. 답은 우리가 받아온 교육에 있다. 가정과 학교에서는 공부 열심히 해서 좋은 대학에 가라고 말한다. 그래야 좋은 직장에 취직할 수 있다고 한다. 철밥통이라 불리던 공무원도 이제는 사정이 달라졌다. 박봉으로는 물가가 크게 오른 요즘의 삶을 유지하기가 쉽지 않다.

평생직장이라는 환상에서 깨어난 샐러리맨들 사이에서 부동산에 대한 관심은 열병처럼 퍼졌다. 그렇게 사람들은 경제적 자유를 누리는 삶을 갈망하기 시작했다. 직장은 내 쓸모가 다하면 언제든 등을 돌릴 수 있다. 우리의 단물이 고갈되기 전에 야생으로 나갈 준비를 해야 한다. 당신이 필요 없어지는 순간, 직장은 더 이상 당신을 책임지지 않는다. 싸고 빠르게 움직이는 대체 인력은 언제든 있다. 다 쓴 배터리처럼 교체될 수 있다는 뜻이다.

1,000만 원을 모을 수 있는 사람은 1억 원도 모을 수 있다. 어느 사회에나 부유층과 중산층, 그리고 극빈층이 존재한다. 가난한 사람은

과거에도 가난했고, 현재도 가난하며, 앞으로도 가난할 가능성이 높다. 금융 문맹으로 인한 가난은 대물림된다. 반면 부유층은 시간이 지날수록 더 부자가 된다. 한국 경제가 인플레이션이 되든 디플레이션이 되든 큰 상관이 없다. 하락하면 사고, 상승하면 파는 기본 개념을 부자들은 분명히 이해하고 있다. 부동산이 오를 때도 돈을 벌고, 내려갈 때도 돈을 번다. 그들은 부만 세습하는 것이 아니라 교육을 통해 부를 세습한다.

연봉 8,000만 원 이상, 자산 5억 원 이상을 보유한 사람들을 대상으로 설문조사를 한 적이 있다. 그중 10퍼센트만이 자신을 부유층이라 답했고, 무려 80퍼센트는 중산층이라 답했다. 나머지 10퍼센트는 자신을 극빈층이라 했다. 통계적으로는 부유층에 속하지만 대부분은 자신을 중산층이라 여기고, 중산층은 스스로를 극빈층이라 여긴다. 이유는 단순하다. 늘 위만 바라보기 때문이다. 자신의 소득과 자산이 이미 충분한 수준임에도 여전히 부족하다고 느낀다.

## 내 집 장만 못하는 사람의 특징

중산층 다수는 이미 집을 소유하고 있거나, 5년 이내에 내 집 마련이 가능한 사람들이다. 집은 주거를 위한 공간이라는 데 이견은 없다. 그럼에도 많은 사람이 집을 소유하려는 이유를 단순히 투자 목적이라고만 보기는 어렵다. 내 집을 마련하면 인생의 목표 하나를 달성

한 듯한 성취감을 느낀다. 마라톤을 완주한 것처럼, 주거라는 과제를 완수한 느낌이다.

전세로 살면 본인 의지와 상관없이 2년마다 전세보증금을 올려줘야 하고, 그러지 못하면 이사를 해야 한다. "더러워서 집 샀다"라고 말하던 사람도 시간이 지나면 집주인을 향한 감정이 감사로 바뀐다. 전세보증금을 올려주기 위해 허리띠를 졸라 매며 악착같이 돈을 모았고 주거 안정성을 체감하면서 결국 내 집 마련에 이르렀기 때문이다.

내 집 장만을 하지 못하는 사람들의 특징은 목표를 지나치게 높게 잡는 데 있다. 우선 1,000만 원부터 모아보자. 1,000만 원을 모을 수 있는 사람은 1억 원도 모을 수 있고, 1억 원을 모을 수 있는 사람은 10억 원도 모을 수 있다.

월세를 받아보면 인생이 달라지기 시작한다. 우선 월세 100만 원을 먼저 만들어보자. 그다음 월세 300만 원, 월세 500만 원으로 확장하는 것이다. 월세 100만 원으로 부자가 될 수는 없다. 그러나 월세를 받는 삶을 경험하는 순간, 부자가 되는 길에 진입하게 된다. 그제야 보이는 것이 생긴다. 돈을 일하게 만드는 경험과 함께, 부동산 가치 상승으로 시세 차익까지 겪으면 인생의 방향이 완전히 달라진다. "월세 10만 원 받자고 그 고생을 하느냐"라고 말하는 사람은 아직 경험해보지 못한 사람이다. 월세를 받는 경험은 빠를수록 좋다.

아차산처럼 가깝고 쉽게 오를 수 있는 산은 마음만 먹으면 언제든 오른다. 그러나 후지산은 다르다. 후지산은 일본에서 가장 높은 산으로 해발 3,776미터의 성층 화산이자 활화산이다. 한반도에서 가장 높은 산은 해발 2,744미터의 백두산이고, 그다음은 한라산 1,947미터, 설악산 1,708미터다.

후지산에 오르려면 비행기를 타고 일본으로 가야 한다. 나무가 없어 그늘도 없고, 화산재 때문에 오르는 내내 발이 푹푹 빠진다. 뜨거운 햇빛에 피부가 벗겨지고 고산병에 시달린다. 고산병은 소주 세 병 정도 마신 다음 날의 숙취와 비슷하다. 머리는 깨질 듯 아프고 속은 울렁거리지만, 계속 정상으로 향해야 한다. 아무 준비 없이 갔다가는 큰 고생만 하고 내려온다.

수십 년을 살아가는 인생에서도 투자는 성공과 실패를 가른다. 성공적인 투자를 위해서는 철저한 준비가 필요하다. 준비가 돼야 불필요한 고생을 줄일 수 있다. 천 리 길도 한 걸음부터라는 말처럼, 작은 한 걸음 한 걸음을 성실히 내딛다 보면 어느새 천 리 길에 다다르게 된다.

# 부족한 자본을
# 발품으로 메우는 경매의 매력

## 경매의 매력과 레버리지의 양면성

세상에는 두 가지 사람이 있다. 부동산 경매를 할 줄 아는 사람과 부동산 경매를 할 줄 모르는 사람이다. 이왕이면 하는 쪽이 더 많은 기회를 잡을 수 있다. 자본주의 사회를 살아가는 데 있어 부동산 경매는 하나의 무기라고 생각하면 된다. 인생은 전쟁터고, 무기는 많으면 많을수록 내 생존 가능성은 올라간다.

부동산 경매를 반드시 해야 한다고 사람들은 말한다. 정확히는 부동산 경매로 수익을 내본 사람은 해야 한다고 하고, 손해를 보거나 명도나 누수로 고생을 많이 한 사람은 절대 하지 말라고 한다. 당연한 얘기지만 모든 사람이 시작해서 결과가 같을 수는 없다. 비싸게

판 사람이 있으면 비싸게 산 사람도 있다. 같은 아파트를 사도 어떤 사람은 5억 원을 벌고 어떤 사람은 5억 원을 잃는 게 부동산이다.

　부동산 경매를 해야 한다고 가장 많이 하는 이야기는 다음과 같다. 첫째, 부동산을 가장 저렴하게 살 수 있는 매입 방법이라는 점이다. 둘째, 일반 매매보다 대출이 많이 나온다. 감정가보다 저렴하게 낙찰받으면 낙찰가의 90퍼센트도 가능하다. 일본처럼 100퍼센트 대출을 받았다고 하는 사람도 있다. 셋째, 규제로부터 비교적 자유롭다. 투기 방지를 위해 토지거래허가구역 내 주택을 매수하면 실거주 의무가 발생하는데, 경매로 낙찰받으면 실거주 의무는 없다. 별도의 거래 허가도 받지 않아도 된다. 민사집행법 예외 규정에 따라 부동산 규제가 면제되는 경우가 생기기 때문이다. 자금조달계획서 제출이나 부동산 거래 신고 의무도 없다.

**토지거래허가구역:**

지가의 급격한 상승 우려가 있는 지역에 투기를 방지하기 위해 설정하는 구역이다.

**부동산 거래 신고:**

계약이 체결된 날부터 30일 이내 매도인, 매수인, 공인중개사가 부동산 소재지 관할 시장, 군수 또는 구청장에게 거래를 신고해야 한다. 국토교통부 부동산거래관리시스템을 통해 온라인으로 신고

유튜브 영상을 보면 "200만 원으로 1억 원을 만드는 방법" 같은 문구의 콘텐츠가 인기를 얻은 적이 있다. 200만 원은 일반 직장인이 바로 시작할 수 있는 돈이다. 부동산은 몇 억씩 있어야 할 수 있다는 오해가 있지만, 소액으로도 충분히 가능하다.

전세 사기로 인한 갭투자는 우리 사회에 경각심과 교훈을 줬다. 지나친 레버리지는 자산을 두 배로 튀길 수도 있지만, 자산이 반 토막 날 수도 있다. 다만 부동산 경매로 전세가 아닌 월세로 임대를 주는 것은 전세보다 안전한 편이다. 물론 금리가 오르면 대출이자가 올라 수익률이 떨어지고, 그동안 받았던 임대수익을 다 토해내야 할 수도 있다.

부동산은 타이밍이다. 많이 떨어졌을 때 싸게 사고, 금리가 높을 때 수익이 나는 금액에 임대를 놓는다면 앞으로 남는 것은 상승과 임대수익 확대일 가능성이 커진다. 그래서 위기가 기회가 된다는 말은, 상황을 받아들이는 사람에 따라 위기를 기회로 만들 수 있다는 뜻이기도 하다.

## 자본이 없다면 더욱 주목해야 할 경매

돈이 없는 사람일수록 부동산 경매를 고려할 이유가 있다. 경매로 낙찰받아야만 경락잔금대출의 높은 주택담보인정비율(LTV)을 활용할 수 있기 때문이다. 나는 감정가 1억 원짜리 소형 아파트가 유찰돼 7,000만 원에 시작된 물건을, 부동산에서 살 수 있는 가격에 아주 공격적으로 입찰해 시세 수준으로 낙찰받은 적이 있다. 그때 대출은 8,500만 원, 낙찰가의 92퍼센트를 받았다. 아무리 발품을 팔아 시중 금융권을 돌아다녀봐도 이렇게 대출이 나오는 곳은 드물다.

대출은 위험하지만, 원래 1억 1,000만 원이던 아파트였기 때문에 앞으로 가격이 회복되고 올라갈 가능성이 있다고 판단했다면 과감하게 대출을 활용할 수 있다. 대출을 90퍼센트 받았으니 실투자금은 낙찰가의 10퍼센트와 부대비용이 들어간다. 대출이자를 제외하고 현금흐름은 22만 원이 나왔다.

그리고 2020년 9,200만 원에 낙찰받은 인천의 이 소형 아파트는 1년 만에 실거래가 2억 3,450만 원을 찍었다. 2021년은 전국적인 상승장이었다. 어느 아파트를 사도 전부 올랐다. 이후 1억 원까지 빠졌다가, 2024년 8월 기준 현재는 1억 2,200만 원에 실거래됐다. 고점 대비 반 토막인 상태다. 최고점에 팔았다면 1,000만 원 투자금으로 1억 4,000만 원의 세전수익을 얻을 수 있었다. 하지만 해당 아파트는 8개 단지로 이뤄진 주공아파트로 재건축을 기대할 수 있는 단지다. 이런 아파트는 팔지 않고 계속 보유하다 재개발 바람이 불 때 수익 실현을 하면 된다. 그때까지 월세를 받으며 기다리기만 하면 된다.

부동산 경매는 내가 사고 싶은 가격을 적어내고, 가장 높게 적어낸 사람이 낙찰받는다. 즉, 사고 싶은 가격을 내가 정해서 사는 방식이다. 몇 번 입찰해보고 포기하지 않고 꾸준히 입찰하다 보면, 바로 팔아 수익이 나는 가격에 낙찰받을 수도 있다. 전세가에 낙찰받아 전세를 맞추면 돈이 하나도 들어가지 않고 원래의 가격으로 회복할 때까지 기다리기만 하면 된다. 일반 매매로는 전세가에 절대 매입하기 어렵지만, 경매로는 가능하다.

세상 어디에도 자산을 마련하는 데 필요한 돈의 100퍼센트를 무이자로 빌려주는 대출기관은 없다. 다만 우리나라 부동산 투자에서만 유효한 전세 제도를 잘 활용하면 돈이 없어도 집을 살 수 있다. 단, 전세사기가 사회적 문제가 됐고 역전세로 전세가가 하락한 만큼 보증금을 돌려줘야 할 수도 있으니 주의해야 한다. 전세가가 올라가는 시기, 매매가가 올라가는 시기 직전에 낙찰받으면 시세차익까지 얻을 수 있다. 우리는 돈이 없기 때문에 무피, 플러스피로 실투자금을 회수하고 종잣돈을 만들 수도 있다. 이것이 부동산 경매의 큰 매력이다.

# 은행에서는 사라진 복리,
# 부동산에는 있다

## 서두르지 말고, 방향을 먼저 잡는다

부동산 매입 방법은 일반적으로 부동산에서 매입하는 일반 매매가 있다. 공인중개사를 통해 계약서를 작성하고 소유권을 넘겨받는 가장 흔한 매입 방법이다. 또 아파트 청약, 재개발, 재건축 투자도 있다. 상속 및 증여에 의한 취득도 있다. 아무나 할 수 있는 일은 아니라 조상의 은덕이 있어야 가능한 일이다. 마지막으로 열심히 손품과 발품을 팔아 내가 사고 싶은 가격을 적어 낙찰받는 부동산 경매와 공매가 있다.

부동산 경매를 하려면 기본적으로 부동산 시장을 알아야 한다. 나무 하나하나가 아니라 숲을 볼 줄 아는 시야가 필요하다는 말이다.

하지만 눈앞의 나무 하나도 제대로 보기 어려운 초보 '부린이'가 부동산 시장의 동향을 파악한다는 것은 여간 힘든 일이 아니다. 그래서 부동산 경매를 해보겠다고 마음먹었다면 경매 공부는 물론, 시장에 대한 공부도 게을리하면 안 된다. 부동산 투자로 수익을 내고 싶다면 경기 흐름과 동향을 살펴보는 통찰력과 감각을 키워야 한다. 상승과 하락, 부동산 시장의 흐름을 파악할 줄 알아야 한다. 개발 호재, 교통 호재 같은 큰 그림도 그릴 수 있어야 한다. 처음부터 다 잘할 수는 없다. 차근차근 하나하나 공부하다 보면 자연스럽게 알게 된다. 조급해하면 얼마 가지 못해 포기하게 된다.

모건 하우절은 〈불변의 법칙〉에서 미국 주식시장의 보유기간에 따른 수익률을 분석하며 '가장 알맞은 투자 기간'을 10년 이상이라고 했다. 부동산도 주식과 크게 다르지 않다. 부동산 대세 상승장이 10년에 한 번씩 온다고 했을 때, 10년 이상 보유한다면 큰 파도를 탈 가능성이 커진다. 지금 같은 상승장에서는 아파트 보유 여부에 따라 희비가 극명하게 갈린다. 보유한 사람은 자산이 배가되는 경험을 하는 반면, 보유하지 않은 사람은 상대적 박탈감에 시달리게 된다. 따라서 큰 수익을 얻고자 한다면 10년 이상 보유해야 한다. 부동산은 기다림이다. 부동산을 사고 난 다음 날부터 시세를 보기 시작하고, 가격이 조금이라도 빠지면 팔아야 할지 고민하게 된다.

부동산을 사고팔 때 통용되는 명제가 있다. 급하고 어려운 사람이 지는 것이다. 매도인이 급하면 싸게 팔아버리기 때문에 지는 것이고, 매수인이 급하면 비싸게 사기 때문에 지는 것이다. 우리는 싸게 사는 매수인이 돼야 하고, 비싸게 파는 매도인이 돼야 한다. 그러려면 마음을 느긋하게 갖고 10년 이상 보유하면서, 사람들이 사고 싶어서 안달이 났을 때 천천히 비싸게 팔면 된다.

경매 공부는 어떻게 해야 할까. 부동산 경매 공부를 과하게 많이 할 필요는 없다. 권리분석만 할 줄 알면 책상에 앉아 하는 공부는 줄이고 임장을 많이 다녀야 한다. 부동산 경매와 직접 관련 있는 법률에는 민법, 주택임대차보호법, 상가건물임대차보호법, 민사집행법 등 여러 관계 법률이 있지만, 이 모든 법을 머릿속에 다 넣어야만 경매를 할 수 있는 것은 아니다. 물론 다 알면 유리한 점이 많다. 그러나 경매 투자에서 실제로 부딪히는 법률 이슈는 생각보다 제한적이다.

부동산 경매 공부는 경매로 낙찰받아 수익을 내본 사람에게 배우면 된다. 그리고 그들의 경험을 간접 경험하며 배울 수 있는 것을 배워야 한다. 성공한 투자자를 관찰하면 남들보다 뛰어나게 투자할 수 있는 검증된 방법을 발견할 수 있다. 문제는 그런 사람이 내 주변에 없다는 점이다. 실거주로 부동산을 소유한 사람은 있어도, 투자자로서 수십 번의 낙찰과 매도·매수 경험을 한 사람은 내 주변에 드물다. 그러나 걱정할 필요는 없다. 우리에게는 책이 있다. 실제로 만나 가르침을 받는 것이 가장 좋겠지만, 그렇지 않아도 책으로 만나면 된다. 실제로 유명 투자자의 강의를 들어보고 집필한 책을 읽어보면 강의 내용과 책 내용은 거의 비슷하다.

한 권의 책을 쓰기 위해 저자는 수십 권의 관련서를 소화하고, 자신의 투자 사례와 경험을 바탕으로 지식을 농축해 담아낸다. 그러니 부동산 경매로 성공하고 싶다면, 이미 성공한 사람들의 경험과 노하우가 담긴 책을 읽는 데 게을리해서는 안 된다. 책 한 권의 정보를 다른 방식으로 얻으려면 몇십 배의 대가를 치르는 경우가 많다. 비싼 경매 강의는 몇백만 원씩 한다. 하지만 2만 원에서 3만 원짜리 책 한 권이 훨씬 더 좋은 내용일 때도 있다.

부자가 되는 지름길은 소득을 높이고 지출을 통제하는 것이다. 그러나 책을 읽는 데만큼은 돈을 아끼지 말아야 한다. 책 1,000권을 보는 데 들어간 2,000만 원은 몇 년 후 몇십억 원, 몇백억 원을 벌어다 줄 수도 있다는 사실을 명심해야 한다. 다만 책만 읽어서는 절대 원하는 것을 얻지 못한다. 경매 책 몇 권 읽었다고 "이제 다 알았다"라고 생각해서도 안 된다. 어떤 경매 책은 이론만 많아 책을 펴면 졸음이 쏟아지고, 어떤 책은 초보자가 하기 어려운 특수물건만 다루기도 한다. 실제 투자 사례가 거의 없는 책도 있다. 그래서 내 수준에 맞는 책을 고르는 것이 중요하다. 수준에 맞지 않는 책은 흥미와 관심을 떨어뜨린다. 책을 펴서 읽다가 졸리거나 잘 안 읽히면 우선 덮어두고, 잘 읽히는 책을 다시 고르면 된다. 부동산 경매 책은 한 달 동안 서너 권을 빠르게 읽는 편이 낫다. 한 권을 1년 동안 생각날 때마다 펼쳐 읽으면 이해의 흐름이 끊겨 머릿속에 정리되기 어렵다. 특히 투자 사례는 의심하는 태도로 읽어야 한다. 책이라고 해서 진리만 담겼다고 착각하면 안 된다. 엉터리 같은 책도 있다.

## 복리, 계산, 그리고 실제 숫자

투자를 하다 보면 '복리'라는 말을 자주 듣는다. 아인슈타인은 복리 계산이 인간의 가장 위대한 발명이며 세계 8대 불가사의 중 하나라고 했다. 복리효과란 이자가 이자를 낳고, 수익이 추가 수익을 만들어 자산이 점점 커지는 현상을 말한다. 아인슈타인의 72법칙도 있다. 72를 복리 이율로 나누면 원금이 두 배가 되는 기간이 나온다는 경험 법칙이다.

예를 들어 부동산 경매로 감정가 1억 2,000만 원짜리 아파트를 1억 원에 낙찰받았다고 하자. 대출 80퍼센트를 받아 8,000만 원을 대출받고 내 돈 2,000만 원이 들어간다. 명도를 하고 수리한 뒤 새로운 임차인을 찾아 보증금 2,000만 원에 월세 50만 원으로 임대차계약을 한다. 소유권 이전 등기 비용, 법무비, 명도비, 수리비, 중개수수료로 총 1,920만 원이 들어갔다고 치자. 그러면 실투자금은 1,920만 원, 약 2,000만 원이다. 8,000만 원에 대한 대출이자는 금리 5퍼센트로 매달 34만 원이 나온다. 월세 50만 원에서 대출이자 34만 원을 빼면 매달 16만 원의 임대수익이 나온다.

수익률을 계산해보자.

수익률 = 연간 수입 총액 / 실투자금 × 100

실투자금 = 매매가 - 보증금 - 대출 + 부대비용

연간 수입 총액 = 연 임대료 - 연 대출이자

실투자금(2,000만 원) = 매매가(1억 원) - 보증금(2,000만 원) - 대출(8,000만 원) + 부대비용(2,000만 원)

연간 수입 총액(200만 원) = 연 임대료(600만 원) - 연 대출이자(400만 원)

수익률 10퍼센트 = 연간 수입 총액(200만 원) / 실투자금(2,000만 원) × 100

2,000만 원을 투자해 연 10퍼센트 수익이 난다면 원금이 두 배가 되는 기간은 72를 10으로 나눈 7.2년이다. 복리가 실감 나지 않으면 코로나를 떠올려보자. 우리나라에 첫 감염자가 비행기를 타고 인천공항으로 입국해 택시를 타고 집으로 간다. 택시기사가 첫 번째로 감염돼 감염자는 2명이 된다. 택시기사는 다른 손님을 태우고, 집으로 간 감염자는 가족을 만나며 감염자는 4명이 된다. 곧 8명, 16명, 32명, 64명으로 늘어나며 오래되지 않아 3,000만 명을 넘기고 전 국민이 감염되는 상황까지 간다. 복리는 이처럼 기하급수적 증가를 만든다.

투자는 이른 나이에 시작할수록 좋다. 젊을 때 소비만 하다가 은퇴가 가까워져 복리 상품에 가입해봐야 복리의 혜택은 제한적이다. 위런 버핏이 인생에서 후회되는 일 중 하나로 주식을 열한 살에야 시작한 것을 꼽았다는 사실은 '일찍 시작'의 중요성을 보여준다. 나 역시 직장을 그만두고 첫 창업을 했을 때가 인생에서 가장 돈을 많이 벌던 시기였는데, 그때는 투자도 하지 않았고 부동산에도 관심이 없었다. 그때 부동산 경매를 시작했더라면 지금 내 모습은 어땠을까 생각하게 된다. 부동산도 1채가 2채가 되고, 2채가 4채로 늘어나는 복리효과가 있다.

마법의 돼지저금통 이야기도 있다. 두 개의 돼지저금통이 있다. 100원을 넣으면 한 달간 매일 2배가 되는 A 돼지저금통, 그리고 10억 원이 이미 들어 있는 B 돼지저금통이다. 둘 중 하나만 가질 수 있다면 무엇을 선택하겠는가. 복리의 개념을 이해하는 사람과 이해하지 못하는 사람은 돈을 불리는 방식의 이해가 다를 수밖에 없다. B를 선택했다면 복리 감각이 약한 쪽에 가깝다. 매일 2배가 되는 A를 확인해보자.

| 일 | 월 | 화 | 수 | 목 | 금 | 토 |
|---|---|---|---|---|---|---|
| | | | 1<br>100원 | 2<br>200원 | 3<br>400원 | 4<br>800원 |
| 5<br>1600원 | 6<br>3200원 | 7<br>6400원 | 8<br>12800원 | 9<br>25600원 | 10<br>51200원 | 11<br>102400원 |
| 12<br>204800원 | 13<br>409600원 | 14<br>819200원 | 15<br>163만원 | 16<br>327만원 | 17<br>655만원 | 18<br>1310만원 |
| 19<br>2621만원 | 20<br>5242만원 | 21<br>1억 485만원 | 22<br>2억 971만원 | 23<br>4억 1943만원 | 24<br>8억 3886만원 | 25<br>성탄절 |
| 26<br>16억 7772만원 | 27<br>33억 5544만원 | 28<br>67억 1088만원 | 29<br>134억 2180만원 | 30<br>268억 4350만원 | 31<br>536억 8710만원 | |

이것이 '복리'의 마법이다.

그럼 부동산 투자가 왜 복리일까. 1억 원으로 부동산 경매를 통해 매년 10퍼센트 수익을 낸다면 1억 원은 1억 1,000만 원이 되고, 1억 1,000만 원으로 10퍼센트 수익을 또 내면 1억 2,100만 원이 된다.

| 총 수익 | | 최종 금액 | |
| :---: | :---: | :---: | :---: |
| **₩159,374,246** | | **₩259,374,246** | |

| # | 수익(₩) | 총액(₩) | 수익률 |
| :---: | :---: | :---: | :---: |
| 1 | +10,000,000 | 110,000,000 | 10.00% |
| 2 | +11,000,000 | 121,000,000 | 21.00% |
| 3 | +12,100,000 | 133,100,000 | 33.10% |
| 4 | +13,310,000 | 146,410,000 | 46.41% |
| 5 | +14,641,000 | 161,051,000 | 61.05% |
| 6 | +16,105,100 | 177,156,100 | 77.16% |
| 7 | +17,715,610 | 194,871,710 | 94.87% |
| 8 | +19,487,171 | 214,358,881 | 114.36% |
| 9 | +21,435,888 | 235,794,769 | 135.79% |
| 10 | +23,579,477 | 259,374,246 | 159.37% |

1억 원으로 매년 한 건씩 10퍼센트씩 수익을 낸다면 10년 동안 원금은 2억 5,937만 원으로 늘고, 누적 수익은 1억 5,937만 원이 된다. 다만 매년 매도하면 세금도 내야 한다. 2년 단위나 4년 단위로 입주

물량을 보며 투자하면 30퍼센트에서 40퍼센트 수익률도 불가능한 목표만은 아니다. 그리고 경매는 시장이 좋을 때는 싸게 사기 힘들지만, 하락장에서는 시세보다 20퍼센트에서 30퍼센트 싸게 낙찰받을 수 있어 시기에 따라 더 큰 수익이 가능하다.

법원 경매는 감정평가액 100퍼센트에서 시작해, 유찰될 때마다 최저경매가가 1회 유찰(80퍼센트)→2회 유찰(64퍼센트)→3회 유찰(51퍼센트)→4회 유찰(41퍼센트)→5회 유찰(33퍼센트)로 떨어진다. 세 번 유찰되면 감정평가된 가격의 반값 수준이 된다. 내가 낙찰받은 물건 중에는 34퍼센트에도 낙찰받은 물건이 있고, 빌라는 60퍼센트대, 아파트는 70퍼센트대에도 많이 받았다. 다만 4회 이상 유찰된 물건은 권리상 하자가 있는 경우가 많으니, 너무 많이 유찰된 물건은 조심해야 한다.

부동산은 연봉 3,000만 원 이상을 벌어주는 든든한 직원이라고도 할 수 있다. 지금 이런 직원이 하나도 없다면 나는 누군가의 직원으로 살고 있는 셈이다. 직원이 1명인 회사보다 직원이 100명인 회사가 돈을 더 잘 버는 것처럼, 자산도 시스템으로 늘어날 수 있다. 보유세가 걱정이라면 종합부동산세를 내지 않는 선에서 주택 수를 늘리는 전략을 고민할 수 있다. 다만 숫자 늘리기에만 욕심을 내면 운영의 균형이 무너진다. 프랜차이즈도 무리하게 가맹점을 늘리다 몇몇 가맹점의 실수로 브랜드가 무너지는 경우가 많다. 내 그릇이 담을 수 있는 규모부터 키워야 한다. 때로는 소규모 '맛집'이 알짜배기인 것처럼, 내 역량에 맞는 스케일이 먼저다.

# 인구 절벽 때문에
# 집값이 폭락한다고?

### 하락장에 경매를 해야 한다고?

보통 하락장에서 경매를 해야 수익을 많이 낼 수 있다고 말하지만, 단순한 하락장보다 감정가가 높게 잡혀 있는 시기, 즉 시장 온도가 빠르게 바뀌는 타이밍이 경매에 더 적절할 때가 있다. 부동산 경매가 매각되기까지 보통 1년 정도 걸린다. 즉 감정평가 시점은 대체로 1년 전이다. 감정가는 높고 현재 시세는 많이 빠져 있다면 90퍼센트 대출을 받기가 상대적으로 수월해질 수 있다.

사람들이 생각하는 경매의 큰 진입장벽은 '명도'다. 소유권 이전 등기를 해 이미 내 소유가 된 부동산임에도 점유자가 이사비를 줘야 나간다고 버티는 상황을 떠올린다. 유튜브에는 "명도 대상자가 80대 치매 노인" 같은 자극적 썸네일의 영상도 많다. 그래서 "굳이 힘들게 부동산을 경매로 취득할 필요가 있나, 그냥 일반 매매로 사자"로 결론 내리며 경매의 진입장벽을 넘지 못한다. 사실 딱 한 번만 낙찰받아보면 되는데, 그 첫 낙찰이 가장 어렵게 느껴진다. 그렇다면 명도가 필요 없는 물건부터 찾아 해보자.

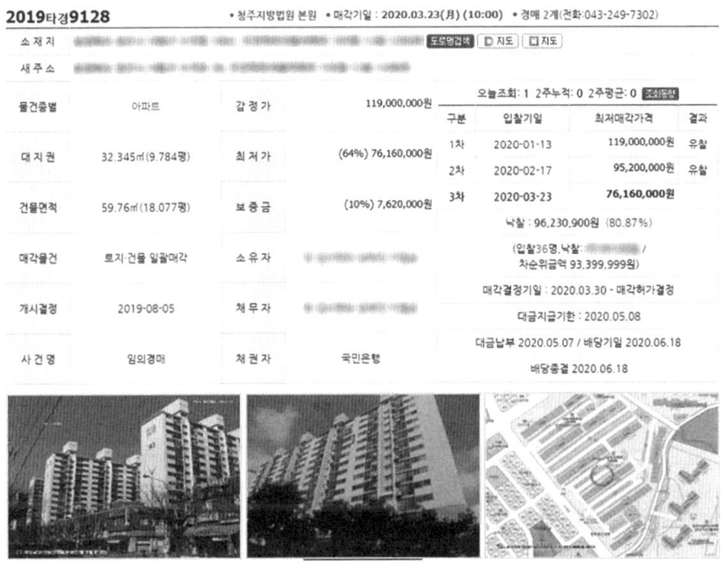

**2019타경9128**  • 청주지방법원 본원  • 매각기일 : 2020.03.23(月) (10:00)  • 경매 2계(전화:043-249-7302)

| 소 재 지 | | | | 도로명검색 [지도] [지도] |
| 새 주 소 | | | | |

오늘조회: 1  2주누적: 0  2주평균: 0  조회동향

| 물건종별 | 아파트 | 감 정 가 | 119,000,000원 |
| 대 지 권 | 32.345㎡(9.784평) | 최 저 가 | (64%) 76,160,000원 |
| 건물면적 | 59.76㎡(18.077평) | 보 증 금 | (10%) 7,620,000원 |
| 매각물건 | 토지·건물 일괄매각 | 소 유 자 | |
| 개시결정 | 2019-08-05 | 채 무 자 | |
| 사 건 명 | 임의경매 | 채 권 자 | 국민은행 |

| 구분 | 입찰기일 | 최저매각가격 | 결과 |
| --- | --- | --- | --- |
| 1차 | 2020-01-13 | 119,000,000원 | 유찰 |
| 2차 | 2020-02-17 | 95,200,000원 | 유찰 |
| 3차 | 2020-03-23 | **76,160,000원** | |

낙찰 : 96,230,900원 (80.87%)

(입찰36명.낙찰:　　　 /
차순위금액 93,399,999원)

매각결정기일 : 2020.03.30 - 매각허가결정

대금지급기한 : 2020.05.08

대금납부 2020.05.07 / 배당기일 2020.06.18

배당종결 2020.06.18

청주 24평 아파트: 낙찰 후 5분 만에 명도 완료

나는 아무도 살지 않는 공가임을 확인하고 낙찰받았다. 낙찰받은 날 명도를 끝내고 신속하게 공사를 들어가려고 계획했다. 공가 물건 확인 방법은 명도 파트에서 다루기로 하고, 우선 물건에 대한 설명

을 하겠다. 경매로 낙찰받았지만 명도 대상이 없으니, 부동산에서 일반 매매로 매입한 것과 크게 다를 게 없다는 이야기를 하고 싶다. 경매는 어렵다고 생각하지만, 어려울 게 거의 없는 물건도 많다. 실제로 명도가 가볍게 끝나는 경우도 많으니 경매는 무조건 어렵다는 편견을 버려야 한다.

| 낙　　　　찰 | 96,230,900원 |
| --- | --- |
| 대　　　　출 | 88,000,000원(91퍼센트) |
| 금　　　　리 | 3.2퍼센트 |
| 대 출 이 자 | 231,666원 |
| 미 납 관 리 비 | 1,117,050원 |
| 수　리　비 | 7,352,110원 |
| 취 득 세 등 | 1,058,539원 |
| 법　무　비 | 1,169,000원 |
| 임　　　　대 | 보증금 500만 원/월세 50만 원으로 계약 |
| 실 투 자 금 | 11,311,599원 |
| 현 금 흐 름 | 269,334원 |

현재는 전세로 전환해 1억 3,500만 원에 임대 중이며, 매도 예정이다.

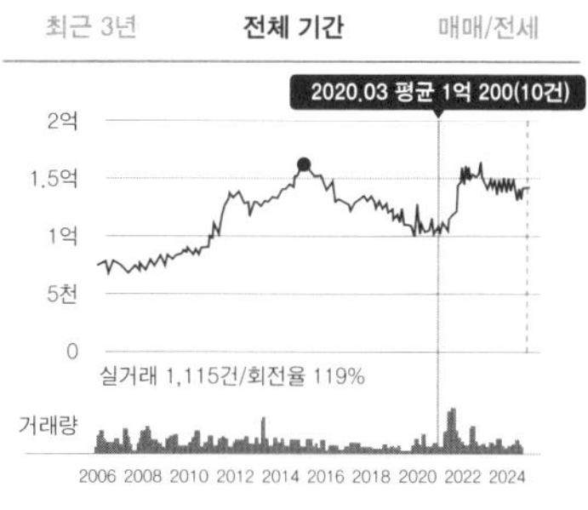

2014년 1억 6,000만 원에 거래되던 아파트가 2020년 1억 원 초반까지 떨어졌고, 그 타이밍에 경매로 저렴하게 낙찰받았다.

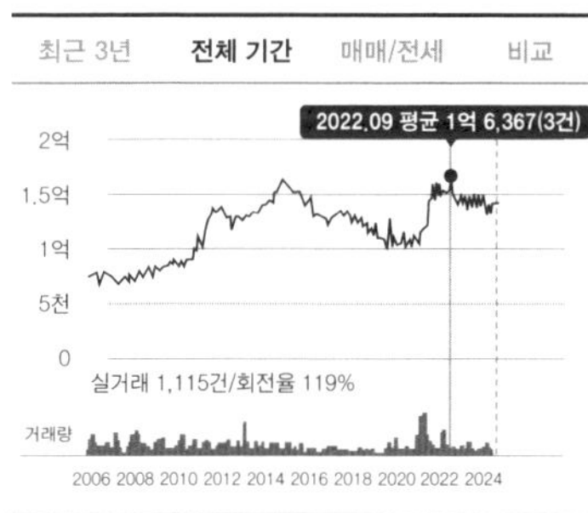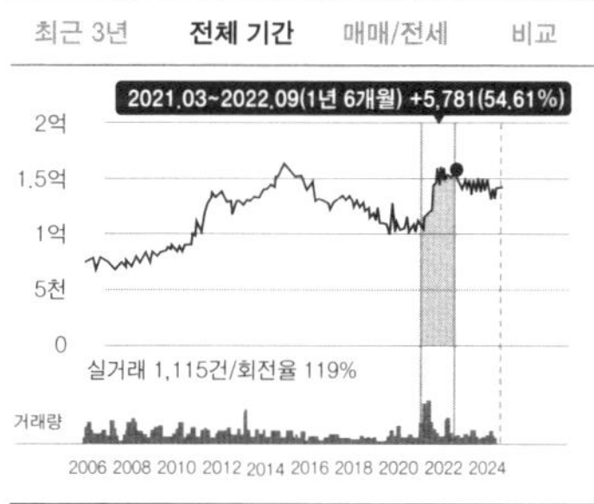

9,600만 원에 낙찰받은 이 아파트는 2년 뒤 1억 7,500만 원의 최고가를 찍었다. 2024년 7월 기준 실거래가는 1억 2,000만 원으로 하락했고, 2024년부터 2027년까지 청주에 입주물량이 많다.

경매는 큰돈이 없어도 시작할 수 있다.



**2018타경10188** • 수원지방법원 평택지원 • 매각기일 : 2019.10.28(月) (10:00) • 경매 4계(전화:031-650-3171)

| 소재지 | | | | | | | |
| --- | --- | --- | --- | --- | --- | --- | --- |
| 새주소 | | | | | | | |

오늘조회: 1 2주누적: 2 2주평균: 0 조회동향

| 물건종별 | 아파트 | 감정가 | 125,000,000원 | 구분 | 입찰기일 | 최저매각가격 | 결과 |
| --- | --- | --- | --- | --- | --- | --- | --- |
| 대지권 | 30.204㎡(9.137평) | 최저가 | (49%) 61,250,000원 | 1차 | 2019-08-05 | 125,000,000원 | 유찰 |
| | | | | 2차 | 2019-09-23 | 87,500,000원 | 유찰 |
| 건물면적 | 59.73㎡(18.068평) | 보증금 | (10%) 6,130,000원 | 3차 | 2019-10-28 | 61,250,000원 | |
| | | | | 낙찰 : 86,304,900원 (69.04%) | | | |
| 매각물건 | 토지·건물 일괄매각 | 소유자 | | (입찰28명,낙찰: / 차순위금액 84,290,000원) | | | |
| 개시결정 | 2018-12-27 | 채무자 | | 매각결정기일 : 2019.11.04 - 매각허가결정 | | | |
| | | | | 대금지급기한 : 2019.12.12 | | | |
| 사건명 | 임의경매 | 채권자 | 돈술신협 | 대금납부 2019.12.12 / 배당기일 2020.01.22 | | | |
| | | | | 배당종결 2020.01.22 | | | |
| 관련사건 | 2015타경12763(소유권이전) | | | | | | |

이 물건도 낙찰받자마자 명도가 끝났다. 보증금 500만 원에 월세 50만 원으로 임차인이 있는 물건이었다.

**임차인현황** (말소기준권리 : 2016.06.28 / 배당요구종기일 : 2019.03.18)

| 임차인 | 점유부분 | 전입/확정/배당 | 보증금/차임 | 대항력 | 배당<br>예상금액 | 기타 |
|---|---|---|---|---|---|---|
| 박○○ | 주거용<br>○○○○호<br>전부 | 전입일자 : 2018.12.03<br>확정일자 : 2018.12.03<br>배당요구 : 2019.03.15 | 보5,000,000원<br>월500,000원 | 없음 | 소액<br>임차인 | |
| 기타<br>사항 | · 폐문으로 점유자를 만나지 못하여 조사불능.<br>· 전입세대열람내역 열람결과 1인 동재되어 있음 | | | | | |

임장 갔을 때 임차인은 이미 이사를 완료한 상태였다. 공가임을 확인하고 낙찰받았다. 이미 이사한 상태라 명도비가 들지 않았다. 법원 서류열람으로 임대차계약서를 확인해 임차인의 연락처를 확보했고, 통화 후 현관 비밀번호를 받았다. 낙찰받자마자 5분 만에 명도를 완료한 물건이다.

| 낙　　　찰 | 86,304,900원(69.04퍼센트) |
|---|---|
| 대　　　출 | 80,000,000원(92퍼센트) |
| 금　　　리 | 4.3퍼센트 |
| 대　출　이　자 | 286,667원 |
| 미　납　관　리　비 | 1,450,000원 |
| 수　　리　　비 | 716,710원 |
| 취　등　록　세 | 949,353원 |

| 법 무 비 | 1,508,900원 |
| --- | --- |
| 임 대 | 보증금 500만 원/월세 40만 원으로 계약 |
| 중 개 수 수 료 | 165,000원 |
| 실 투 자 금 | 6,088,869원 |
| 현 금 흐 름 | 113,333원 |

저렴하게 계약했기 때문에 기존 임차인이 이사한 뒤 시세대로 보증금 500만 원/월세 50만 원으로 임대했다. 실투자금 600만 원 수준에서, 대출이자를 제외한 현금흐름이 월 20만 원이면 수익률 40퍼센트다. 이런 아파트 5개를 보유하면 3,000만 원 투자로 월 현금흐름 100만 원을 만들 수도 있다. 당시에는 법인으로 집이 50채라도 종합부동산세 부담이 크지 않았고, 대출도 계속 나왔던 시기였다. 임대수익이 40퍼센트이기도 했지만, 감정가의 69퍼센트인 8,630만 원에 낙찰받은 이 아파트는 1억 4,500만 원에 매도했다. 주거용 부동산은 싸게만 사면 리스크가 작다. 임차인이 안 구해지면 임대료를 조정하면 되고, 시간이 지나며 시세차익도 생긴다. 이런 물건은 황금알을 낳는 오리다. 굳이 팔 필요가 없을 때도 있다. 2022년에 최고가 2억 2,500만 원을 찍고, 현재는 1억 4,000만 원에 실거래됐다.

| 계약 | 일 | 정보 | 가격 ↓ | 타입 | 거래동 | 층 |
|---|---|---|---|---|---|---|
| 24.08 | 30 | | 매매 1억 4,000 | 59 | 106동 | 14층 |
| | 26 | | 매매 1억 5,500 | 59 | 201동 | 12층 |
| | 23 | | 매매 1억 3,400 | 59 | 107동 | 11층 |
| | 13 | | 매매 1억 5,500 | 59 | 108동 | 18층 |
| 24.07 | 27 | 등기 | 매매 1억 3,050 | 59 | 107동 | 5층 |
| 24.06 | 25 | 등기 | 매매 1억 2,800 | 59 | 201동 | 20층 |
| | 13 | 등기 | 매매 1억 3,200 | 59 | 106동 | 15층 |
| | 13 | 등기 | 매매 1억 3,400 | 59 | 106동 | 5층 |

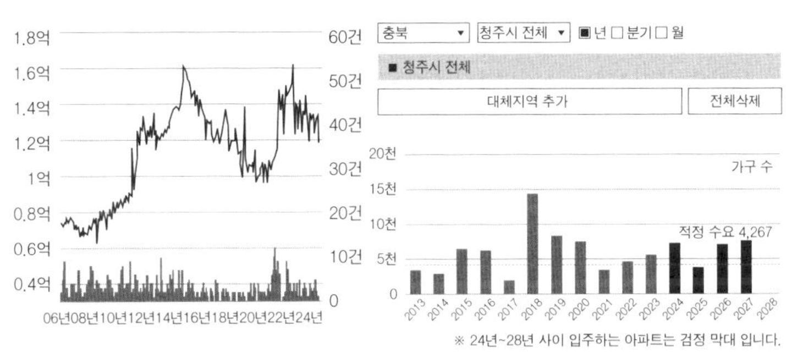



　충청북도 청주시는 2024년 입주물량이 많고, 2025년에는 다소 줄었다가 2026년과 2027년에 다시 적정 수요 대비 많다. 여기서 주목해야 할 것은 입주물량이 없는 시기는 가격이 상승하고, 입주물량이 많은 시기는 가격이 하락하는 경향이 있다는 점이다. 2017년과 2018년

을 주의 깊게 보자.

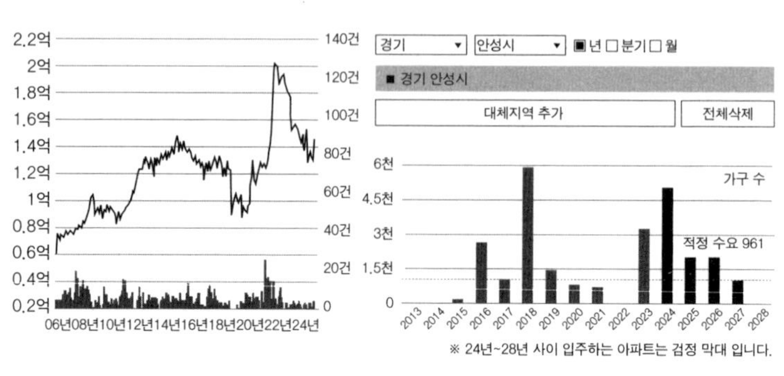



경기도 안성시는 2018년에 입주물량이 많았다. 시세도 크게 빠졌고, 그 하락 시기에 경매로 낙찰받았다. 다만 입주물량대로만 움직인다면 부동산은 너무 쉬운 게임이 될 것이다. 공급보다 수요가 더 많다면 가격은 하락하지 않는다. 지방은 특별한 경우를 제외하면 입주물량에 맞춰 움직이는 전략이 리스크를 줄이는 데 도움이 된다. 지방 부동산은 끝이라고들 하지만, 내가 투자했던 2019년에도 똑같은 말을 했다. 하락 중인 지방에 투자한다고 하면 이상하게 보는 시선도 있었다. 물론 인구가 매우 적은 지방 소도시는 주의를 기울여야 하지만, 앞으로 20년에서 30년 안에 도시가 소멸한다는 식의 단정은 과도한 공포일 수 있다. 걱정이 너무 커 투자가 망설여진다면 서울과 수도권 위주로 하면 된다. 사람들은 지방 부동산은 안 오른다고 생각하는

데 아니다. 우리나라 부동산은 강남이 리딩한다. 강남이 오르면서 그 주변을 끌고 간다. 서울이 전부 오르고 나면 수도권 전체가 키 맞추기를 한다. 수도권의 상승은 지방 시장에도 영향을 준다. 하지만 무조건적으로 전부 다 상승하는 것은 아니고 국지적으로 오른다.

가격이 상승하는 본질적인 이유는 사람들이 사는, 즉 구매하는 것이다. '상승한다' 혹은 '하락한다'는 말을 다르게 표현하자면 '산다' 혹은 '안 산다'라고 할 수 있다. 26년 2월 현재 입주 물량이 없는 울산은 상승하고 있다.

출생률이 1퍼센트도 안 되는 대한민국이 망한다고 생각한다면 집을 사지 않는 게 맞다. 전세도 위험하니 월세로만 거주하는 것이 안전하다고 볼 수도 있다. 전세보증금으로 해외 부동산을 매입해 임대수익을 만들고, 서울 아파트에는 월세로 거주하는 방식이 더 안전할 수도 있다. 특히 이웃나라 일본 부동산은 관심을 갖고 지켜볼 필요가 있다. 다만 20년 전에도, 10년 전에도 "경매는 끝났다"라는 말은 있었다. 싸게 사는 시절은 끝났고 위험하니 하지 말라는 말도 많이 들었다. 안 해본 사람의 말은 참고만 하면 된다.

크랩 이론(crab theory)이라는 것도 있다. 양동이에 잡힌 게들이 동료가 탈출하지 못하게 서로 잡아당기는 행동 습성에서 유래했는데, "내가 가질 수 없으면 너도 가지지 못하게 하겠다"라는 심리를 설명한다. 인간 행동에서 집단 내 한 구성원이 다른 구성원보다 우월해 보이면, 질투나 분노, 열등감 같은 감정이 생기고 그 사람의 성공을 방해하는 행동으로 이어질 수 있다는 뜻이다. 어디 아파트를 사야 한다느니, 사면 안 된다느니 하는 조언은 항상 조심스럽다. 쉽게 해서도 안 되고 귀담아 들어서도 안 된다. 특히 무주택자의 말은 절대 듣지도 말고 흘려버려라. 무주택 동지가 탈출하지 못하게 잡아당기는 것이다.

야구 게임에서는 세 번만 치고 타석에서 내려와야 하지만, 우리 인생 게임에서는 열 번을 치든 100번을 치든 제한이 없다. 지금 나는 방망이를 휘두르고 있는가. 혹시 공을 치는 방법만 책으로 열심히 공부하고, 실제로는 쳐보려고 시도조차 하지 않고 있지는 않은가.

## 한눈에 보는 경매 진행 절차

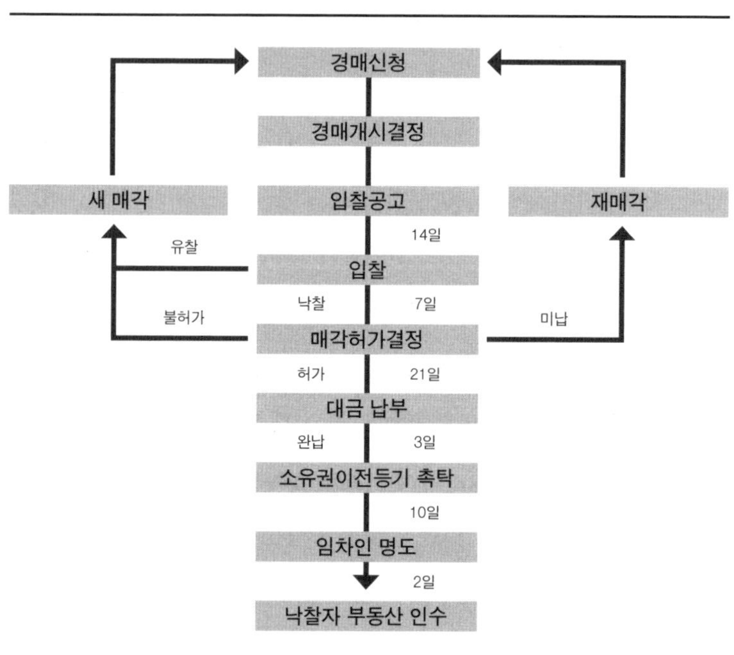

# 2부

## 왕초보를 위한 단계별 가이드

# 경매 진행 순서

권리 분석

임장

입찰

낙찰·명도·수리

# 권리 분석 1:
# 등기부등본 보는 법

## 등기부등본으로 시작하는 계약 안전장치

부동산을 계약하기 전에 반드시 확인해야 하는 것이 등기부등본(등기사항전부증명서)이다. 등기부등본은 경매가 아닌 일반 매매나 임대차계약에서도 반드시 확인해야 하는 중요한 문건이므로 기본적인 내용은 꼭 알아두어야 한다.

등기부등본은 발급하는 데 비용이 든다. 계약 전 단계가 되면 공인중개업소에서 발급해 보여준다. 등기부등본은 대법원 인터넷등기소(www.iros.go.kr)에서 열람하거나 발급받을 수 있다. 인터넷등기소 홈페이지에서 '등기열람/발급' 메뉴의 카테고리를 클릭한 뒤 해당 부동산 주소를 입력하면 열람 및 발급을 할 수 있다. 열람 수수료는

700원, 발급 수수료는 1,000원이다. 등기부등본은 크게 표제부, 갑구, 을구 세 항목으로 구성돼 있다.

표제부: 부동산의 토지와 건물을 표시한다.
갑구: 소유권에 대한 내용을 표시한다.
을구: 소유권 이외의 권리에 대한 내용을 표시한다.

### 표제부에서 확인해야 할 것

표제부에는 부동산의 주소, 지목, 면적, 그리고 건물의 구조 등이 기재돼 있다. 표제부를 볼 때 중요하게 봐야 하는 부분은 대지권 비율이다. 예컨대 어떤 물건의 건물면적이 84제곱미터이고, 대지권이 34.315제곱미터라면 10.38평이다. 즉, 흔히 말하는 국민평수 84제곱미터, 34평 아파트라 해도 소유하고 있는 토지는 10평이라는 뜻이다.

건물의 가치는 감가상각되지만, 토지의 가격은 대한민국 역사상 단 한 번도 하락한 적이 없다. 특히 구옥 빌라를 매입할 때는 대지지분이 많은 빌라를 '땅값만 주고 산다'는 관점으로 접근할 수 있다. 그렇게 보면 토지 투자와 비슷한 성격을 띨 수 있다.

### 갑구에서 확인해야 할 것

갑구에는 소유권 및 소유권 관련 권리관계에 관한 등기사항이 기재돼 있다. 즉, 등기를 한 목적이 무엇인지, 접수일은 언제인지, 등기원인(가등기, 가처분, 예고등기, 가압류, 압류, 경매 등)은 무엇인지 등을 확인할 수 있다.

## 을구에서 확인해야 할 것

등기부등본을 확인하는 가장 큰 이유는 저당권 설정 여부를 확인하기 위함이다. 을구에는 해당 부동산의 전세권, 지역권, 지상권, 저당권에 대한 내용이 들어 있다. 만약 대출이 있다면 '권리자 및 기타 사항'에 근저당권 설정이라고 표시돼 있고, 채권최고액으로 대출금의 120퍼센트가 설정돼 있다. 예를 들어 채권최고액이 1억 2,000만 원이라면 실제 대출금액은 1억 원 수준으로 보는 방식이다.

채권최고액에서 실제 대출금액을 구하는 계산식은 다음과 같다.

채권최고액 ÷ 1.2 = 실제 대출금액
예: 1억 5,000만 원 ÷ 1.2 = 1억 2,500만 원

예시로 다음 페이지 등기부등본의 을구를 보면 4번에서 교보생명보험 주식회사가 근저당을 설정했다. 4-1을 보면 채권최고액 219,000,000원이 설정돼 있다.

그럼 실제 대출금액을 계산해보자.

채권최고액 ÷ 1.2 = 실제 대출금액
219,000,000원 ÷ 1.2 = 182,500,000원

[집합건물] 서울특별시 강동구 길동 474 지에스강동자이아파트 제107동 제4층 제401호

| 【 을　　구 】 | | ( 소유권 이외의 권리에 관한 사항 ) | | |
| --- | --- | --- | --- | --- |
| 순위번호 | 등 기 목 적 | 접　　수 | 등 기 원 인 | 권리자 및 기타사항 |
| 1 | 전세권설정 | 2006년6월9일<br>제34611호 | 2006년5월1일<br>설정계약 | 전세금　금120,000,000원<br>범　위　주거용건물전부<br>존속기간　2008년 6월 15일<br>반환기　2008년 6월 15일<br>전세권자　김수장　640818-******<br>　　서울 송파구 방이동 185 인덕파크랜드<br>　　903호 |
| 1-1 | | | | 1번 등기는 건물만에 관한 것임<br>2006년6월9일　부기 |
| 2 | 1번전세권설정등기<br>말소 | 2008년4월29일<br>제18901호 | 2008년4월29일<br>해지 | |
| 3 | 근저당권설정 | 2012년2월29일<br>제15305호 | 2012년2월29일<br>설정계약 | 채권최고액　금150,000,000원<br>채무자　이현세<br>　　서울특별시 강동구 천호대로 193길 37,<br>　　101동 605호 (길동,길동우성아파트)<br>근저당권자　하재상　610522-******<br>　　서울특별시 강동구 풍성로61길 36-3,<br>　　에이동 501호 (둔촌동,포암빌라) |
| 4 | 근저당권설정 | 2012년5월21일<br>제31596호 | 2012년5월18일<br>설정계약 | 채권최고액　금300,000,000원<br>채무자　이현세<br>　　서울특별시 강동구 천호대로 193길 37,<br>　　101동 605호 (길동,길동우성아파트)<br>근저당권자　교보생명보험주식회사<br>　　110111-0014970<br>　　서울특별시 종로구 종로1가 1번지 |
| 4-1 | 4번근저당권변경 | 2022년8월1일<br>제97460호 | 2022년7월28일<br>변경계약 | 채권최고액　금219,000,000원 |
| 5 | 3번근저당권설정등<br>기말소 | 2012년5월25일<br>제32695호 | 2012년5월25일<br>해지 | |

즉 채권최고액이 219,000,000원으로 설정돼 있지만, 실제 대출액은 182,500,000원, 다시 말해 1억 8,250만 원이라는 뜻이다. 위의 등기부 등본 물건은 실제 경매에 나온 물건이다. 권리 중에서 가장 앞선 권리가 말소기준권리가 되는데, 위의 4번 근저당권은 해당 물건의 말소기준권리가 된다. 말소기준권리란 무엇일까. 낙찰 후 등기부상 복잡한 권리가 지워지는 것을 '말소'라고 한다. 그리고 그 기준이 되는 권리가 몇 가지 있다. 그중 자기 자신도 말소되면서 아래에 있는 모든 권리를 말소시키는 권리가 말소기준권리다.

# 권리 분석 2:
# 말소기준권리 찾기

## 근, 가, 전, 담, 경

권리 분석의 기본은 '말소기준권리'를 찾는 것부터 시작이다. 말소기준권리는 부동산 등기부에서 등기일이 가장 빠른 권리를 말한다. 이 권리를 기준으로 순위가 빠르면 선순위, 늦으면 후순위가 된다. 선순위는 인수하고, 후순위는 말소된다. 말소기준권리가 되는 등기는 다섯 가지다. '근, 가, 전, 담, 경'으로 외우면 된다.

| 1. 근저당권 | 2. 가압류 | 3. 전세권 |
| --- | --- | --- |
| 4. 담보가등기 | 5. 경매기입등기 | |

이 다섯 가지 권리 중 등기부에서 시기적으로 가장 앞서 설정된 권리가 말소기준권리다. 부동산 경매 물건에서 말소기준권리보다 앞서 설정된 권리는 대부분 선순위 세입자다.

## 1. 근저당권, 저당권

"나 전당포 한다. 금이빨 빼고 모조리 다 씹어 먹어 줄게"라는 영화 〈아저씨〉 속 대사가 있다. 원빈은 전당포를 운영한다. 전당포는 물건을 담보로 잡고 돈을 빌려주는 사금융업의 일종이다. 예전에는 실제로 전당포에 금목걸이, 결혼반지 등을 맡기고 돈을 빌렸다. 물건을 저당 잡고 그 물건의 가치만큼 돈을 빌리는 것이다.

시계나 귀금속은 직접 들고 가서 돈을 빌릴 수 있지만, 부동산은 들고 가서 맡길 수가 없다. 그래서 '부동산'이다. 부동산을 한자로 보면 '不動産'이다. 아닐 부, 움직일 동, 낳을 산, 즉 움직일 수 없는 재산이라는 뜻이다. 직접 들고 갈 수 없으니 등기부등본이라는 서류에 설정을 해 저당을 잡는 것이다. 그리고 '저당권'은 채무자가 빚을 갚지 않는 경우 채권자가 경매 등의 절차를 통해 돈을 돌려받을 수 있는 권리다.

저당권과 근저당권의 차이는 무엇일까. 저당권은 1억 원을 은행에서 빌리면 채권액 1억 원을 설정한다. 하지만 근저당권은 1억 원을 빌리면 채권최고액 120퍼센트를 설정해 1억 2,000만 원을 설정한다. 근저당권은 빌린 금액 1억 원보다 2,000만 원 더 높은 금액을 설정해 둔다.

그 이유는 채무자가 돈을 못 갚을 경우 밀리게 될 이자와, 경매가 진행되는 과정에서 들어가게 될 비용을 미리 포함한 금액이기 때문이다.

대출이자를 연체하면 채권액이 더 늘어난다. 채권액이 변동될 때마다 저당권을 설정하고 등기를 다시 해야 하는 번거로움이 생긴다. 그래서 저당권보다는 금액을 더 크게 미리 설정해두는 근저당권을 더 많이 사용한다.

**등기부현황** (채권액합계 : 1,334,000,000원)

| No | 접수 | 권리종류 | 권리자 | 채권금액 | 비고 | 소멸여부 |
|---|---|---|---|---|---|---|
| 1(갑3) | 2012.02.29 | 소유권이전 (매매) | 이현세 | | 거래가액: 502,000,000 | |
| 2(을4) | 2012.05.21 | 근저당 | 교보생명보험(주) | 219,000,000원 | 말소기준등기 | 소멸 |
| 3(을6) | 2018.04.19 | 근저당 | 하나은행 | 36,000,000원 | | 소멸 |
| 4(을16) | 2022.08.12 | 근저당 | (주)엠에이치파이낸스대부 | 1,0790,000,000원 | | 소멸 |
| 5(갑4) | 2022.11.30 | 임의경매 | (주)엠에이치파이낸스대부 | 청구금액: 857,158,055원 | 2202타경56941 | 소멸 |
| 6(갑5) | 2022.12.19 | 임의경매 | 교보생명보험(주) | 청구금액: 184,289,759원 | 2022타경57821 | 소멸 |
| 7(갑6) | 2023.04.07 | 압류 | 강동구(서울특별시) | | | 소멸 |

말소기준권리인 근저당권 이후의 모든 권리는 소멸된다.

## 2. 가압류, 압류

가압류와 압류의 차이는 법원의 판결을 받았는지 여부에 따라 달라진다. 채권자가 가압류를 신청하면 법원은 등기부등본에 기재하고, 재판에서 채권자가 승소하면 가압류를 압류로 바꾼 뒤 경매를 신청하게 된다.

가압류는 채무자의 재산에 대한 강제집행을 보전하기 위해 임시로 압류하는 것이고, 압류를 할 수 있는 권리를 획득하기 전까지 채무자가 양도나 매매를 하지 못하도록 묶어두는 방법이다.

**등기부현황** (채권액합계 : 88,994,139원)

| No | 접수 | 권리종류 | 권리자 | 채권금액 | 비고 | 소멸여부 |
|---|---|---|---|---|---|---|
| 1(갑7) | 2012.07.31 | 소유권이전(매매) | 김정례 | | 거래가액:<br>90,000,000 | |
| 2(을7) | 2019.11.20 | 주택임차권<br>(지층 비02호) | 한국토지주택공사 | 80,000,000원 | 전입:2017.10.10<br>확정:2017.09.14 | |
| 3(갑10) | 2022.11.07 | 가압류 | 인천신용보증재단<br>(부평지점) | 8,994,139원 | 말소기준등기<br>2022카단106942 | 소멸 |
| 4(갑11) | 2022.12.28 | 강제경매 | 서울보증보험(주)<br>(경원신용지원단) | 청구금액:<br>92,066,706원 | 2022타경537103,<br>양도인:한국토지주택공사 | 소멸 |
| 5(갑12) | 2023.03.21 | 압류 | 국민건강보험공단 | | | 소멸 |

**등기부현황** (채권액합계 : 5,398,000,000원)

| No | 접수 | 권리종류 | 권리자 | 채권금액 | 비고 | 소멸<br>여부 |
|---|---|---|---|---|---|---|
| 1(갑7) | 2020.04.03 | 공유자전원<br>지분전부이전 | 박연숙 | | 매매, 거래가액:<br>174,000,000 | |
| 2(갑8) | 2020.11.18 | 압류 | 미추홀구<br>(인천광역시) | | 말소기준등기 | 소멸 |
| 3(갑9) | 2021.03.10 | 압류 | 국<br>(남인천세무서장) | | | 소멸 |
| 4(갑10) | 2021.12.08 | 가압류 | 주택도시보증공사 | 5,224,000,000원 | 2021카단63697 | 소멸 |
| 5(갑11) | 2022.05.10 | 압류 | 국<br>(안산세무서장) | | | 소멸 |
| 6(을1) | 2023.10.06 | 주택임차권<br>(전부) | 최진용 | 174,000,000원 | 전입:2020.04.03<br>확정:2020.03.12 | |
| 7(갑12) | 2023.10.06 | 강제경매 | 최진용 | 청구금액:<br>174,000,000원 | 2023타경13765 | 소멸 |
| 8(갑13) | 2023.11.02 | 압류 | 국<br>(동안산세무서장) | | | 소멸 |

말소기준권리인 가압류, 압류 이후의 모든 권리는 소멸된다.


## 3. 전세권

근저당권과 가압류는 선순위에 있으면 말소기준권리가 된다. 하지만 전세권은 조금 다르다. 전입신고와 확정일자를 받은 임차권과 달리, 전세권은 근저당권이나 가압류처럼 선순위에 있다고 무조건 말소기준권리가 되는 것은 아니다.

전세권자가 배당요구를 한 경우 전세권은 말소기준권리가 된다. 이때 전세권 이후의 모든 권리는 소멸된다. 반대로 전세권자가 배당요구를 하지 않았다면 낙찰자가 전세권자의 보증금을 인수하게 된다.

**등기부현황** (채권액합계 : 90,000,000원)

| No | 접수 | 권리종류 | 권리자 | 채권금액 | 비고 | 소멸여부 |
|---|---|---|---|---|---|---|
| 1(갑6) | 2015.06.22 | 소유권이전<br>(매매) | 우선자 | | 거래가액:<br>125,000,000 | |
| 2(을18) | 2015.08.04 | 전세권<br>(건물의 전부) | 이호근 | 90,000,000원 | 말소기준등기<br>존속기간:<br>2015.08.04~<br>2017.08.04 | 소멸 |
| 3(갑7) | 2023.01.25 | 임의경매 | 이호근 | 청구금액:<br>90,000,000원 | | 소멸 |

전세권이 말소기준권리가 되면 이후의 모든 권리는 소멸된다.

## 4. 담보가등기

담보가등기는 부동산을 담보로 돈을 빌릴 때 채권자가 자신의 권리를 보호하기 위해 하는 법적 절차다. 마치 부동산을 '담보'라는 끈으로 묶어두는 것과 비슷하다. 채권자가 빌려준 돈을 받기 위해 근저당권과 유사하게 가등기를 설정하는데, 만약 돈을 갚지 못하면 채권자는 담보가등기가 있는 부동산을 경매에 붙여 돈을 회수할 수 있다.

**등기부현황** (채권액합계 : 744,000,000원)

| No | 접수 | 권리종류 | 권리자 | 채권금액 | 비고 |
|---|---|---|---|---|---|
| 1(갑2) | 2018.05.11 | 공○○지분<br>전부이전 | 황○○ | | 매매, 거래가액:<br>233,000,000원 |
| 2(갑3) | 2018.05.11 | 소유권이전<br>청구권가등기 | 문○○ | | 말소기준등기<br>매매예약 |
| 3(갑5) | 2019.09.18 | 압류 | 강동구<br>(서울특별시) | | |
| 4(갑6) | 2019.10.22 | 압류 | 서울특별시강동구 | | |
| 5(을3) | 2020.03.23 | 근저당 | 이○○ | 54,000,000원 | |
| 6(갑8) | 2020.03.25 | 가압류 | 주택도시보증공사 | 690,000,000원 | 2020카단101074 |
| 7(갑9) | 2021.01.08 | 강제경매 | 진○○ | 청구금액:<br>220,000,000원 | 2021타경26 |
| 8(갑10) | 2021.01.25 | 압류 | 송파세무서장 | | |
| 9(갑11) | 2021.03.22 | 압류 | 국민건강보험공단 | | |

담보가등기가 말소기준권리가 되면 이후의 모든 권리는 소멸된다. 가등기는 예비등기의 일종으로 앞으로 하게 될 본등기의 순위를 보전하기 위해 미리 등기하는 것을 말한다.

# 5. 경매기입등기

경매기입등기라는 말은 들어본 적이 있지만 정확히 어떤 의미인지 모르는 경우가 많다. 돈을 받기 위한 권리인 것처럼 생각할 수도 있고, 그냥 헷갈리는 법률 용어라고 여길 수도 있다. 하지만 경매기입등기는 생각보다 훨씬 간단하고 중요한 의미를 갖고 있다.

경매기입등기란 말 그대로 경매개시결정을 알리는 것으로, 해당 부동산의 처분을 금지하는 압류 효과를 가진다. 쉽게 말해 "경매 진행 중이니 함부로 부동산을 처분하지 마라"라고 공시하는 역할이다.

## 등기부현황

| No | 접수 | 권리종류 | 권리자 | 채권금액 | 비고 | 소멸여부 |
|---|---|---|---|---|---|---|
| 1(갑2) | 2002.03.27 | 소유권이전<br>(매매) | 박동현 | | | |
| 2(갑9) | 2022.12.22 | 강제경매 | 이동훈 | 청구금액:<br>466,483,033원 | 말소기준등기<br>2022타경57852 | 소멸 |

경매기입등기가 말소기준권리가 되면 이후의 모든 권리는 소멸된다.

다시 정리하면 다음과 같다.

1. 근저당권

2. 가압류

3. 전세권(경매 신청 또는 배당요구를 한 경우)

4. 담보가등기

5. 경매기입등기

이 다섯 가지 중에서 가장 먼저 설정된 것이 말소기준권리다. 그리고 그 이후의 모든 권리는 금액이 얼마든 전부 소멸된다.

# 권리 분석 3:
# 인수되는 권리 찾기

## 인수되는 권리, 이런 경우는 입찰하지 말자

말소기준권리 이후에 설정된 모든 권리는 원칙적으로 소멸된다. 낙찰자에게 인수되지 않는다. 하지만 예외적으로 소멸되지 않고 낙찰자가 인수해야 하는 권리도 있다. 그래서 권리 분석을 공부해야 한다. 소멸되지 않고 인수되는 권리가 있는 경우라면, 특히 초보 단계에서는 입찰하지 않는 편이 낫다. 아래에 해당하는 물건은 일단 피하는 것이 안전하다.

첫째, 선순위 가등기다. 선순위로 설정된 가등기가 담보가등기인지, 소유권이전청구권 가등기인지 명확히 구분되지 않는 경우에는 입찰하지 말자. 권리 성격이 불분명하면 낙찰 이후 소유권을 둘러싼 분쟁으로 이어질 수 있다.

둘째, 선순위 가처분등기다. 가처분권자가 소송에서 승소할 경우 매수인은 소유권을 상실할 수 있다. 이런 위험을 감수할 필요는 없다. 초보 단계에서는 반드시 피해야 할 권리다.

셋째, 유치권이다. 유치권은 성립 여부를 꼼꼼하게 확인해야 한다. 유치권이 성립되는 물건이라면 낙찰자가 그 권리를 그대로 인수해야 한다. 분쟁 가능성이 높고, 명도 역시 쉽지 않기 때문에 입찰하지 말자.

넷째, 법정지상권이다. 대부분은 토지와 건물의 소유자가 동일하지만, 토지와 건물의 소유자가 다른 경우도 있다. 이런 경우 매수인은 지료 등 토지 사용료를 지급하지 않으면 토지를 사용하거나 수익화할 수 없다. 구조 자체가 복잡하므로 입찰하지 않는 것이 좋다.

다섯째, 환매특약등기다. 환매등기란 매도한 물건을 일정 기간 내에 다시 매수할 수 있도록 약정한 특약이다. 환매권이 살아 있다면 낙찰 이후에도 권리가 행사될 수 있으므로 입찰하지 말자.

여섯째, 배당요구를 하지 않은 선순위 전세권이다. 전세권자가 배당요구를 하면 전세권은 말소기준권리가 된다. 하지만 배당요구를 하지 않았다면 전세권은 소멸되지 않고 낙찰자가 인수해야 한다. 이런 경우 역시 초보 단계에서는 피하는 것이 바람직하다.

물론 위와 같은 물건이 오히려 수익을 내기 쉬운 경우도 있다. 그러나 이제 막 시작하는 단계라면 굳이 어려운 길을 택할 필요는 없다. 어려운 물건은 고수에게 맡기고, 인수되는 권리가 없는 단순하고 쉬운 물건부터 시작하자.

　남들이 다 할 수 있는 물건은 경쟁률이 높고 수익이 나지 않는다고 말하는 사람도 있다. 하지만 내가 낙찰받은 열아홉 건의 물건은 모두 남들이 다 할 수 있는, 권리 관계가 단순한 물건이었다. 그 결과는 분명했다. 평생 직장생활과 자영업으로 벌어온 근로소득보다 훨씬 큰 자본 수익을 가져다주었다. "경매로 싸게 살 수 없다"거나 "경매로 수익을 내는 것은 다 옛날 이야기다"라고 말하는 사람을 잘 관찰해보자. 분명 한 건도 낙찰받아본 적 없거나 위에서 언급한 권리 관계가 복잡한 물건을 낙찰받아서 고생한 사람이다. 내가 치킨집을 하려고 할 때 똑같이 치킨집을 해서 망한 사람에게 조언을 구하면 분명히 하지 말라는 조언만 돌아올 것이다. 부동산 경매도 똑같다. 망해도 보고, 수익도 내본 경험이 많은 사람의 조언을 참고해야 한다.

# 권리 분석 4:
# 임차인의 권리분석

## 임차인의 대항력

임차인의 권리분석은 부동산을 점유하고 있는 임차인이 대항력이 있는지를 확인하고, 보증금 전액을 돌려받는지, 낙찰자가 인수해야 하는 금액이 있는지를 확인하기 위한 작업이다. 부동산 경매를 하면 가장 먼저 떠오르는 단어가 바로 '대항력'이다. 한 번쯤 대항력이 있다, 없다라는 말을 들어봤을 것이다. 이제 막 시작하는 초보 경린이라면, 임차인 현황에 대항력 '있음'이라고 표시된 물건은 일단 넘기는 편이 낫다. 인수하는 보증금보다 높게 낙찰받으면 괜찮다고 생각할 수도 있지만, 우선은 쉬운 물건부터 경험을 쌓고 천천히 접근해도 된다. 물건은 충분히 많다. 서두를 필요는 없다.

다만 넘기더라도 대항력이 무엇인지, 대항력이 '있다'라는 말이 어떤 의미인지 정도는 이해하고 넘어가자. 대항력을 한자로 보면 '對抗力'이다. 대할 대, 겨룰 항, 힘 력, 즉 상대에게 맞서 버틸 수 있는 힘이라는 뜻이다. 대항력이 있는 임차인은 소유자가 변경되더라도 계약한 임대차 기간 동안 계속 거주할 수 있다. 다시 말해 임대인에게 대항할 수 있는 힘, 버틸 수 있는 힘이 있다는 의미다. 단순히 계약 기간만 채우고 나가겠다는 수준이 아니라, 보증금 전액을 돌려받을 수 있는 힘까지 포함한다. 만약 보증금을 전액 배당받지 못한다면, 그 나머지 보증금은 낙찰자가 인수해 임차인에게 돌려줘야 한다.

## 대항력 인수의 실제 사례

시세 6억 원짜리 아파트를 5억 3,000만 원에 낙찰받았다. 겉으로 보기에는 이미 7,000만 원의 수익을 얻은 것 같아 기분이 좋아진다. 이후 명도를 위해 점유자를 만났는데, 임대차 기간이 아직 8개월이나 남아 있었고, 임차인은 보증금 2억 원을 돌려줘야 나갈 수 있다고 말한다. 이 상황은 무엇일까.

현재 점유자는 선순위 임차인이다. 선순위 임차인은 말소기준권리보다 앞서 대항력을 갖춘 임차인을 말한다. 이런 임차인은 법원에 배당요구를 하면 배당순위에 따라 배당을 받게 된다. 그런데 만약 보증금 전액을 배당받지 못한다면, 그 부족분은 낙찰자가 그대로 인수해야 한다.

부동산 경매에서 가장 조심해야 할 것이 바로 이 '인수'다. 경매에서 사고가 난다는 말은 대부분 인수해야 할 보증금을 제대로 인지하지 못한 상태에서 낙찰받는 경우를 뜻한다. 싸게 낙찰받았다고 생각했는데 인수 금액이 있다면, 오히려 일반 매매로 시세에 사는 것보다 더 비싸게 사는 결과가 될 수도 있다.

그래서 입찰보증금보다 훨씬 큰 손실이 예상되는 상황에서는 잔금을 납부하지 않고 보증금을 포기하는 경우도 생긴다. 이렇게 한 해 동안 몰수되는 입찰보증금 규모가 1,000억 원에 이른다고 한다. 어설프게 입찰에 나섰다가는 소중하게 모은 돈을 한순간에 날릴 수도 있다. 임차인의 대항력과 인수 여부만큼은 반드시 정신을 바짝 차리고 확인해야 한다.

# 권리 분석 5:
# 무료·유료 사이트 활용과 최종 점검

## 굳이 유료 사이트를 이용하는 이유

법원에서 운영하는 무료 사이트가 있는데도 왜 굳이 유료 사설 경매 사이트를 이용할까. 이 질문은 경매를 시작하는 대부분의 사람이 한 번쯤 던진다. 대법원 경매정보 사이트(www.courtauction.go.kr)는 대한민국 법원이 직접 경매를 공고하는 공식 사이트다. 무료로 이용할 수 있고 공신력도 있다. 하지만 한 번만 직접 사용해 보면 왜 많은 사람이 유료 사이트를 이용하는지 바로 알게 된다.

우선 '뒤로 가기' 버튼을 누르면 '표시할 수 없음' 페이지가 뜨는 경우가 있다. 인터페이스는 직관적이지 않고, 정보를 한눈에 파악하기도 어렵다. 무엇보다 원하는 조건으로 물건을 검색하기가 상당히 불

편하다. 경매 물건 검색 시 현재일 기준 2주 이내 물건만 조회되는 점
도 불편하고, 정보 업데이트가 빠르지 않다는 단점도 있다. 그래도 기
본 구조는 반드시 한 번 직접 확인해 봐야 한다.

우선 대법원 경매정보 사이트에서 물건을 검색해 보자.

### 첫째, '물건상세검색'을 클릭한다.

대법원 경매정보 사이트 첫 화면

'물건상세검색'을 클릭하면 상세 검색 화면으로 이동한다.

**둘째, 상세 검색 조건을 입력한다.** 소재지는 지번 주소로 선택하
고, 예를 들어 서울특별시 강동구를 선택한다. 용도는 건물, 주거용

건물, 아파트로 설정해 검색한다.

대법원 경매정보 물건상세검색 화면

**셋째, 검색 결과에서 물건을 선택한다.** 검색 결과 화면에는 사건번호, 물건번호, 용도, 소재지, 비고, 감정평가액, 최저매각가격, 매각기일, 진행 상태 등 기본 정보가 표시된다. 물건을 클릭하면 상세 페이지를 확인할 수 있다.

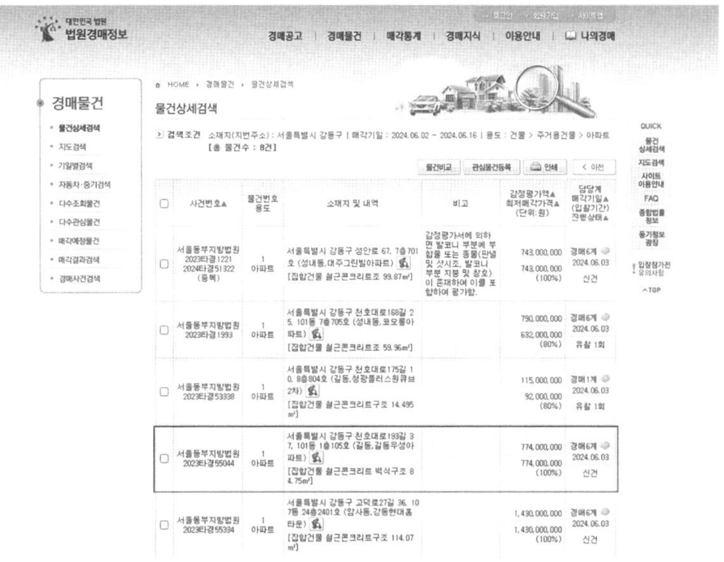

물건상세검색 결과 화면

**넷째, 물건 상세 페이지를 확인한다.**

물건상세검색 결과 화면

서울 강동구의 한 아파트 경매 기본 정보가 나온다. 이 물건은 감정평가액 7억 7,400만 원이고, 아직 한 번도 유찰되지 않은 신건이다. 부동산 경매 물건은 가급적 신건부터 보는 습관을 들이는 것이 좋다. 이 물건을 낙찰받고 싶다면 최저매각가격 이상의 금액을 써서 서울동부지방법원에서 입찰하면 된다.

법원에서 제공하는 정보의 가장 큰 장점은 무료이면서 공신력이 있다는 점이다. 물건 정보에 중대한 하자가 있거나 중요한 사실이 누락된 경우, 낙찰자는 매각불허가를 신청할 수 있다.

## 유료 경매정보 사이트, 왜 돈을 내고 쓰는가

유료 경매정보 사이트는 대법원 경매정보 사이트의 불편함을 보완해 각 사건과 관련된 정보들을 한곳에 정리해 제공한다. 등기부등본, 건축물대장, 전입세대열람원 등을 매번 비용을 들여 직접 발급하지 않아도 된다. 부동산 실거래가, 지도와 로드뷰, 현장 조사 보고서까지 함께 제공하는 곳도 많다.

업데이트 속도도 빠르다. 낙찰이 이뤄지는 순간 얼마에 낙찰됐는지 바로 반영된다. 실제로 내가 낙찰을 받아 최고가매수인으로 이름이 올라가는 것을 확인해 봤는데, 1분도 채 걸리지 않았다. 국가에서 운영하는 사이트는 즉시 반영이 어려워 유료 사이트 업체들은 법원마다 현장 인력을 파견한다. 실제 법원에 가보면 맨 앞자리에서 낙찰가를 즉시 기록해 전송하는 사람들이 있는데, 이들이 바로 유료 사이트의 현장 직원들이다.

사람이 하는 일이다 보니 오류도 발생한다. 내 이름이 강민수인데 김민수로 올라온 적도 있고, 운영 중인 법인명이 다르게 기재된 적도 있다. 다만 전화로 수정 요청을 하면 바로 고쳐 준다.

유료 사이트의 또 다른 장점은 말소기준권리를 쉽게 파악할 수 있도록 권리를 정리해 보여 준다는 점이다. 초보자도 권리 분석의 흐름을 이해하기가 훨씬 수월하다. 다들 돈을 내고 사용하는 데에는 이유가 있다.

여러 유료 사이트가 있지만, 예시로 옥션원을 기준으로 살펴보자.

**첫째, 경매검색에서 종합검색을 선택한다.**

유료 경매정보 사이트 옥션원 첫 화면

옥션원 첫 화면 중앙에는 실시간 개찰 결과가 생중계로 표시된다.

법원 실시간 결과 생중계

좌측 상단의 경매검색 메뉴를 클릭해 물건을 검색한다.

**둘째, 종합검색에서 주소와 물건 종류를 선택한다.**

주소는 인천, 물건 종류는 아파트로 설정해 검색한다.

## 셋째, 검색 목록에서 관심 있는 물건을 선택한다.

이 물건은 과거에 입찰을 넣었던 단지의 아파트다.

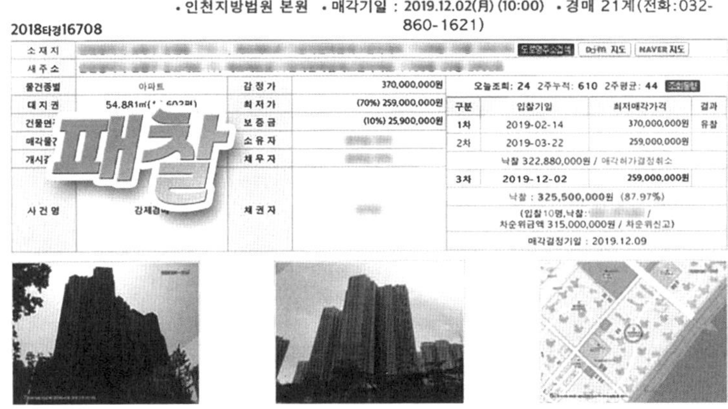

과거 패찰했던 경매 물건

2019년 12월 입찰에 참여했다가 패찰한 물건이다. 당시 3억 2,550만 원에 매각됐고, 2년 뒤에는 6억 7,000만 원까지 올랐다. 이후 4억 대로 하락했다가 최근에는 5억 2,500만 원에 거래가 되면서 다시 회복하고 있다. 시간이 지나 돌아보면 왜 그때 좀 더 과감하지 못했을까 하는 아쉬움이 남는다. 입찰할 때는 100만 원이라도 싸게 낙찰받고 싶어 고민에 고민을 거듭해 몇 번씩 입찰가를 정한다. 내렸다 올리기를 반복한다. 법원에서 입찰표를 내는 순간까지 고민한다. 하지만 시간이 지나서 지금 돌이켜 보면 왜 그랬을까 하는 후회를 한다. 500만 원을 비싸게 사면 어떤가? 5,000만 원을 비싸게 사면 어떤가? 2억이 올랐는데 말이다. 물론 시간이 지나서야 할 수 있는 말이다. 하지만 1,000만 원을 더 써서 받았어도 순이익의 차이는 별반 다르지 않다. 실투자금 역시 큰 차이가 나지 않는다. 3억 2,550만 원에 낙찰을 받았을 때 80% 대출을 받으면 2억 6,040만 원이고, 3억 3,550만 원에 낙찰을 받았을 때는 2억 6,840만 원을 대출받는다. 1,000만 원을 더 써서 낙찰을 받았을 때 대출금의 차이는 800만 원 차이가 난다. 하지만 실투자금의 차이는 200만 원 밖에 나지 않고, 금리 5%로 계산을 했을 때 대출 이자는 월 3만 원 정도밖에 차이가 나지 않는다. 그래서 이것을 아는 사람들은 입찰할 때부터 무조건 낙찰받는 가격을 쓸 수가 있는 것이다. 상승에 대한 확신이 있었다면 더 써서 낙찰을 받았을 텐데 하는 후회를 시간이 지나면서 하게 된다.

### 넷째, 물건 상세 정보를 확인한다.

**2023타경529482**  ● 인천지방법원 본원  ● 매각기일 : 2024.06.10(月) (10:00)  ● 경매 1계(전화:032-860-1601)

| 소재지 | (주소 복사) | | | 도로명검색 D지도 N지도 G지도 |
|---|---|---|---|---|
| 새 주소 | | | | |
| 물건종별 | 아파트 | 감정가 | 519,000,000원 | 오늘조회: 7  2주누적: 147  2주평균: 11  조회동향 |

| | | | | 구분 | 매각기일 | 최저매각가격 | 결과 |
|---|---|---|---|---|---|---|---|
| 대지권 | 54.879㎡(16.6평) | 최저가 | (70%) 363,300,000원 | | | | |
| 건물면적 | 84.993㎡(25.71평) | 보증금 | (10%) 36,330,000원 | 1차 | 2024-05-02 | 519,000,000원 | 유찰 |
| 매각물건 | 토지·건물 일괄매각 | 소유자 | | 2차 | 2024-06-10 | 363,300,000원 | |
| 개시결정 | 2023-08-10 | 채무자 | | | | | |
| 사건명 | 임의경매 | 채권자 | | | | | |
| 관련사건 | 2023타경529185(중복) | | | | | | |

옥션원 상세 정보 화면

사건번호, 소재지, 대지권, 건물면적, 감정가, 최저가, 매각기일 등을 한눈에 확인할 수 있다.

임차인 현황을 보면 조사된 임차 내역이 정리돼 있다. 이 물건은 임차인이 없는 물건으로, 전입세대 열람 결과 소유자와 가족이 점유하고 있다. 임차인이 없는 물건은 인수할 임차보증금이 없기 때문에 권리 분석이 상대적으로 간단하다.

등기부 현황에서는 등기부에 기재된 권리들이 시간 순서대로 정리돼 말소기준권리와 소멸 또는 인수되는 권리를 한눈에 확인할 수 있다. 이 물건의 말소기준권리는 두 번째 근저당권이고, 이후 모든 권리는 말소된다. 채권액 합계가 6억 원을 넘지만, 그 외 복잡한 권리를 추가로 고민할 필요는 없다.

다만 미납관리비 중 공용 부분은 대법원 판례(2001다8677 전원합의체)에 따라 최고가매수인, 즉 낙찰자에게 승계된다. 채무가 많아 집이 경매로 넘어가는 상황에서 관리비를 납부하지 못하는 경우도 이해는 된다. 하지만 소액 채무로 경매에 넘어가는 경우도 있고, 매각 후 소유주에게 배당금이 충분히 돌아가는 사례도 있다. 그럼에도 미납 관리비는 받기 쉬운 낙찰자에게 청구되는 경우가 많다. 관리사무소와 이 문제로 여러 번 실랑이를 벌였고, 미납 관리비 납부를 이유로 배당금에 가압류를 신청했지만 기각된 적도 있다. 기회가 된다면 이 관리비 관련 대법원 판례를 다시 정리해 보고 싶다.

예전에는 관리비 체납 여부를 아파트 관리사무소에서만 확인할 수 있었다. 하지만 지금은 유료 사이트의 현장 조사 자료를 통해 체납 내역과 관리사무소 연락처까지 바로 확인할 수 있다. 전화 한 통이면 정확한 미납 금액을 알 수 있다. 정말 편리한 세상이 됐다.

만약 나중에 이런 유료 사이트를 직접 만든다면, 오랫동안 사용자였던 경험을 바탕으로 실제 이용자들의 니즈를 반영하고 싶다. 현장에 가지 않아도 현장에서 얻을 수 있는 정보를 영상으로 제공하고, 부동산 중개사 인터뷰를 통해 생생한 현장 분위기를 전달하는 방식도 가능할 것이다. 지방 임장을 위해 이동하며 소모되는 시간과 비용을 생각하면, 많은 사람이 그 시간을 돈으로 사려 할 것이다. 그런 서비스는 머지않아 등장할 것이라 본다.

유료 경매정보 사이트를 이용하면 직접 발품과 손품을 팔아야 얻을 수 있는 정보를 빠르고 쉽게 확인할 수 있다. 하지만 유료 사이트의 권리 분석 정보를 맹신해서는 안 된다. 모든 사건을 사람이 일일이 분석하는 것은 아니기 때문에 오류가 발생할 수 있다. 대항력이 있는 물건인데 표시되지 않은 상태로 낙찰받아 큰 손해를 보는 경우도 실제로 있다. 편리함은 활용하되, 100퍼센트 신뢰해서는 안 된다. 특히 특수 물건일수록 주의가 필요하다. 권리 분석을 스스로 할 수 없다면 부동산 경매는 위험하다.

항상 예로 드는 이야기가 있다. 식당 사장이 요리를 못하고 요리사를 고용해 영업을 한다면, 마케팅으로 매출을 올릴 수는 있다. 하지만 요리사가 바뀌고 음식의 질이 떨어지면 매출은 곧바로 하락한다. 결국 망하게 된다. 부동산 경매도 같다. 직접 권리 분석을 할 수 있는 기본 실력을 갖춰야 한다. 컨설팅 업체에 의존해 한두 건 수익을 낼 수는 있지만, 언젠가 한 번의 큰 실수로 지금까지 쌓아온 것을 무너뜨릴 수도 있다.

유료 경매정보 사이트는 책에 포함된 무료 이용권이나 체험, 소액 결제를 통해 직접 사용해 보고 자신에게 맞는 곳을 선택하면 된다. 기능은 대체로 비슷하지만, 나는 처음부터 옥션원을 사용해 가장 익숙하다.

**옥션원** www.auction1.co.kr

**지지옥션** www.ggi.co.kr

**탱크옥션** www.tankauction.com

**스피드옥션** www.speedauction.co.kr

**행크옥션** www.hauction.co.kr

## 매각물건명세서로 반드시 최종 점검하기

매각물건명세서는 등기부등본, 현황조사서, 감정평가서 등에서 가장 중요한 정보만을 요약해 정리한 문서다. 여기에 명시되지 않은 인수조건이 있거나 기재 내용에 하자가 있다면 매각불허가 사유가 된다.

반드시 확인해야 할 사항은 다음과 같다. 첫째, 최선순위 설정 일자다. 말소기준권리라고 생각하면 된다. 유료 사이트의 말소기준권리 정보가 잘못 기재돼 있을 수도 있으므로 반드시 직접 확인해야 한다. 둘째, 배당요구 여부다. 임차인의 존재 여부와 대항력, 배당요구 여부를 확인해 인수할 보증금이 있는지를 점검한다. 셋째, 매각 후에도 소멸되지 않는 권리다. 배당요구하지 않은 선순위 전세권, 담보가등기, 가압류, 가처분 등 낙찰자가 인수해야 하는 권리를 확인한다. 넷째, 비고란이다. 인수되는 권리가 있으면 비고란에 표시된다. 매각물건명세서는 반드시 최종 점검해야 한다. 등기부나 임차인 현황에는 나타나지 않지만, 낙찰자가 인수해야 할 권리가 여기에 기재되는 경우가 있기 때문이다.

여기까지 쏟아지는 졸음을 참고 읽은 독자에게 박수를 보낸다. 나 역시 처음 읽은 경매 책은 완벽한 수면제였다. 낯설고 어려운 용어들이 쉽게 들어오지 않았다. 첫 낙찰을 받기 전까지는 정말 아무것도 몰랐다. 하지만 낙찰을 받는 순간부터 발등에 불이 떨어진다. 말려도 자연스럽게 책을 다시 펼치게 되고, 일정 때문에라도 읽게 된다. 그때 다시 정독하면 스펀지처럼 내용이 흡수된다. 하고 싶어서 하는 공부, 재미있어서 하는 공부가 진짜 공부다. 아이들에게도 그렇게 공부시키고 싶다.

그래서 낙찰을 한 건도 받기 전에 보는 경매 책은 수면제가 되는 게 당연하다. 졸리면 억지로 보지 말고 넘어가도 된다. 어려운 부분은 과감히 스킵하고 다음 챕터로 가자. 낙찰을 받은 뒤 다시 책을 펼치면 된다.

경매 공부는 사실 일주일이면 충분하다. 목표는 이론을 완벽히 아는 것이 아니다. 경매 박사가 되는 것도 아니다. 경매를 통해 수익을 내는 것이 목표다. 낙찰 경험은 없지만 이론만 해박한 사람과, 유치권과 법정지상권을 정확히 설명하지는 못해도 이미 여러 차례 낙찰을 받아본 사람이 있다면, 우리가 지향해야 할 쪽은 분명하다. 경매라는 도구가 아니라, 경매로 얻는 결과임을 잊지 말자.

# 경매 진행 순서

권리 분석

임장

입찰

낙찰·명도·수리

# 임장 1:
# 물건 검색

## 물건 검색을 어디서부터 해야 될지 모르겠다면

부동산 경매를 시작하는 첫 단계인 물건 검색이란 말 그대로 투자 대상을 찾는 과정이다. 우리는 하우스헌터, '부동산 사냥꾼'이다. 타깃을 정해야 총알을 장전하고 목표물을 잡을 수 있다. 물건 검색은 그냥 한번 둘러보는 아이쇼핑이 아니라 준비를 제대로 하고 사냥감을 찾는 작업이다.

경매 물건의 검색은 생각보다 만만치 않다. 초보자들은 어디서부터 어떤 식으로 물건을 검색해야 할지 감을 잡기도 어렵다. 무작정 많이 검색해 보면 좋다고 하는데 절대 그렇지 않다. 우리가 쿠팡에서 뭘 사야 할지도 모른 상태에서 어떻게 검색을 한다는 말인가. 초보자들이 막연하게 많이 검색만 하다가는 지쳐서 포기하게 된다. 방법과 원칙 없는 노가다 검색은 초보 부린이들을 더욱 절망하게 만들 수밖에 없다. 그렇기 때문에 물건 검색을 위한 원칙을 가지고 접근해야 한다.

## 물건 검색의 다섯 가지 원칙

1. 내가 가진 투자금은 얼마인가.

2. 한 지역만 선정해서 공략한다.

3. 투자 목적을 명확히 하라.

4. 쉬운 물건을 찾아라.

5. 상가와 토지는 쳐다보지도 말아라.

## 1. 내가 가진 투자금은 얼마인가

투자는 한자로 던질 투(投), 재물 자(資)를 쓴다. 돈을 던진다는 뜻이고, 돈을 집어넣는다는 의미다. 돈을 벌기 위해 돈을 넣는 행위, 그게 바로 투자다. 투자금에 따라서 물건을 선택할 수 있다. 우리가 내 집 마련을 하지 못하는 이유는 단순히 돈이 없어서일까. 그렇지 않다. 내가 가지고 있는 자금 대비 좋고 비싼 것만 쳐다보고 있어서다. 즉, 돈은 없는데 비싼 것이 사고 싶은 것이다. 차를 사고 싶은데 돈이

1,000만 원밖에 없다. 그런데 비싼 수입차를 사고 싶어 한다. 떡 줄 사람은 생각도 않는데 김칫국부터 마시는 것이다. 종잣돈이 1억 원이 있는데 서울 아파트를 검색할 수 있겠는가. 눈높이를 낮춰야 한다.

입찰을 하기 위해서는 입찰 물건의 10퍼센트 보증금이 필요하다. 일단 최소한의 돈이라도 있어야 입찰이 가능한 것이다. 이 입찰보증금은 도박판에서는 판돈이고, 입장료를 내야 들어갈 수 있는 놀이동산의 입장료 같은 것이다.

우리가 부동산 경매를 하려고 하는 이유는 시세보다 저렴하게 사려고 하는 이유도 있지만, 자금이 부족하기 때문에 임차인의 보증금과 대출을 최대한 활용해야 한다. 부동산 경매 투자가 매력적인 이유는 뭘까. 바로 '레버리지(leverage)'의 활용이다. 최근 금리 인상으로 무분별한 대출의 위험성을 우리는 잘 알고 있다. 고금리의 대출은 정말 무섭다. 하지만 대출이자보다 더 중요한 것은 얼마에 샀느냐가 관건이다. 경매를 통해 충분히 싸게 산다면 레버리지 비중이 높아도 가격적인 리스크는 해소된다. 부동산 경매에서 이 레버리지의 마법을 사용하지 않는다면 종잣돈을 만드는 데 더 많은 고독한 시간을 보내야 할 것이다.

그러면 왜 돈이 없을수록 레버리지를 이용하는 부동산 경매를 해야 하는지 실제 투자 사례를 보자. 대출 90퍼센트를 받아서 남들이 사기 꺼려하는 빌라를 낙찰받았다. 실투자금 600만 원으로 대출이자를 제외하고 매달 19만 원의 현금흐름을 만들었고, 전세로 전환하면서 들어온 돈으로 아파트 두 채를 추가로 매수했다. 오르지 않는 빌라가 오르는 아파트 두 채를 만들어 주는 것이다.

임장을 갔는데 빈집임을 확인했다. 공실을 확인하는 방법은 간단하다. 가스 밸브가 봉인돼 있거나, 전기요금 미납으로 한전에서 전기계량기를 철거해 간 경우, 전기계량기가 돌고 있지 않아 전기를 사용하지 않는 게 확인되는 경우 공실임을 확인할 수 있다.

한전에 문의해 본 결과 석 달 전에 철거해 갔고 체납 요금이 6만 원 있었다. 도시가스는 49만 원이 체납돼 있었다. 수도요금도 미납 금액 40만 원이었다. 이사 정산을 제대로 한 기분이다. 하지만 이런 점유자의 체납 요금에 대해서는 그렇게 신경 쓰지 않아도 된다. 한전과 수도국에 해당 부동산의 낙찰 서류와 소유권 이전 후 등기부등본을 제출하면 낙찰자에게 승계 처리되지 않는다. 그래서 아파트 관리비도 전용 부분을 제외한 공용관리비만 낙찰자가 인수하는 것이다.

채무자의 채권액 합계가 100만 원이었는데 100만 원 때문에 집이 경매로 넘어갔다. 소액이라 낙찰 후 취하 가능성도 있어서 잔금을 서두를 필요도 있었다. 총 6명이 입찰했고 차순위와 48만 원 차이로 낙찰을 받았다. 차순위랑 금액 차이는 별로 의미 없는 걸 알면서도 차이가 얼마 안 나면 뭔가 기분이 좋다. 임장 가서 사람이 살고 있지 않은 것을 이미 확인했기 때문에 어느 정도 상황을 준비하고 있었다. 도어락 옆으로 타공을 해서 개문하고 들어갔다.

내부에는 세간살이가 그대로 있었다. 변기 안에는 점유자가 남기고 간 메시지가 한바가지 있었다. 단전 상태라 어두운 상태에서 더 충격적이었고 단수 상태라 물을 내릴 수도 없었다.

| 면 적 | 42.84제곱미터(12.95평) 투룸 |
| --- | --- |
| 년 식 | 2010년식 |
| 낙 찰 | 72,250,900원 |
| 대 출 금 액 | 66,000,000원 |
| 대 출 이 자 | 247,500원 |
| 취 등 록 세 | 809,760원 |
| 법 무 비 | 950,000원 |
| 수 리 비 | 330,000원 |
| 신탁수수료 | 400,000원 |
| 명 도 비 | 0원 |
| 임 대 | 300/45 |
| 중개수수료 | 172,500원 |
| 실 투 자 금 | 5,913,160원 |
| 현 금 흐 름 | 197,000원 |

7,225만 원짜리 투룸 빌라를 대출 90퍼센트를 받아 실투자금 600만 원으로, 대출이자를 제외하고 현금흐름 197,000원을 만들었다. 현재는 전세로 임대 중이다. 보증금 98,550,000원을 받아 대출 6,600만 원을 상환하고 2,000만 원의 종잣돈을 만들었다. 돈이 없으니 레버리지를 최대한 활용할 수 있는 부동산 경매를 해야 하는 이유다.

레버리지를 왜 적극 활용해야 하는지 제대로 정리하고 넘어가자.

7,200만 원짜리 빌라를 대출 없이 사려면 일반 직장인 월급여를 300만 원으로 계산했을 때 월 200만 원씩 저축해서 1년에 2,400만 원을 모을 수 있다. 3년을 모아야 7,200만 원을 만들어서 겨우 살 수 있는 것이다. 즉, 대출 레버리지를 잘 활용하면 대출이자를 통해 3년이라는 시간을 사는 것이다. 그리고 그 대출이자는 내가 내는 것이 아니라 임차인에게 월세를 받아서 내는 것이고, 임대수익까지 만들어 준다. 그렇게 얻은 임대수익은 또 다른 대출 레버리지를 사용할 수 있게 만들어 주고, 임차인의 전세 보증금을 레버리지해서 경기도에 소형 아파트 두 채를 장만했다. 부동산으로 부동산을 산다는 것이 바로 이런 것이다.

물건 검색을 해볼까라는 생각이 들었다면 이제 책을 잠시잠깐 내려놓고 본격적으로 실전으로 들어가야 한다. 권리 분석에 대한 기본 개념을 이해했다면 이제 물건을 검색하고 실제로 입찰까지 해야 한다. 초보들은 아직 자신이 부족하다고, 준비가 덜 됐다고 생각한다. 그래서 더 많은 책을 읽고, 고액의 경매 강의도 과감하게 듣는다. 더 많은 준비를 해야만 입찰을 할 수 있다고 생각한다. 그렇게 공부만 하다가 입찰 한번 못 해보고 경매를 포기하는 사람이 열 명 중 아홉 명이다.

실전이 배제된 공부는 아무리 많이 한다고 해도 무용지물이다. 수영을 책으로 배울 수 있는가. 자전거는 어떤가. 자전거 타기를 백날 책을 보고 공부해 봤자 소용없다. 자전거를 타기 위해서는 일단 자전거에 앉는 게 시작이다. 부동산 경매를 하기 위해서는 일단 물건 검색이 시작이다. 우리가 경매 공부를 하는 목적은 학위를 따려고 하는 게 아니다. 경매 박사가 되려는 게 아니다. 학문 그 자체가 아니라 실제로 투자해서 수익을 얻기 위함임을 거듭 강조한다.

경매를 공부하는 초보 경린이들의 상당수는 이렇게 말한다. "공부를 제대로 하지 않고 덜컥 낙찰을 받았다가 큰일 나는 거 아니에요"라고 걱정하며 질문한다. 어려운 물건은 고수들한테 넘기고 우리는 쉬운 물건만 하면 된다. 이제 시작하는 단계에서는 공부를 며칠만 해도 처리할 수 있는 쉬운 물건만 골라서 하면 되는 것이다.

## 2. 한 지역만 선정해서 공략한다

수많은 모든 지역을 전부 서치하기는 무리다. 시작부터 너무 과하게 힘을 빼면 롱런하기 힘들다. 포기할 것은 과감하게 포기해야 한다. 우리에게 시간은 항상 부족하다. 직장인이라면 보통 퇴근 후 한두 시간뿐인데, 막상 물건 검색을 하다 보면 의외로 많은 시간이 소요된다. 시세, 입지, 앞으로의 개발 계획, 호재, 전망까지 파고들수록 끝이 없다. 워런 버핏도 "내가 몰라서 놓친 기회들은 실패가 아니다"라고 했다.

법원에서 입찰을 하다 보면 "아니, 저 좋은 물건을 왜 나는 못 봤을까" 하는 생각을 할 때가 있다. 수많은 기회가 나한테 다 오는 것이 아니다. 한 지역만 선정해서 집중적으로 공략해야 한다. 나만의 섹터를 만들고 기다리고 있다가 사냥감이 나타나면 포획하면 된다. 사냥

실력이 늘면 자연스럽게 사냥터가 넓어지는 것이다.

투자 지역으로 적합한 곳은 자신이 제일 잘 아는 지역이면 좋다. 거주지, 직장 근처, 전에 살았던 곳이다. 전부 내가 가진 투자금으로 힘든 지역이라면 그 옆 동네, 또 그 옆 동네로 조금씩 내려가 보자. 처음에는 한 지역만 확실하게 내 섹터로 만들고 조금씩 사냥터를 확장하면 된다. 사업도 비슷하다. 내수시장에서 성공하고 글로벌로 가는 거지, 갑자기 점프해서 미국에서 성공하는 드라마 같은 일은 벌어지지 않는다. 조급해하지 말고 차츰차츰 영역을 넓혀 가다 보면 전국의 지역 흐름을 읽으면서 투자할 수 있게 되는 것이다.

**투자 지역 선택 노하우**

| | |
| --- | --- |
| 내가 살고 싶은 곳 | 교통이 편한 곳 |
| 내가 잘 아는 곳 | 대단지 세대 수 |
| 신축 아파트 단지 | |

## 3. 투자 목적을 명확히 하라

부동산을 매입하는 목적은 두 가지다. 실거주와 투자다. 그리고 투자는 또 장기로 미래 가치를 보고 들고 갈 건지, 단기로 사고팔고 하면서 경험을 쌓고 종잣돈을 불려 나갈 건지로 나뉜다. 임대의 종류도 전세로 세팅할지, 매월 월세가 들어오는 시스템을 구축할 것인지 목적을 명확히 해야 한다. 목적이 불분명하면 원하는 것을 이루는 데 어려움을 겪을 수 있다.

막연히 돈만 벌면 된다고 생각하면 몰빵을 하는 위험한 짓을 할 수도 있다. 투자는 시간을 먹고 자라는 것이다. 농부의 마음으로 씨앗을 심고 과실을 기다려야 하는데 오늘 심고 내일 열매를 거두려고 하니 금방 나무를 파 버리고 다른 나무를 심는 바보 같은 짓을 하게 되는 것이다. 투자의 목적이 명확하지 않으면 이 변화무쌍한 자본주의 시장에서 기다릴 수 있는 여유가 없기 때문에 제대로 된 투자를 할 수 없게 된다.

## 4. 쉬운 물건을 찾아라

투자금을 정리하고, 지역 선정도 마쳤다. 투자 목적도 명확히 정했고, 기초적인 권리 분석 방법도 익혔다. 하지만 막상 물건을 선택해서 입찰하려고 하니 걱정이 앞서고 망설여진다. 권리 분석을 잘못해서 인수하는 금액이 있지는 않을까 무섭다. 명도를 잘못해서 강제집행을 해야 하지 않을까 두렵다. 아직 경험하지 않은 일들에 대해 이런 마음이 생기는 것이다. 누구나 처음은 그렇다. 하지만 그런 과정을 직접 겪어 보면 아무것도 아니다. 그 순간은 힘들지 모르지만 자연스럽게 해결된다. 시간이 지날수록 중요한 것은 얼마나 좋은 부동산을 얼마나 저렴하게 샀냐다. 부동산 자체인 것이지, 복잡한 권리 분석과 이론 공부에 많은 시간을 갈아 넣을 필요가 없다는 것이다. 쉬운 물건으로도 수익을 낼 수 있는 투자의 기회는 널렸다. 앞으로도 수많은 좋은 기회가 기다리고 있다. 어려운 물건은 고수들한테 맡기고 쉬운 물건을 찾아서 하라고 하는데, 도대체 쉬운 물건의 기준은 뭘까. 쉬운 물건을 찾는 포인트는 두 가지다. 첫째, 말소기준권리 이후로 모두 소멸되는 물건이다. 둘째, 명도 난이도가 '하'인 물건이다.

## 첫째, 말소기준권리 이후로 모두 소멸되는 물건

말소기준권리가 근저당이든 가압류든 모든 권리가 소멸되는 물건을 찾는다. 검색해 보면 알겠지만 거의 대부분 이런 물건이다. 유료 경매 사이트를 보면 인수되는 권리가 있는 경우에는 빨간색으로 '인수'라고 표시해 준다. 이런 물건은 그냥 패스하면 된다. 모든 권리가 소멸'된다고 표시돼 있는 물건만 해도 얼마든지 수익을 낼 수 있다.

## 예상배당표

| 매각부동산 | 경기도 용인시 처인구 역북동 209 토지·건물 일괄매각 | |
|---|---|---|
| 매각대금 | 금 340,000,000원 | |
| 전경매보증금 | 금 0원 | |
| 경매비용 | 약 4,811,000원 | |
| 실제배당할금액 | 금 335,189,000원 | (매각대금+전경매보증금)-경매비용 |

| 순위 | 이유 | 채권자 | 채권최고액 | 배당금액 | 배당비율 | 미배당금액 | 매수인인수금액 | 배당후잔여금 | 소멸여부 |
|---|---|---|---|---|---|---|---|---|---|
| 1 | 확정일자부 주택임차인 | 조효진 | 340,000,000 | 335,189,000 | 98.59% | 4,811,000 | 4,811,000 | | 잔액인수 |
| 2 | 근저당 | (주)비에프펀드 | 169,000,000 | 0 | % | 169,000,000 | 0 | | 소멸 |
| 2 | 근저당 | (주)더파이널스대부 | 26,000,000 | 0 | % | 26,000,000 | 0 | | 소멸 |
| 3 | 가압류 | 롯데캐피탈(주) | 35,885,655 | 0 | % | 35,885,655 | 0 | | 소멸 |
| 계 | | | 570,885,655 | 340,000,000 | | 235,696,655 | 4,811,000 | 0 | |

대항력과 우선변제권이 있는 임차인이 배당요구를 한 경우, 임차보증금과 경매비용보다 높은 가격에 낙찰되면 임차인이 보증금 전액을 배당받으므로 낙찰자에게 인수되지 않는다.

위의 예상배당표를 보면 임차인 전세보증금과 같은 금액에 낙찰을 받는다면 경매비용만큼 임차인이 배당을 받지 못하게 되므로 낙찰자가 경매비용만큼을 인수하게 된다.

'인수'라고 기재돼 있는 물건을 특수물건이라고 한다. 이제 시작하는 사람들은 이런 물건들은 패스하자. 쉬운 물건들을 우선 해 보고 나중에 천천히 도전해도 된다. 특수물건이 경쟁률이 적어서 수익이 크다고는 하지만 시간도 많이 걸리고 그만큼 고생을 할 수도 있다. 이제 시작하는 단계에서 어렵고 복잡한 물건을 하겠다고 뛰어들면 첫 물건이 마지막 물건이 될 수 있다. 부동산 경매 투자는 첫 단추가 매우 중요하다.

### 둘째, 명도 난이도가 '하'인 물건

사람들이 가장 많이 물어보는 질문 중 하나는 명도에 대한 것이다. 명도가 어렵고 부담스러워서 선뜻 경매를 시작하지 못하는 사람들도 많다. 하지만 실제로 낙찰을 받고 명도를 해 보면 아무것도 아닌 경우가 대부분이다. 생각보다 쉽게 해결된다. 살고 있는 점유자는 이미 이사를 준비하고 있다. 아무런 대책이 없는 것처럼 연기할 뿐, 원하는 것을 주면 웃으면서 헤어지게 되는 것이다. 그래도 명도가 너무 부담이 된다면 명도 난이도가 '하'인 물건을 찾아서 하면 된다. 보증금 전액을 배당받는 임차인 물건을 하면 된다. 임차인은 전액 배당받기 때문에 굳이 이사비를 주지 않아도 되고, 법원에서 배당받기 위해 낙찰자의 '명도 확인서'가 필요하므로 낙찰자가 이미 칼자루를 쥐고 있기 때문에 원만하게 협의할 수밖에 없다. 반드시 명도 확인서가 있어야 배당을 받을 수 있는 건 아니지만, 기본적으로 명도 확인서를 가지고 오지 않으면 법원에서 낙찰자에게 전화를 해서 명도가 완료됐는지 확인한다.

소액 임차인은 최우선변제권으로 가장 먼저 보증금 전액 또는 일부를 배당받는다.

## 5. 상가와 토지는 쳐다보지도 말아라

부동산 투자에는 순서가 있다. 내 집 마련으로 다가구주택을 매입한다든지, 사업을 위해 상가를 매입해야 하는 경우가 아니라면 처음에는 아파트, 빌라 등 주거용 부동산부터 시작해야 한다. 토지부터 해도 된다는 사람도 있는데, 상가와 토지 투자는 부동산 투자의 충분한 내공이 쌓였을 때 하는 것이 맞다. 분명 토지도 좋은 투자 대상이 될 수 있지만 자칫 잘못했다가는 단 한 번의 투자로 가지고 있는 종잣돈이 전부 묶여서 뒤에서 구경만 해야 하는 상황이 될 수도 있다.

상가와 토지는 주거용 부동산 투자를 경험해 보고 시작하는 것을 추천한다. 주거용 부동산은 임대 수요가 많아서 컨디션이 안 좋다 하더라도 임대료를 저렴하게 하면 임차인을 쉽게 구할 수 있다. 하지만 상가는 얘기가 다르다. 임차인 단 한 명을 찾는 게 쉽지만은 않다. 입지가 좋지 않은 상가는 임대료가 저렴하다고 해도 쉽게 들어오지 않는다. 임대료가 비싸도 좋은 자리를 선호한다. 창업하는 데 많은 비용을 들여서 시작하는 만큼 임대료가 저렴하다고 선택의 기준이 될 수 없다.

나는 상가 임대인이면서 상가 임차인이다. 15년 동안 상가 임대료를 내고 있고 여전히 임차인으로 월세를 내면서 장사를 하고 있다. 사고방식을 바꿔서 상가를 매입해 월세를 낼 돈으로 대출이자를 내면서 영업을 한다면 오히려 여러 가지 측면에서 유리할 수도 있다. 그런 생각을 하지 않은 것은 아니다. 하지만 주변에 좋은 자리의 상가는 경매로 쉽게 나오지 않는다. 그렇기 때문에 경매로 나오는 상가는 옥석을 잘 가려서 낙찰을 받아야 한다. 저렴하다고 덥석 상가를 낙찰받았다가 평생 임차를 맞추지 못할 수도 있다. 월세를 받기는커녕 공실인 상태에서 대출이자와 세금만 내면서 힘든 나날을 보내게 될 수도 있다.

부동산 투자에서 환금성은 매우 중요하다. 언제든 현금화해서 더 좋은 물건으로 갈아타야 한다. 현금화할 수 없는 자산은 자산으로서의 가치를 잃은 것이라 할 수 있다. 상가와 토지는 좋은 투자 대상임이 분명하다. 하지만 유튜브에서 나오는 실투자금 2,000만 원으로 월세 200만 원을 받는 그런 대박 상가는 정확한 시세 파악과 상권 분석이 가능해야 만날 수 있다. 그리고 주변 시세보다 더 높은 임대료를 군소리 없이 내고 들어올 착한 임차인은 많지 않다. 정말 운 좋게 그런 임차인을 만난다고 해도 시세보다 비싼 임대료를 내면서 사업을 꾸준히 지속하는 일도 어려울 것이다. 사업을 잘하는 그런 임차인들이 대기하고 있다고 하더라도 주변에 공실이 없어야 그런 임차인을 만날 수 있는데 그런 상가라면 경쟁이 치열할 수밖에 없다.

물건 검색, 5가지 원칙을 다시 한번 생각하며 물건 검색을 하자. 타깃을 정했다면 다음 단계로 넘어간다.

## 물건 종류, 지역으로 물건 검색하기

그럼 실전으로 들어가서 유료 경매 사이트에서 물건 검색을 시작해 보자. 아파트로 검색해서 나오는 물건이 전국 3,142건이다. 종합검색 메뉴에서 주소를 선택해서 검색한다. '경기도 하남시'로 검색했다. 유료 사이트 종합검색에서 물건 종류(아파트)와 지역(경기도 하남시) 선택, 경기도 하남시에 경매로 진행되고 있는 물건 목록이 나온다. 클릭하면 상세 화면을 볼 수 있다.

# 상세 화면에서 권리 분석하기

물건 상세화면 기본정보

## 등기부현황 (채권액합계 : 151,504,946원)

| No | 접수 | 권리종류 | 권리자 | 채권금액 | 비고 | 소멸<br>여부 |
| --- | --- | --- | --- | --- | --- | --- |
| 1(갑7) | 2020.09.25 | 소유권이전<br>(매매) | ○ ○ ○ | | 거래가액:<br>519,000,000원 | |
| 2(을11) | 2020.09.25 | 근저당 | 한국주택금융공사 | 326,7000,000원 | 말소기준등기<br>확정채권양도 전:<br>신한은행 | 소멸 |
| 3(을12) | 2021.01.08 | 근저당 | 신한은행 | 108,000,000원 | | 소멸 |
| 4(을13) | 2021.11.04 | 근저당 | 키움저축은행 | 180,000,000원 | | 소멸 |
| 5(을14) | 2022.04.19 | 근저당 | 에스비아이<br>저축은행 | 76,800,000원 | | 소멸 |
| 6(갑12) | 2023.05.15 | 가압류 | 소울보증보험(주) | 14,714,460원 | 2023카단813573 | 소멸 |
| 7(갑13) | 2023.05.24 | 가압류 | △△△ | 67,331,506원 | 2023카단350 | 소멸 |
| 8(갑14) | 2023.07.11 | 임의경매 | 키움저축은행 | 청구금액:<br>152,662,463원 | 2023타경59778 | 소멸 |
| 9(갑15) | 2023.07.18 | 가압류 | 신한은행 | 38,223,236원 | 2023카단33583 | 소멸 |
| 10(갑16) | 2023.08.02 | 가압류 | 서울보증보험(주) | 13,546,030원 | 2023카단822310 | 소멸 |
| 11(갑17) | 2023.08.08 | 가압류 | △△△ | 70,000,000원 | 2023카단604 | 소멸 |
| 12(갑18) | 2023.08.17 | 가압류 | 오케이저축은행 | 31,539,406원 | 2023카단823948 | 소멸 |

# 쉬운 물건을 찾는 두 가지 조건

1. 말소기준권리 이후로 모두 소멸되는 물건

2. 명도 난이도가 '하'인 물건

두 가지 조건에 부합하는지 확인하자. 임차인 현황을 보면 임차인이 없고 소유주 물건이다. 임차인이 없다는 것은 인수해야 할 권리가 없다는 것이다. 전액 배당받는 임차인 물건이 명도가 쉬운 물건이지만, 정확한 명도 난이도는 임차인을 만나봐야 확인할 수 있다. 등기부 현황을 보면 말소기준권리 이후로 모든 권리는 소멸된다. 권리 분석은 끝이다. 이제 내가 사고 싶은 가격에 입찰하면 된다.

# 임장 2:
# 온라인 임장

## 어차피 부동산 갈 텐데, 왜 온라인 임장을 할까?

우리나라 사람들은 참 편하게 가려는 경향이 많다. 한번은 부동산에서 계약을 진행하고 있는데 자신이 살고 있는 아파트를 매매나 전세로 놓고 이사를 계획한다는 손님이 들어왔다. 자식들이 전부 성장해서 나가고 두 부부가 큰 집에서 살 이유가 없다는 것이었다.

"매매는 요즘 얼마에 거래돼요?"

"전세 시세는 얼마예요?"

"이 동네 작은 평수 전세 시세는 얼마예요?"

부동산 사장님은 실거래가 위주로 시세를 말해 준다. 대부분의 사람들은 그냥 부동산에서 불러 주는 것을 정답으로 안다. 참 편하다.

나이가 예순 중반의 여성분이었는데 저런 분들이 있어서 나 같은 사람이 먹고살 수 있구나라는 생각을 했다. 내가 그 물건에 관심이 있었다면 부동산 사장님에게 완전 저렴한 가격으로 거래를 성사시켜 달라고 했을 것이다.

지피지기백전불태(知彼知己百戰不殆), 상대를 알고 나를 알면 백 번 싸워도 위태롭지 않다는 뜻이다. 상대편의 약점을 이미 알고 있으므로 내가 이길 확률은 높아진다. 시세를 잘 모르는 매도인한테 부동산 사장님은 거래를 성사시키기 위해 이렇게 이야기한다.

"요즘 거래가 안 되기 때문에 이 정도는 돼야 손님이 붙을 것 같아요."
"이 정도에 광고해 볼까요?"

매도인은 많이 받고 싶고, 매수인은 적게 내고 싶어 한다. 또 그 가격은 매도, 매수 두 사람의 의사가 맞아떨어지는 순간 거래가 이루어지는 것이다. 부동산 사장님이 중간에서 가격을 조율해 주면서 내가 원하는 가격으로 만들어 주는 것이다. 부동산 사장님과 친하게 지내야 하는 이유가 바로 이것이다. 급매는 그냥 오는 게 아니라 만드는 것이다. 그게 부동산 경매로 낙찰받는 것보다 더 저렴하다면 엄청난 메리트가 있는 것이다. 이 책을 보는 여러분들은 억 단위의 부동산을 팔려고 하는데 얼마인지도 모른 상태에서 다른 사람의 말만 듣고 팔거나 사는 의사결정을 절대 하지 않기를 바란다. 이래서 세상이 아름다우면 우리 같은 부동산 투자자는 먹고살 수가 없는 것이다. 그렇기 때문에 온라인 임장은 필수다.

온라인 임장이란 집에서 편하게 앉아서 시세 파악을 하고, 로드뷰로 주변을 둘러보고, 역까지 거리를 직접 걸어보지 않고 온라인으로 알아보는 작업이다. 발품이 아니라 손품을 팔아서 시간을 절약하면서 얻을 수 있는 정보가 많다. 그런데 온라인 임장을 하는 이유는 편하고 쉽게 가려고 하는 작업이 절대 아니다. 사전에 미리 공부를 하고 간다는 개념으로 생각해야 한다. 예습을 하는 사람과 예습을 하지 않는 사람은 수업의 이해도가 현저하게 다르다. 선생님 또한 예습을 하고 수업에 임하는 학생을 더 선호한다. 좋아하는 학생에게 아무래도 더 많은 것을 가르쳐 주고 싶어진다. 사전에 공부를 하고 부동산을 방문하면 부동산 사장님은 이 사람 좀 알아보고 왔구나라는 생각을 하면서 브리핑하는 내내 즐거운 모습을 보여 준다. 내가 그냥 한 번 알아보러 나온 게 아닌 정말로 사러 온 손님이구나라는 게 어필이 된다면 부동산 사장님의 비밀장부가 열리게 될 것이다.

## 온라인 임장에서 필요한 사이트

1. 네이버부동산

2. 아실

3. 호갱노노

4. 카카오맵

**네이버부동산:** 매매 시세를 확인한다. 1층과 탑층을 제외한 중층 이상 고층 물건으로 최저가 물건을 기준으로 시세를 파악한다. 매매 시세를 파악하면서 전세 시세 역시 확인한다. 전세 시세는 실제로 거주할 수 있는 리얼 가치다. 전세가에 낙찰을 받게 된다면 내 돈을 넣지 않고 아파트를 하나 장만할 수 있다.

**아실:** 네이버부동산에 나와 있는 매물의 가격은 아직 팔리지 않은 가격, 즉 호가다. 이 호가는 시세라고 보기 어렵다. 아실 실거래가를 통해서 진짜로 사고팔고 한 정확한 시세를 파악하자. 부동산 경매로는 실거래가보다 무조건 싸게 사야 한다는 생각으로 접근해야 한다.

**호갱노노:** 지금까지의 가격 그래프를 확인하고 흐름을 확인하자. 실제 거주하고 있는 사람들의 이야기를 온라인에서 확인할 수 있다. 재건축, 재개발 아파트라면 현재 진행 상태를 확인할 수 있다.

**카카오맵:** 해당 물건이 있는 도시의 전반적인 규모, 인접한 도로나 지하철 현황, 주변의 학교 및 병원, 그리고 편의시설 등의 위치를 파악한다.

## 실전 온라인 임장 따라 하기

해당 경매 물건을 온라인 임장을 통해 시세 파악을 해보자. 같은 아파트 같은 평수이지만 가격은 파는 사람이 정한다. 팔리는 가격은 사는 사람이 정한다. 이 두 가격이 만나야 실거래가가 찍히는 것이다.

### 아파트 시세 3가지

1. 안 팔리는 '호가'

2. 팔리는 가격

3. 게 눈 감추듯 바로 사라지는 '급매'

그런데 이 가격을 또 디테일하게 세 가지로 나눌 수 있다.

1. 인테리어가 예쁘게 돼 있는 가장 비싼 가격

2. 제일 저렴한 1층과 탑층

3. 로열동, 로열층

그래서 시세를 볼 때는 제일 저렴한 1층과 탑층을 제외하고 낮은 가격순으로 정렬해서 고층 가격을 확인하면 된다.

### 네이버부동산

네이버부동산에서 현재 나와 있는 매물을 조사한다. 예를 들어 하남자이 아파트 84제곱미터로 확인해 보면, 1층이 6억 2,000만 원이고, 제일 비싼 올수리 물건이 7억 2,000만 원이다. 17층에 경매 물건이 나와 있을 경우, 경매 물건과 비슷한 층 물건으로 현재 나와 있는 최저가 매물은 6억 3,500만 원으로 확인할 수 있다.

### 아실

아실에서 실거래가를 확인하자. 최고가 7억 9,500만 원이고, 가장 최근 실거래는 6억 2,000만 원에 거래됐다.

### 호갱노노

기간 대비 몇 퍼센트 가격이 빠졌는지 확인할 수 있고, 실제로 거주하고 있는 사람들의 이야기를 들을 수 있다.

**카카오맵**

지하철역은 도보 12분 거리에 위치하고 있다. 지도맵을 이용하면 직접 걸어서 측정하지 않더라도 시간이 대략 얼마나 걸리는지 확인할 수 있다. 로드뷰를 통해서 실제 가서 눈으로 보는 것처럼 그 지역의 분위기를 파악할 수 있다. 촬영 시기별로 볼 수 있어서 과거에는 상가에 무슨 업종이 들어 있었는지도 확인할 수 있다.

# 임장 3:
# 오프라인 임장

## 오프라인 임장에서는 뭘 확인하고 와야 할까?

부동산 경매는 반드시 현장 임장을 하고 입찰해야 한다. 현장에 답이 있다. 현장에 도착하면 제일 먼저 우편함을 확인하자. 이 집의 점유자가 소유주인지, 임차인인지, 제3의 인물인지를 확인해야 한다. 명도를 할 때 명도 대상이 누구인지 알고 있어야 한다. 우편물이 한 가득 들어 있다면 공실일 가능성도 크다. 벨을 누르고 문을 열어 내부 컨디션도 확인하고 점유자를 만나고 오면 좋겠지만, 거친 욕을 먹거나 부재중인 경우가 많다. 현관문, 도어락, 인터컴, 샷시 상태를 반드시 확인하고 와야 한다. 내부를 보지 못했다면 바깥에서 볼 수 있는 것으로 내부 상태를 어림잡아 추측해 볼 수 있다.

## 임장 꿀팁

아파트도 누수가 있다. 윗집에 누수가 있어서 우리 집 천장에서 물폭탄을 맞은 적도 있고, 바닥 배관이 터져서 아래 집에 피해를 주고 도배를 전부 해 준 적도 있다. 임장할 때 이 누수를 적극 활용하는 방법이 있다. 아래층으로 가서 윗집으로 이사 올려고 하는데 혹시 천장 누수가 있냐고 물어보면 대부분 호의적으로 문을 열어 준다. 가장 좋은 정보를 얻을 수 있는 사람과 접촉한 것이다. 이사 오고 싶어하는 사람이 돼서 이곳은 살기 어떠냐고 물어보면 현재 살고 있는 사람은 사실 그대로의 이야기를 해 준다. 교통이 불편하다, 학교가 가까워서 애기 키우기 좋다, 마트가 옆에 있어서 편하다, 엘리베이터가 자주 고장 나서 불편하다 등등 현장에서 얻을 수 있는 정보를 수집해서 돌아온다. 윗집에 사람이 없어서 그런데 내부 좀 볼 수 있는지 양해를 구하면 보통 흔쾌히 내부를 보여 준다. 아이들이 없어서 층간소음은 걱정 안 해도 된다고 덧붙인다면 현재 층간소음으로 고통받고 있는 사람이라면 표정이 밝아지면서 친절하게 집을 보여 줄 것이다. 집 구조와 뷰를 확인한다. 아래층이 부재중이라면 위층을 열어보는 것이고, 위층도 부재중이면 옆집을 그렇게 접근하면 된다.

관리사무소에 가서 미납관리비를 확인한다. 관리사무소에서 관리비를 알려 주지 않는 경우도 있는데, 그 이유는 많은 사람들이 찾아와서 귀찮아서다. 안 가르쳐 준다면 대략적인 관리비라도 반드시 확인해야 한다. 그리고 몇 명이나 다녀갔는지도 확인하면 이 물건에 관심이 있는 입찰 수요도 대략적으로 확인이 가능하다.

경매 물건에 대한 조사가 끝났으면 이제 미리 약속한 부동산으로 이동한다. 현재 나와 있는 매물을 쭉 본다. 사람들이 선호하는 동을 파악하고 뷰가 좋아서인지, 단지 내 상가가 가까워서인지, 지하 마트와 가까워서인지 그 이유를 직접 확인한다. 오프라인 임장의 목적은 현장에서만 알 수 있는 정보를 수집하는 것이다. 아직 실거래가로 올라가지 않은 거래도 반드시 파악해야 한다. 현재 거래되고 있는 시세를 확인하는 게 오프라인 임장의 가장 중요한 목표다. 이미 온라인으로 거래된 실거래가를 확인했고, 현장에서 아직 실거래가로 신고되지 않은 매매가를 확인했다면 현재 가격이 빠지고 있는지, 보합 상태인지, 상승하려고 하는지 어느 정도 분위기가 파악된다. 그럼 시세에 대한 윤곽이 드러난다. 정확한 시세 파악이 끝났다면 이제는 내가 사고 싶은 가격, 입찰가를 산정하면 된다.

전세 시세는 나와 있는 매물 양, 즉 공급에 엄청난 영향을 미친다. 전세 물건이 적거나 전세 물건이 없는 경우 전세를 시세보다 비싸게 맞출 수 있다. 물건이 없는데 원하는 수요가 많을 때는 가격은 상승한다. 반대로 전세 물건이 너무 많다면 인테리어를 잘 해서 현재 나와 있는 매물 중에 1등이 돼야 한다.


## 경매는 싸게 사려고 하는 건데
## 왜 시세에 낙찰을 받아가는 걸까?

부동산 경매 초보자들은 입찰을 하면 열 명 중 아홉 명은 최저가에서 조금 올려서 입찰가를 산정한다. 싸게만 사려는 마음이 앞서기 때문이다. 몇 번 입찰을 하고 비싸게 낙찰되는 모습을 보게 되면 경매로 싸게 살 수 없다고 판단하고 부동산 경매를 포기하게 된다.

경매는 한자로 다툴 경(競), 팔 매(賣)라고 쓴다. 다투게 해서 판다는 뜻으로, 사는 사람 입장으로 다시 얘기하면 경쟁을 통해 산다는 뜻이다. 그렇기 때문에 경쟁에서 이기는 가격, 즉 제일 비싸게 써내는 사람이 사게 되는 시스템이다.

경매 입찰가는 3가지로 나뉜다.

1. 최저가 근처의 입찰가(80퍼센트)

2. 경생을 하는 입찰가(15퍼센트)

3. 낙찰을 받을 수밖에 없는 입찰가(5퍼센트)

항상 입찰을 하면서 이런 생각을 한다. 법원에 갈 때마다 항상 만나는 투자자가 있는데 항상 공격적으로 입찰을 들어온다. 그분이 들어오면 나는 패찰하고 그분이 안 왔으면 내가 낙찰을 받는다. 제발 오늘 그분이 아파서 안 왔으면 하고 법원에 들어간 적도 있다. 왜 저 사람은 저렇게 비싸게 낙찰을 받아가는 것일까 연구를 하게 된다. 입찰가 산정을 많이 하다 보면 무조건 받을 수밖에 없는 입찰가가 딱 하고 나온다. 거기에서 덜 쓰고 더 쓰고의 싸움이 낙찰의 승패를 좌우한다.

그럼 왜 부동산에서 일반매매로 살 수 있는 가격으로 낙찰을 받아가는지 실제 투자 사례를 통해 알아보도록 하겠다. 감정가 1억 2,000만 원짜리 빌라가 유찰돼 8,400만 원으로 떨어졌고 총 49명이 입찰했다. 이날은 무조건 낙찰을 받을 수밖에 없는 입찰가로 들어갔다. 결과는 1억 1,520만 원에 낙찰을 받았다.

최고가 매수인이 되면 서류 열람을 통해 다른 사람들의 입찰표도 확인할 수 있다. 확인 결과 최저가 8,400만 원 근처의 입찰가가 80퍼센트 정도 된다. 1억 원 근처로 써낸 사람들 15~17퍼센트가 경쟁을 하는 것이고, 입찰을 하다 보면 실제 경쟁 상대라고 생각되는 사람은 3명에서 5명 정도로 좁혀진다.

## 비싸게 낙찰받아가는 이유

1. 부동산 경매는 일반매매보다 대출이 많이 나온다(최대 92퍼센트).
2. 미래 가치를 반영한다.
3. 시세차익이 아닌 임대수익만 보고 낙찰한다.

채원이와 별님이가 있다. 인천에 있는 재개발 얘기가 나오는 1억 5,000만 원짜리 소형 아파트 경매 물건 입찰을 계획하고 있다. 한 번 유찰돼 최저가 1억 500만 원에 시작하는 물건이다. 현재 매매 실거래가는 1억 2,000만 원이고 부동산에 나와 있는 매물 최저가도 1억 2,000만 원이다. 전세 실거래가는 1억 원이라고 하자.

채원이는 부동산에서 사는 가격보다 10퍼센트는 싸게 사야 한다고 생각하고 1억 1,000만 원으로 입찰가를 정했다. 별님이는 패찰을 아홉 번째 하고 있고 빠른 시일 안에 경매 한 사이클을 경험하고 싶어서 이번에는 꼭 낙찰을 받겠다고 다짐한다. 무조건 낙찰을 받을 수밖에 없는 가격 1억 2,000만 원을 쓰기로 한다.

결과는 별님이가 1억 2,000만 원으로 최고가 매수인이 됐다. 1억 1,900만 원을 쓴 사람은 아쉬워하며 차순위신고를 한다.

차순위매수신고란 무엇일까? 최고가 입찰자 이외의 입찰자 중 최고가 입찰액에서 보증금을 공제한 액수보다 높은 가격으로 응찰한 사람은 차순위 입찰신고를 할 수 있다. 차순위 입찰신고를 하게 되면 매수인이 낙찰대금을 납부하기 전까지 보증금을 반환받지 못한다. 최고가 입찰자가 낙찰대금을 납부하지 아니할 경우 다시 입찰을 실시하지 않고 바로 차순위 입찰신고인에게 낙찰을 받게 된다. 사람들이 웅성웅성거린다.

"뭐야, 저렇게 비싸게 가져갈 거면 그냥 부동산에서 골라서 사면 되지 왜 경매로 비싸게 사는 거야?"

채원이는 그동안 입찰을 위해 공들였던 시간이 너무 아까웠다. 원망스러운 눈빛으로 별님이를 째려본다. 자, 그럼 이제 입찰가의 비밀을 풀어보겠다. 사실 별님이도 채원이와 비슷하게 1억 1,000만 원에 입찰가를 산정했었다. 1,000만 원은 싸게 사야 남는 게 있으니까 수익이 나는 입찰가인 것이다. 1차원적으로 누구나 다 이렇게 생각한다. 그런데 현실은 1억 1,000만 원에 입찰을 했다면 또 다시 패찰하게 되니까 다른 2차원적인 사고로 접근했다.

1. 장기보유

2. 대출 레버리지

3. 월세 세팅

4. 전세가율이 높은 경우 전세 세팅, 실투자금 회수

단타 매도를 생각한다면 바로 팔아도 수익이 나는 가격에 낙찰을 받아야 한다. 그래야 남으니까 말이다. 그런데 10년을 가지고 간다고 한다면 어떨까. 10년 전 은마아파트는 8억 5,500만 원이었다. 10년이 지난 지금 은마아파트는 37억 원이다. 그럼 10년 전에 9억 원에 사면 어떻고 10억 원에 사면 어떤가. 28억 원이 올랐는데 조금 비싸게 사도 괜찮다. 어차피 지금 가격이 중요하지 않다면 부동산 경매로 사지 말고 부동산 가서 좋은 물건을 보고 골라서 사면 되지 않나, 이렇게 반문할 수 있다. 그런데 부동산 경매로 매입해야 하는 이유가 있다. 2025년 정부는 토지거래허가구역을 해제했다가 잠실 아파트가 1개월 만에 2억이 상승하자 한 달 만에 토지거래허가구역을 재지정하고 10월 15일 서울 전역 25개 구, 경기 12개 지역을 토지거래허가구역으로 묶었다. 토지거래허가구역은 계약 전 구청장 사전 허가를 받아야 하고, 허가 없는 계약은 무효다. 취득 후 2년간 실거주를 해야 하고, 자금 출처 증명을 위한 자금 조달 계획서를 제출해야 한다. 하지만 경매는 예외다. 허가가 필요 없고 실거주 의무도 없다. 자금 조달 계획서도 면제된다. 또한 실투자금을 최소화할 수 있는 대출 레버리지를 활용할 수 있는 장점이 있다. 현 정부는 지난해 6·27대책으로 주택 담보 대출 한도를 6억 원으로 제한했다. 대출 규제가 경락 잔금 대출까지 영향을 주고 있지만, 한도 내에서 잘 활용한다면 여전히 유용하다.

1억 2,000만 원으로 일반매매로 매입하면 전세보증금을 뺀 실투금이 들어산다. 전세 시세가 1억 원이니까 갭이 2,000만 원이고 실투금 2,000만 원이 묶이게 되는 것이다. 과연 2,000만 원을 넣고 10년을 기다릴 수 있을 것인가. 기다릴 수 있는 사람도 있고, 2년, 4년 후에 상황에 맞춰서 매도하는 사람도 있을 것이다. 여기서 대출 레버리지를 활용하면 어떻게 바뀌는지 보자.

보통 경락잔금대출은 감정가 80퍼센트-방차감, 낙찰가 70퍼센트 중 낮은 금액으로 나온다. 감정가 1억 5,000만 원의 80퍼센트는 1억 2,000만 원이다. 최우선변제금 2,800만 원을 빼면 9,200만 원이다. 1억 2,000만 원의 80퍼센트는 9,600만 원이다. 그럼 감정가 80퍼센트-방차감(9,200만 원), 낙찰가 70퍼센트 중 낮은 금액(9,600만 원), 대출가능 금액은 9,200만 원이다.

최우선변제금을 찾아 보면 서울 5,500만 원, 용인시, 화성시를 포함한 경기도 16개시는 최우선변제금 4,800만 원이다. 광역시를 포함한 안산시, 김포시, 광주시, 파주시는 최우선변제금 2,800만 원이다. 그럼 인천 아파트의 최우선변제금은 2,800만 원이다. 월세 보증금은 2,800만 원까지 받을 수 있다. 보증금 2,800만 원에 월세 60만 원에 임차를 맞춘다면 대출가능금액 9,200만 원에 2,800만 원을 더해 1억 2,000만 원이 나온다. 실투자금은 하나도 들어가지 않는 무피가 되는 것이고, 법무비, 명도비, 중개수수료 비용이 들어갈 것이다. 대출이자는 5퍼센트로 계산했을 때 월 38만 원이 된다. 그럼 월세 60만 원을 받아 대출이자 38만 원을 제외하고 월 현금흐름은 22만 원이 만들어지는 것이다.

무피로 현금흐름 22만 원, 누군가는 2,000만 원으로 아파트 하나를 사고 누군가는 돈을 들이지 않고 아파트 두 채를 사고 매달 현금흐름 44만 원이 생긴다. 앞으로 10년 동안 기다릴 수 있는 사람은 누굴까.

자, 그럼 낙찰을 위해서 입찰가를 조금 더 올린다면 어떻게 바뀔까. 1억 2,500만 원에 부동산에서 살 수 있는 가격보다 500만 원 비싸게 입찰을 들어간다고 하자. 이 금액은 무조건 낙찰을 받는 입찰가가 되는 것이다.

감정가 80퍼센트-방차감, 낙찰가 70퍼센트 중 낮은 금액

감정가 1억 5,000만 원의 80퍼센트

1억 2,000만 원 - 최우선변제금 2,800만 원 = 9,200만 원

1억 2,500만 원의 80퍼센트는 1억 원이다.

그럼 대출가능금액은 9,200만 원이다. 보증금 2,800만 원에 월세 60만 원에 임차를 맞춘다면 대출가능금액 9,200만 원에 2,800만 원을 더해 1억 2,000만 원이 나온다. 실투금 500만 원이 들어가고 법무

비, 명도비, 중개수수료 비용이 들어갈 것이다. 대출이자는 5퍼센트로 계산했을 때 월 42만 원이 된다. 그럼 대출이자를 제외하고 월 현금흐름은 18만 원이 만들어지는 것이다.



누군가는 2,000만 원으로 아파트 하나를 사고, 누군가는 2,000만 원으로 아파트 4채를 사고 매달 현금흐름 72만 원이 생긴다. 시세보다 500만 원을 비싸게 사지만 결국 다른 사고로 생각해보면 다른 결과물을 만들어 낼 수 있는 것이다. 주택 매수가 생애 최초이거나 무주택자는 낙찰을 저렴하게 받으면 90퍼센트 대출도 가능하다. 대출을 극대화해서 90퍼센트를 받는다면 플러스피를 만들거나 실투자금은 더 줄어들게 되는 것이다.



이 세 가지 입찰가의 비밀이 풀리는가.

낙찰 92,000,900원

대출 85,000,000원

　현재 보증금 500만 원에 월세 55만 원으로 임대 중이며 최고가 2억 4,500만 원을 찍고 현재는 반토막이 나서 최근 1억 1,900만 원에 실거래된 매물이 있다. 이 사례는 원래 산정한 입찰가로 들어갔다면 패찰이었다. 이날 주차장은 이미 만원이라 법원 밖 공영주차장에 주차하고 왔고 법원에는 사람들이 인산인해를 이루고 있었다. 그래서 입찰가를 올렸고 '낙찰을 위한 낙찰'을 받았다. 비싸게 낙찰을 받은 이유는 장기보유였고 현금흐름이 목적이었다. 하지만 이런 고가 낙찰의 리스크는 매매가 하락과 금리 인상에 있다. 매도를 할 수 없고 대출이자가 올라가면서 수익률이 떨어지고 임차인에게 받은 월세에 내 돈을 합쳐서 대출이자를 내야 하는 상황도 올 수 있다.

　낙찰받을 확률을 올리는 가장 이상적인 방법은 경매 물건에 입찰하는 횟수를 늘리는 것이다. 투자금을 정해서 입찰가를 산정해서 들어간다고 했을 때 한 번 입찰해서 낙찰될 확률보다는 열 번 입찰했을 때 낙찰될 확률이 훨씬 더 높을 수밖에 없다. 한 지역만 물건 검색을 할 때보다는 여러 지역을 하는 게 입찰 물건을 늘릴 수 있는 방법이다. 내가 입찰할 물건이 별로 없다면 특정 물건과 사랑에 빠질 리스크가 있다. 낙찰을 받고 싶은 욕심이 들면 입찰가는 올라가기 마련이다. 입찰 가능한 물건이 넘쳐흐른다면 물 반, 고기 반 상황이 되면서 특정 물건에 집착할 필요가 없다. 바로 팔아도 수익이 나는 금액에 계속 입찰을 여러 건 들어간다. 패찰을 해도 상관없다. 앞으로 입찰할 물건이 넘쳐흐르니까. 그러면 이제부터 다른 걱정을 하기 시작한다. 패찰을 걱정하는 게 아니라 한번에 2, 3건을 낙찰받을까 봐 자금을 걱정하는 시기가 온다.

## 로또 낙찰 팁

항상 입찰을 할 때는 여러 개를 입찰하면서 확률을 높일수록 좋다. 법원을 자주 다니다 보면 갈 때마다 항상 보이는 사람이 있다. 이분은 입찰을 10개씩 한다. 그래서 꼭 입찰하는 날 한두 개는 싸게 낙찰을 받아간다. '흐르는 물건'이라고 하는데 사람들이 경쟁이 심할 것 같아서 포기하고 안 들어오는 물건이 가끔 있다. 꾸준히 확률을 높여서 자주, 많이 입찰을 하다 보면 이런 행운을 만날 수도 있다. 정년퇴직하고 아침에 법원으로 출근하는 어르신들이 있다. 1년에 한 건만 이렇게 낙찰을 받아도 웬만한 사람의 연봉만큼을 벌 수 있기 때문이다.

경매 진행 순서
권리 분석
임장
입찰
낙찰·명도·수리

# 입찰 1:
# 법원 출발 전
# 반드시 확인해야 할 포인트

## 출발 전 체크 리스트

법원으로 출발할 때는 항상 설렌다. 열심히 시세 조사를 하고 임장을 다녀오고 내가 매입할 수 있는 금액을 산정한 뒤 법원에 가서 입찰을 하면, 이제 내 물건이 될지는 운명에 달렸다. 우리가 약속 시간에 늦지 않게 약속 장소에 가려면 특히 서울에서는 항상 차가 막힐 수 있는 변수를 생각해 미리 도착해야 한다. 법원에 도착해도 주차장이 만원이면 몇 바퀴를 돌아야 하고, 다시 법원 밖으로 나가 유료 주차장에 주차한 뒤 걸어서 들어와야 하므로 시간 계산을 잘해야 한다. 정시에 도착하면 이런 변수가 생겼을 때 입찰을 못 할 수도 있다.

경매 법정은 보통 오전 열 시부터 시작해 열한 시쯤 마감하지만,

열 시 이십 분부터 열한 시 이십 분까지 마감인 곳도 있고 각 지역 법정마다 시간이 다르다. 시간을 꼭 미리 검색해 숙지해야 한다. 법원에 가면 늦게 도착해 마감 시간에 턱걸이로 입찰표를 제출하는 사람도 있고, 아쉽게 마감 시간이 지나 입찰표를 제출하지 못하는 사람도 있다. 법원은 칼같아서 일 분만 늦어도 절대 입찰표를 받아주지 않는다. 아무리 사정해도 받아주지 않으니 항상 삼십 분 일찍 도착하는 습관을 들이자. 자, 이제 출발해 법원에서 입찰표를 제출하면 낙찰받는 일만 남았다. 법원 출발 전 반드시 확인해야 할 것들이 있으니 출발하기 전에 꼼꼼히 알아보자.

서울은 다섯 개의 법원이 있고 입찰 시간은 모두 오전 열 시부터 열한 시 십 분까지다.

| | |
|---|---|
| 서울중앙지방법원(교대역) | 서울동부지방법원(문정역) |
| 서울서부지방법원(애오개역) | 서울남부지방법원(목동역) |
| 서울북부지방법원(도봉역) | |

준비물은 신분증과 도장이다. 대리 입찰 시에는 입찰자의 인감증명서와 위임장, 인감도장, 대리인 신분증과 도장이 필요하다. 법인 입찰 시에는 등기사항전부증명서, 법인 인감증명서, 법인 도장이 필요하다.

준비물을 잘 챙겼는지 꼭 확인하자. 나도 고백하자면 신분증을 가져가지 않아 입찰을 못 한 적이 있다. 책상에 앉아 열심히 온라인 임장을 한 시간들, 현장에 직접 나가 발로 뛴 시간들, 모든 게 한순간에 무너지는 순간이었다. 나중에 개찰 결과를 보고 입찰했어도 패찰이었다는 사실에 모든 억울함이 사그라들었지만, 만약 결과가 낙찰이었다면 평생 억울함이 따라다녔을 것이다. 입찰을 못 했지만 그냥 돌아오지 않고 다음 물건 임장을 열심히 하고 왔다. 실수는 항상 나를 단단하게 만든다. 그 뒤로는 출발하기 전에 준비물을 꼭 눈으로 확인한다. 지갑에 운전면허증을 항상 넣고 다닌다면 만약을 대비해 주민등록증이나 여권을 차에 두고 다니는 것도 좋은 방법이다. 일어나지 않을 리스크를 대비하는 것은 투자자의 기본 마인드다.

법원에 가서 입찰표를 작성해도 되지만 미리 입찰표를 작성해 가면 좋다. 입찰가를 입찰하는 순간까지 정하지 못했다면 입찰가만 공란으로 두고 가져가면 된다. 입찰가를 정했더라도 법원에 도착해 법원 분위기에 마음이 흔들려 입찰가를 수정할 수도 있다. 입찰가를 정해 출력했더라도 혹시 모를 수정을 대비해 공란으로 한 장 더 가져가면 좋다. 실제로 법원에서 입찰가를 수정해 낙찰을 받은 적도 있고, 괜히 수정해 패찰한 적도 있다. 또 수정을 해 천만 원을 아낀 적도 있고 천만 원을 날린 적도 있다.

모든 준비가 되었다면 출발 전에 반드시 확인해야 할 것이 있다. 오늘 입찰 들어갈 물건이 변경되거나 취하되지 않고 경매가 진행되는지 확인해야 한다. 유료 경매 사이트에서는 실시간으로 진행 상태를 보여주기 때문에 출발 전에 반드시 물건 상태를 확인하고, 도착해서도 한 번 더 확인하자.

법원에 도착하면 반드시 가장 먼저 확인해야 할 것이 있다. 입찰 게시판이다. 입찰 게시판은 경매 법정 입구에 붙어 있다. 채무자가 빚을 갚았거나 여러 가지 이유로 입찰이 변경되거나 취하되는 경우가 종종 있다. 실제로 모든 준비를 마치고 설레는 마음으로 집에서 출발해 법원에 도착하는 그 짧은 사이에도 입찰 예정이던 물건이 변경돼 입찰을 하지 못한 적이 있다. 의외로 입찰 당일 채무를 상환하는 경우가 많다. 물건 상태를 확인하지 않고 입찰하더라도 오늘 진행하지 않는 물건이라고 고지하며 입찰 봉투를 돌려주기 때문에 보증금은 돌려받을 수 있다. 법원에 가면 오늘 진행되지 않는 물건에 입찰하는 사람을 쉽게 볼 수 있다. 그래서 여러 개의 물건에 입찰하는 데에는 다 이유가 있다. 낙찰 확률을 높이기 위함도 있지만, 입찰 예정 물건이 갑작스럽게 변경되거나 진행되지 않을 경우 기회비용을 날리기 때문이다.

# 입찰 2:
# 입찰보증금은
# 수표 한 장으로 출금하라

## 경매 통장을 만들어라

입찰보증금을 현금으로 찾아 봉투에 넣는 사람들이 있는데, 돈을 세어야 하기 때문에 법원에서는 가급적 수표 한 장으로 준비해 입찰하라고 한다. 법원에는 대부분 신한은행이 있지만 업무 협약이 종료되면서 다른 은행으로 바뀐 곳도 있고 법원마다 입점해 있는 은행이 다르다. 자주 입찰하게 될 법원의 은행 통장을 만들어 두면 편하다. 입찰 당일 보증금을 찾기 수월하고, 패찰 후에도 돈을 들고 다니지 않고 바로 입금할 수 있어 안전하다. 한두 번 입찰할 것이 아니라면 신한은행이나 자주 입찰 예정인 법원에 입점해 있는 은행으로 경매 통장을 만들어 두자.

# 입찰 3:
# 입찰표 작성은 신중하게

## 입찰가 정하는 요령

온라인·오프라인 임장을 철저히 했다면 입찰가를 산정하는 데 큰 무리는 없다. 부동산에서 정해진 금액에 사는 것이 아니라 부동산 경매는 내가 사고 싶은 금액을 써내는 것이다. 원하는 수익을 내면서도 낙찰을 받을 수 있는 가격을 쓰면 된다. 대부분의 초보자는 큰 수익을 얻기 위해 최저가에서 조금만 올려 입찰한다. 욕심을 너무 내면 패찰하는 것이 당연하다. 반대로 낙찰을 위한 낙찰을 받으면 비싸게 산 것이기 때문에 수익을 내기 어렵다. 입찰가를 정하려면 낙찰받아 매도하기까지 들어가는 비용을 꼼꼼히 따져 봐야 한다. 낙찰을 받으면 가장 먼저 들어가는 비용은 취득세다. 대출 상담사가 소속된 법무사나 변호사 사무실에서 잔금을 납부하고 소유권 이전을 하면서 법무비가 들어간다. 점유자를 내보내는 데 명도비가 들어가고 미납 관리비가 있다면 낙찰자가 인수해야 한다. 마지막으로 수리비가 들어간다. 내부를 확인하지 못한 상태라면 보수적으로 올수리 비용을 잡아 입찰가를 산정해야 한다.

입찰 시간이 되년 집행관이 입찰표, 입찰 보증금 봉투 그리고 입찰 봉투를 분출한다. 경매 법정 한편에는 입찰표를 작성할 수 있는 공간이 있다. 파티션이 나뉘어져 있고 기표소와 같이 커튼이 쳐져 있기 때문에 옆 사람에게 입찰 금액을 보일 염려도 없다. 볼펜과 인주도 구비되어 있지만 코로나 이후에는 개인용 볼펜과 인주를 항상 가지고 다닌다. 내가 주로 입찰표를 쓰는 장소는 식당이다. 앉아서 준비해 온 경매 정보지를 보면서 입찰 보증금을 보고 적고, 마지막까지 입찰가를 고민한다. 이 시간이 설레고 즐겁기도 하다. 가끔 식당에서 경매 컨설팅을 하는 분들이 입찰가를 고민하다가 아무 생각 없이 입밖으로 꺼내는 경우도 있다. 한번은 내가 들어가는 물건의 경쟁자가 본인의 입찰가를 이야기하면서 "오늘 법원에 사람이 많으니까 좀 올리죠"라고 하는 소리를 듣기도 했다. 낮말은 새가 듣고 밤말은 쥐가 듣는다. 주위에 아무도 없다고 생각하고 말을 함부로 하면 그 말이 불행의 씨가 될 수도 있으니 항상 조심해야 한다.

입찰 보증금은 최저가액의 10%이다. 가끔 헷갈려 하는 사람이 있는데 입찰가의 10%가 아니다. 재매각 사건인 경우에는 보증금이 20%이다. 입찰 보증금이 많은 것은 문제가 되지 않지만 부족하게 넣으면 실격 처리가 된다. 만약 3,000만 원인데 2,999만 원을 넣었다면 입찰은 무효가 된다. 1원이라도 부족하면 입찰은 무효가 된다는 점을 꼭 기억하자.

입찰가는 내가 사고싶은 가격이다. 숫자가 이상하다고 고쳐쓰거나 다시 쓰면 실격이다. 1억에 0을 하나 더 써서 10억을 쓴다면 어떻게 될까. 당연히 낙찰을 받을 것이다. 이렇게 입찰가를 실수해서 몰수되는 보증금이 매년 1,000억 원 수준이다. 그러니 미리 입찰 전날 입찰표를 작성해두고 출력해서 가기를 바란다. (내 블로그에서 기일 입찰표로 검색하면 첨부 파일을 다운받을 수 있다.)

# 입찰 4:
# 최종 단계에서는 확인, 또 확인

## 사소한 실수가 결과를 바꾼다

한번 입찰표를 작성해두면 입찰자 정보는 항상 같기 때문에 법원, 입찰기일, 사건번호, 보증금, 입찰가격만 새롭게 입력해서 출력하면 된다. 입찰표는 법원에 비치되어 있어서 법원에서 볼펜으로 직접 작성해도 되지만, 늦게 도착하거나 여러 건 입찰하는 경우 시간에 쫓겨서 실수할 수도 있다. 한번은 입찰 시간이 얼마 남지 않은 상황에서 서둘러 입찰하려다가 입찰 봉투가 바뀐 것이 있다. 나는 입찰을 했는데 왜 호명을 하지 않느냐며 따지기까지 했다. 정말 어이가 없는 순간이었다. '0'을 하나 더 쓰는 어이없는 실수도 누구나 할 수 있는 실수다. 실수 한 번에 몇 천만 원, 몇 억 원을 날릴 수 있는 만큼 눈으로 여러 차례 확인하자.

입찰표와 입찰 봉투가 바뀌는 실수를 겪고 나면 항상 경각심을 갖게 된다. 최종적으로 한 번 더 서류를 꺼내 입찰 봉투의 사건 번호와 입찰표의 사건 번호가 맞는지 확인한다. 입찰가 역시 손가락으로 짚어 가며 일, 십, 백, 천, 만, 십만, 백만, 천만, 억 단위로 조용히 읽어가며 정확하게 확인한다. 사람은 누구나 실수할 수 있다. 눈으로 하나하나 확인하는 습관을 들이면 실수를 미연에 방지할 수 있다.

입찰 봉투까지 확인하면 이제 내가 할 수 있는 것은 끝났다. 입찰이 마감되면 법원직원들은 일사불란하게 입찰 봉투를 분류하기 시작한다. 필자는 항상 제일 앞 입찰봉투 분류 작업하는 곳 가까운 자리에 앉는다. 뒤에서는 잘 안 들리지만 앞에서는 사건번호를 말하면서 입찰 봉투를 분류하는 상황이 들리기 때문이다. 즉, 몇 명이 들어왔는지를 집행관에게 보고하는 것이 들린다. 그러니 내가 입찰하는 물건에 몇 명이 입찰했는지 가장 먼저 확인할 수 있다. 경쟁자가 많으면 많을수록 낙찰 확률은 적어진다.

입찰 봉투 분류가 끝나면 입찰표를 꺼내서 입찰가순으로 정리한다. 인산인해를 이루는 법정들은 입찰자가 많은 물건부터 개찰한다. 30~40명씩 입찰한 물건들을 먼저 개찰하고 나면 사람들이 빠져나가면서 한산해진다. 집행관은 입찰가를 가장 높게 쓴 상위 세 명을 호명한다. 그리고 마지막으로 가장 높게 쓴 낙찰자를 발표한다. 희비가 엇갈리는 순간이다.

# 입찰 5:
# 낙찰받으면 물건지로,
# 패찰하면 다음 물건지로

## 낙찰 후 바로 해야 할 일

낙찰을 받으면 그날 바로 물건지에 방문하는 것이 좋다. 명도는 서두르면 진다고 하지만, 이는 명도를 무작정 밀어붙이지 말라는 의미다. 매각 허가가 나는 일주일 안에 낙찰받은 물건의 내부 상태를 확인하는 것이 바람직하다. 매각물건명세서에 기재되지 않은 중대한 문제가 있다면 매각 불허가 신청을 해야 한다. 매각 불허가 신청 기간은 낙찰 후 일주일 이내이므로 매각 허가가 나면 신청할 수 없다. 점심을 먹고 출발하면 평일 낮 시간에는 대부분 부재중일 확률이 높다. 그래도 사람이 있는 경우가 있어 내부를 확인하거나 점유자와 간단히 이야기를 나눌 수도 있다. 점유자를 만나고 오는 것은 명도 난이도를 가늠하는 과정이다. 첫 만남부터 공격적으로 나오더라도 흥분하지 말고 전략적으로 대응해야 한다. 전액 배당받는 임차인이라고 해서 명도 난이도가 항상 낮은 것은 아니다. 점유자를 직접 만나 봐야 알 수 있다.

패찰했다면 집으로 돌아오지 말고 다음 물건 임장을 하러 간다. 패찰을 많이 해봤다는 것은 입찰을 많이 해봤다는 뜻이다. 패찰을 열 번 해본 사람과 한 번 해본 사람 중 낙찰 확률이 높은 쪽은 전자다. 임장을 많이 다니고 시세를 반복해 파악하면서 수익이 나는 입찰가를 산정하는 경험이 쌓이기 때문이다. 패찰은 낙찰로 가는 과정이다. 열 번의 패찰이 한 번의 낙찰을 만든다.

# 경매 진행 순서

권리 분석

임장

입찰

낙찰·명도·수리

# 낙찰:
# 발등에 떨어진 '잔금'이라는 불씨

낙찰을 받게 되면 낙찰자는 입찰보증금 영수증을 받는다. 낙찰을 받았으면 이제는 발등에 불이 떨어진 것이다. 다시 한번 책을 꺼내서 정독을 하게 되는데, 이때 읽는 것은 그전에 그냥 가볍게 읽는 것과는 느낌이 완전히 다르다. 책을 보는 게 수면제처럼 더 이상 졸립지 않다. 포지션이 바뀐 것이다. '그냥 해 볼까?'에서 이제 단추가 끼워진 것이다. 첫 단추를 끼웠으니 둘째, 셋째 차례차례 끼워 나가면 된다. 낙찰 이후 잔금 준비를 위한 대출을 알아봐야 한다. 이미 법원에서 최고가 매수인이 되면서 연예인이 된 기분을 느꼈을 것이다. 대출 상담사들한테 둘러싸여 연락처를 물어보고 명함을 받았을 것이다. 대금 납부 기한은 약 한 달이다. 납부 기한 내에 납부할 수 있도록 경락잔금대출을 알아봐야 한다. 그리고 잔금을 납부하고 소유권 이전을 하고 수익 실현까지 약 2~3달이 소요된다고 했을 때, 낙찰받아서 이 2~3달 동안 공부하는 것이 진짜 제대로 하는 부동산 경매인 것이다. 우선 돈부터 모으고 경매를 배우겠다는 말은 차 살 돈부터 모으고 운전면허증을 따겠다는 말과 같은 의미다. 돈을 모으는 동안 운전면허증을 미리 준비하고 운전을 할 수 있게 되었을 때 그동안 모은 돈으로 차를 사는 것이다. 부동산 경매 역시 종잣돈을 먼저 모으고 시작한다고 말한다. 돈은 모이지 않고 의지는 점점 약해지면서 그렇게 시작도 해보지 못하고 후회만 하면서 인생 종 치는 것이다.

## 낙찰부터 수익 실현까지의 과정

1. 매각허가결정
2. 잔금 납부
3. 명도
4. 수익 실현

낙찰 후에는 가장 먼저 소유권 이전을 하기 위한 준비를 한다. 잔금 납부를 위해 대출을 알아보고, 소유권 이전이 된 후에는 점유자를 명도한다. 그리고 임대나 매매를 통해 수익 실현을 한다.

**첫째, 매각허가결정**

경매로 낙찰을 받으면 소유권 이전 절차들이 있다. 법원은 낙찰일로부터 일주일간 경매 진행 절차상 불허가 사유가 있는지를 검토한 후 매각허가결정을 내린다. 매각허가결정이 되면 그날로부터 다시 일주일간 매각에 이의가 있는 이해관계인들이 항고를 할 수 있는 기간을 준다. 항고가 없으면 매각허가결정이 확정된다.

**둘째, 잔금 납부**

매각허가결정이 확정된 후 법원은 대금 지급 기한을 정한다. 보통 한 달 정도이고 대금 납부를 하고 소유권 이전 등기를 마치면 소유권 이전이 완료된다.

낙찰자가 경락잔금대출을 받아 잔금을 납부할 경우, 법원에서 명함을 받은 대출상담사를 통해 대출을 진행하게 된다. 이 대출상담사는 법무사사무실과 거래를 하게 되는데, 법무사와 연계된 은행에서 대출을 진행하게 되면서 해당 법무사에게 소유권 이전 등기 업무를 맡기게 된다. 법무사가 낙찰자를 대신해 매각 대금 납부 및 소유권 이전 등기에 관한 모든 업무를 처리해 주는 것이다. 낙찰자는 대출금을 제외한 나머지 잔금과 등기에 필요한 서류, 취득세 및 등기수수료만 법무사에게 주면 된다. 수수료는 적게는 30만 원부터 많게는 200만 원 정도이고, 90%대출을 받거나 어려운 대출일수록 법무비는 올라간다. 즉 법무비는 등기수수료 외 대출 연결 수수료가 포함되어 있는 것이다. 일반 소유권 이전 등기 법무비와는 몇 배나 비싼 이유다.

배당 기일은 보통 잔금 납부일로부터 한 달 후다. 낙찰자가 잔금을 납부하면 이해관계인들에게 배당한 후 모든 경매 절차가 종결된다.

일반 매매로 부동산을 취득하는 것처럼 낙찰 후 소유권 이전이 바로 되는 것이 아니기 때문에 소유권 이전까지 일정한 시간이 소요되므로 낙찰을 받는 순간부터 대출, 명도, 수리 계획을 세우면서 움직이면 된다.

# 명도:
# 서류상 내 집을
# 진짜 내 집 만드는 과정

## 진짜 내 집으로 만들려면

낙찰을 받고 잔금까지 납부를 하면 이제 서류상 완벽한 내 집이 되었다. 하지만 다른 사람이 내 집을 마음대로 쓰고 있다면 이제는 진짜 내 집으로 만들기 위해 집에 살고 있는 사람들을 내보내는 일을 해야 한다. 전 소유주거나 전 소유주와 임대차계약을 한 임차인, 즉 점유자를 내보내는 것을 '명도'라고 한다.

부동산 시장이 급락하면서 매매가 하락은 물론 전세가도 하락을 했다. 금리 인상으로 임차인들은 전세에서 월세 수요로 넘어가면서 임차권등기가 설정된 매물이 경매로 많이 나오고 있다. 임대차계약 시 안전하게 전세보증금을 지키기 위해 임차인들은 전세 보증보험에 가입을 한다. 그러면 전입하고 입주해서 살던 집이 경매로 넘어가더라도 세입자는 임대보증금을 손해 없이 보호받을 수 있다. 주택보증공사(HUG)에서 임차인에게 보증금이 지급되고 퇴거를 하면 공가가 된다. 임차권등기가 설정되면 주택보증공사에서 보증보험금이 지급된 임대인의 부동산은 다시 전세보증보험 가입을 해주지 않는다. 그렇게 새로운 세입자를 구하지 못한다. 2004년 한국주택금융공사가 출범해 은행에서 전세자금대출이 생겼고 점점 전세자금대출을 받지 않고 들어오는 임차인은 없다고 봐도 무방하다. 주택보증공사에서 임차인에게 지급된 전세보증금에 대한 법정이자율로 임대인에게 구상권을 청구하는데 그 연체이자가 물건이 여러 개인 다주택자에게는 엄청난 채무가 된다. 결국 연체이자를 납부하지 못하면 보유하고 있는 부동산은 강제경매로 진행된다. 이런 집을 낙찰받게 되면 전 임차인이나 보증보험 담당자와 연락을 취해 세대 비밀번호를 전달받을 수 있다. 명도를 하지 않아도 되는, 명도 걱정이 없는 물건이다.

전 소유주나 임차인이 점유하고 있다면 그들은 과연 순순히 집을 비워 줄까? 어떤 사람이냐에 따라 명도 난이도가 달라지겠지만 어떤 점유자든 이사비를 최대한 많이 받고 나가고 싶어한다. 전액 보증금을 배당받고 나가는 임차인이라 하더라도 한결같이 이사비를 요구한다. 역지사지로 생각해보면 쫓겨나가는 마당에 선뜻 집을 비워줄 리가 없다. 그동안 보증금을 떼일까 봐 전전긍긍했었고, 경매가 진행되면서 날아오는 우편물들, 찾아오는 사람들, 불편한 게 한둘이 아니었다. 뭔가 피해에 대한 보상을 받고 싶은 충동이 생기게 마련이다.

임차인이 점유하고 있는 물건은 임차인이 전액 배당받는 경우 배당일까지 기다려 주면 이사 당일 명도확인서와 인감증명서를 건네주면서 동시 이행으로 집을 명도받는다. 세입자 입장에서는 새로운 집을 구하려면 계약금도 필요한데 보증금이 이사 날 지급되는 게 아니라 이사 후 명도확인서를 받아서 배당을 받아야 하니 불편하고 비합리적인 제도다. 그래서 호의적이지 않은 점유자가 더 많다. 그러면 우리는 복잡하고 어려운 명도로 스트레스를 받지 말고 처음부터 명도가 쉬운 물건을 고르면 된다. 임차권 등기, 대항력 포기 물건 중 보증금을 인수하지 않는 이미 공실인 상태의 물건, 명도를 하지 않아도 되는 물건을 찾아서 하면 되는 것이다. 설사 점유자가 있다고 해도 명도에 대한 어려움이 없는 물건이 많다. 명도 난이도는 처음부터 정해져 있다. 명도하기 쉬운 집, 명도하기 어려운 집은 어떻게 골라내는지 알아보자.

**명도하기 쉬운 집**

1. 명도 대상이 없는 공가
2. 전액 배당받는 임차인 물건

**명도하기 어려운 집**

1. 무일푼으로 쫓겨나는 채무자(소유자)
2. 보증금을 날리는 임차인 물건

## 명도 대상이 없는 공가

임장을 가면 사람이 살고 있지 않은 공가는 바로 확인이 가능하다.
가스 계량기를 확인하면 금방 알 수 있다.

전 세대 가스 계량기가 열려 있다.

이사 정산을 하면 가스 계량기를 봉인해 둔다. 밸브를 떼어가기 때문에 3초만에 몇 호가 공가임을 쉽게 확인할 수 있다.

아파트는 관리사무실에서 공가를 확인할 수 있다. 관리사무실에서 이사 내역이 있었는지 확인해보면 알 수 있고, 공실인지 확인이 안 된다고 하면 귀찮아서 가르쳐주기 싫은 것이다. 그때는 지난달 관리비에서 전기, 수도, 가스 사용량만 확인해 달라고 하면 바로 확인이 가능하다.

도시가스와 마찬가지로 전기 계량기가 돌아가지 않으면 사람이 살고 있지 않다는 것이다. 미납 기간이 늘어나면 한전에서 전기를 사용할 수 없게 전기 계량기를 수거해간다. 전기를 사용 못한다는 것은 냉장고를 사용할 수 없다는 것이고 전등을 켤 수 없으므로 사람이 살 수 없는 상태이기 때문에 공실임을 확인할 수 있다.

### 점유자가 사망한 집

IMF 때, 낙찰받은 집 문을 따고 들어갔더니 소유주가 극단적인 선택을 했더라는 식의 이야기를 한 번쯤 들어본 적이 있을 것이다. 가끔 다니다 보면 실제로 비슷한 경우의 이야기를 듣는데 내가 낙찰받

은 물건이 그런 경우가 될 가능성은 거의 없으니 너무 걱정하지 않아
도 된다.

## 단지정보 및 현장조사

| 건설사 | 삼일주택공사 | 총동수 | 7개동 | 총세대수 | 640세대 | 사용승인 | 1994년10월 |
|---|---|---|---|---|---|---|---|
| 최고층 | 15층 | 최저층 | 10층 | 총주차<br>대수 | 525대 | 관리소 | 043-293-1551 |
| 난방방식 | 중앙난방 | 난방연료 | 도시가스 | 면적유형 | 74㎡ | | |
| 주변환경 | 교동초, 상당초, 용암중, 상당고, 한국병원 | | | | | | |
| NAVER 단지정보 | 시세정보 단지정보 평면도 관리비 학군정보 갤러리<br>면적표기 : 옥션원(전용), 네이버(공급) | | | | | | |
| 관리비 등 체납내역<br>(조사일 2019.03.19 현재) | 관리비(금 1,040,000원) | | | | | | |

물건 검색을 많이 하다 보면 임장도 가기 전에 공실임을 예측할 수
도 있다. 미납 관리비가 1년 이상 연체된 금액 정도라면 공실일 확률
이 높다. 관리사무실 관리규약상 어느 정도 미납을 하게 되면 단전,
단수를 한다고 미납 관리비 독촉을 하기 때문에 사람이 살면서 1년
정도의 관리비를 미납하는 경우는 거의 없다. 하지만 사람이 없다고
해서 명도가 무조건 끝난 것도 아니다. 점유자는 집안에 물건을 어느
정도 두고 이사 후에 낙찰자를 기다리고 있는 경우도 있다. 목적은
이사비를 받기 위해서다.

| 물건종별 | 아파트 | 감정가 | 106,000,000원 |
|---|---|---|---|
| 대지권 | 30.838㎡(9.328평) | 최저가 | (64%) 67,840,000원 |
| 건물면적 | 59.94㎡(18.132평) | 보증금 | (10%) 6,790,000원 |
| 매각물건 | 토지·건물 일괄매각 | 소유자 | |
| 개시결정 | 2018-11-15 | 채무자 | |
| 사건명 | 임의경매 | 채권자 | |

오늘조회: 1 2주누적: 0 2주평균: 0 조회동향

| 구분 | 입찰기일 | 최저매각가격 | 결과 |
|---|---|---|---|
| 1차 | 2019-04-08 | 106,000,000원 | 유찰 |
| 2차 | 2019-05-13 | 84,800,000원 | 유찰 |
| 3차 | 2019-06-17 | 67,840,000원 | |

낙찰: 75,800,900원 (71.51%)

(입찰9명,낙찰:(주)에이프릴 / 차순위금액 72,160,000원)

매각결정기일 : 2019.06.24 - 매각허가결정

대금지급기한 : 2019.08.02

대금납부 2019.07.16 / 배당기일 2019.08.22

배당종결 2019.08.22

부동산은 보통 소유자가 사망하면 배우자와 자식들에게 상속이 된다. 그런데 여전히 소유자가 사망한 사람으로 있다면 가족이 없는 분으로 판단할 수 있다. 그럼 명도 대상이 없을 확률이 높다.

위 물건은 자녀가 있었지만 해외에서 거주를 하고 있었고, 채권액 2,400만 원 때문에 경매로 넘어갔던 물건이다.

**2019타경9128** · 청주지방법원 본원 · 매각기일 : 2020.03.23(月) (10:00) · 경매 2계(전화:043-249-7302)

| 소재지 | | | | |
|---|---|---|---|---|
| 새주소 | | | | |
| 물건종별 | 아파트 | 감정가 | 119,000,000원 | |
| 대지권 | 32.345㎡(9.784평) | 최저가 | (64%) 76,160,000원 | |
| 건물면적 | 59.76㎡(18.077평) | 보증금 | (10%) 7,620,000원 | |
| 매각물건 | 토지·건물 일괄매각 | 소유자 | | |
| 개시결정 | 2019-08-05 | 채무자 | | |
| 사건명 | 임의경매 | 채권자 | | |

오늘조회: 1  2주누적: 0  2주평균: 0  조회동향

| 구분 | 입찰기일 | 최저매각가격 | 결과 |
|---|---|---|---|
| 1차 | 2020-01-13 | 119,000,000원 | 유찰 |
| 2차 | 2020-02-17 | 95,200,000원 | 유찰 |
| 3차 | 2020-03-23 | **76,160,000원** | |

낙찰 : 96,230,900원 (80.87%)

(입찰36명,낙찰: /
차순위금액 93,399,999원)

매각결정기일 : 2020.03.30 · 매각허가결정

대금지급기한 : 2020.05.08

대금납부 2020.05.07 / 배당기일 2020.06.18

배당종결 2020.06.18

소유주가 사망했고 내부가 깔끔하게 정리된 물건이었다. 명도가 필요 없는 물건이다.

## 전액 배당받는 임차인 물건

전액 배당받는 임차인도 지인들에게 잘못된 조언을 듣고 낙찰자에게 이사 비용을 요구하는 경우가 많은데, 나는 전액 배당받는 임차인인 경우 이사비를 드리지 않고 있다. 하지만 사람 사이의 문제라 빠른 이사와 내부를 확인했는데 올수리 물건이라든지 메리트 있는 금액으로 낙찰을 받아 처음부터 수익을 본 상황이라면 기분 좋게 이사비를 보태드릴 수도 있다. 그냥 돈으로 주는 것보다 이사비 견적을 받아달

라고 하고 이사업체의 연락처를 받아 이사비를 입금한 후 세금영수증을 받아놓으면 비용 처리도 할 수 있어서 매매 사업자나 법인 사업자인 경우 유용하다.

## 명도를 위한 꿀팁

임차인이 배당을 받으려면 낙찰자의 인감도장이 찍힌 명도확인서와 인감증명서가 필요하다. 일반적으로 관리비, 수도, 전기, 가스비를 전부 정산된 것을 확인하고 주어야 한다. 이삿짐이 다 나간 후에 임대보증금을 빼주는 것처럼 명도확인서 또한 임차인의 짐이 다 빠진 상태에서 주는 것이 좋다. 한전이랑 전화 연결이 안 된다고 이사 후에 꼭 정산한다고 하고 끝까지 깔끔하게 처리를 안 해주는 사람도 있다. 화장실 갈 때랑 나올 때랑 다른 것처럼 명도확인서를 주면 태도가 돌변하는 경우가 가끔 발생한다.

명도에서 가장 중요한 것은 대화법이다. 점유자를 적으로 만들지 않는 대화법을 사용해야 하고, 낙찰자와 점유자 모두에게 유리한 원만한 합의를 이끌어내는 것이 명도를 잘 하는 것이다. 점유자가 요구하는 것을 단칼에 베어서 거절해버린다면 그때부터는 전쟁을 선전포고하는 것과 같다. 아무리 지나친 이사비를 요구하더라도 감정적으로 대응해서는 안 된다.

낙찰자와 점유자는 서로 협의를 해야 하는 대상이지만 절대로 포옹을 할 수 없는 상태다. 즉, 가까워지기 어려운 사이라는 현실을 직시하고 명도를 시작하는 것이 좋다. 점유자를 만나는 것은 사실 긴장되는 일이지만 상대 역시 잔뜩 긴장하고 있을 것이다. 경매로 집을 비워줘야 하는 사람들에게는 저마다 사연이 있다. 자신의 집을 날린다는 원망으로 대놓고 욕설을 하며 무조건 큰소리로 협박을 하면서 분위기가 자칫 험악해질 수도 있는데, 점유자와의 관계를 원만하게 풀어가는 데는 대화를 얼마만큼 잘하느냐에 따라 승패가 달려 있다. 그래서 평소 사람들과의 관계가 둥글둥글한 사람들이 명도 역시 잘 한다.

첫 대면은 아주 중요한데 이때 다양한 유형의 사람들을 만난다. 음료수를 내오고 과일을 깎아주는 사람도 가끔 있지만 그런 경우는 아주 드물다. 눈물을 뚝뚝 흘리며 자신의 인생을 구구절절 하소연하는 사람도 있고, 친절한 태도를 보이다 갑자기 악마처럼 돌변하는 사람도 있다. 만나기를 꺼려해서 찾아오지 말라고 하는 사람도 있고, 연락을 안 받고 슬슬 피하는 사람도 있다. 이렇게 다양한 점유자들은 한가지 공통점이 있는데, 그것은 낙찰자에게 돈을 요구한다는 것이다.

첫째, 점유자의 얘기를 경청하면서 들어줘라. 법원으로부터 집으로 많은 우편물이 왔었고 배당을 신청하러 법원을 방문해야만 했다. 수많은 사람들이 초인종을 눌러대서 초인종 소리에 노이로제가 걸렸다. 누군가 찾아오면 숨소리를 줄이고 집에 아무도 없는 척을 하면서 극심한 스트레스에 시달렸다. 보증금을 배당받지 못하고 엄청난 손해를 보는 불편한 상황들을 이해하며 그들의 입장에서 입장 바꿔 생각할 필요가 있다. 안타까운 마음으로 아무 말 없이 들어주는 것만으로도 원만한 합의를 유도해 낼 수 있다.

둘째, 점유자가 원하는 것은 결국 돈이다. 명도에 대한 답은 사실 아주 간단하다. 점유자가 요구하는 돈을 주면 바로 끝난다. 하지만 전액 배당받는 임차인에게 이사비를 줄 필요는 없고 지나치게 많은 이사비를 더 줄 필요도 없다. 이사비는 일종의 보상 심리로 한 번 던져보는 사람도 있고, 이사 갈 집을 계약할 계약금이 문제돼 빨리 나가고 싶지만 어려움이 있는 문제를 잘 해결해주면 쉽게 명도가 완료되기도 한다. 점유자의 유형이 다양한 만큼 대응 방법도 제각각이다. 중요한 것은 점유자에게 끌려다니면 안 된다는 것이다.

셋째, 적정한 명도 비용은 얼마일까? 이사비는 절대 먼저 제시하지 말자. 명도를 하면서 마지막 단계 강제집행까지 진행하는 경우는 극히 드물지만 강제집행을 한다는 생각으로 이사비를 책정하면 그만큼 시간을 번 것이기 때문에 적당한 명도 비용을 산출할 수 있다. 하지만 막상 강제집행을 할 때 짐이 하나도 없는 상태라면 강제집행 비용 또한 그렇게 많이 들지 않는다. 그래서 평당 얼마씩 계산해 30평 아파트라면 집행 비용이 300만 원 든다고 계산할 수도 있지만, 점유자와 이사비에 대해서 대화도 나누지 않은 상태에서 먼저 "이사비 300만 원 드릴게요"라고 이야기하면 절대 안 된다. 마치 어렸을 적 어린이대공원에 놀러가서 불량배 형들을 만났을 때를 생각하면 쉽다.

"야! 너 얼마 있어?"

"형님들 얼마 필요하신데요?"

이렇게 말하는 순간 돈 다 털리는 것이다.

먼저 이사비를 제시하는 순간 그 밑으로 협의가 될 가능성은 제로가 된다. 협상이라는 것은 결국 나에게 유리하게 이끌어내기 위한 싸움이다. 그러므로 첫 제안이 한 번에 수락될 가능성은 거의 없다. 금액과 조건이 어떤 것이든 협상이 진행되면 그 첫 기준에서 서로 깎거나 더 붙이려는 밀당이 시작된다.

점유자와의 입장 차이가 명확하게 다르다는 것을 기억해야 한다. 낙찰자가 명도 스트레스를 받지 않고 돈으로 쉽게 해결하려고 충분하다고 생각하고 300만 원을 제시했다고 해보자. 낙찰자는 점유자를 위해 충분한 이사비용을 제안했기 때문에 점유자가 감사해하며 순조롭게 협상에 응할 것이라 생각하지만, 이것은 나만의 착각이라는 사실을 금방 알게 된다.

우리 인간은 참 간사한 동물이다. 100만 원을 준다고 하면 200만 원을 부르고, 300만 원을 준다고 하면 500만 원을 달라고 하는 게 우리 인간의 마음이다. 이사하고도 남는 비용을 준다고 생각하지만 점유자는 낙찰자가 내 집을 얼마나 싸게 낙찰받았는지를 이미 알고 있다. 낙찰가를 모르는 점유자는 낙찰자와의 첫 만남에서 얼마에 낙찰을 받았는지를 제일 먼저 물어본다. 싸게 낙찰받은 만큼 바라는 금액은 커지게 된다. 대놓고 얼마를 벌었는데 이사비는 이 정도는 줘야 하는 거 아니냐며 노골적으로 금액을 얘기한다. 장난하냐, 이게 얼마짜리 집인데, 욕을 한 바가지를 퍼부을 수도 있다. 멱살 잡혀서 질질 끌려나갈 수도 있다. 그리고 그 순간 고심 고심해서 주기로 한 이사비

300만 원은 협상의 최저점이 되고 만다.

구체적인 금액을 절대 먼저 제시하면 안 된다. 이사비라는 단어를 먼저 입 밖으로 꺼내면 안 된다. 감정적이 돼서 기분 나쁜 말투로 얘기해서는 안 되지만, 법적으로 낙찰자가 이사비를 줄 의무는 없다는 것을 확실하게 인지시켜주는 게 명도비 협상의 시작임을 잊지 말자.

"이사비는 얼마를 줄 거예요?"라는 말에 내가 생각하는 금액이 300만 원이라면 100만 원을 제안해야 한다. 내가 생각하는 금액이 100만 원이라면 아예 이사비를 드리는 게 힘들 거라고 얘기하는 것이다. 그렇게 얘기하면 감정적으로 돌변해서 나가라고 하는 점유자도 있다. 그러면 이제 슬슬 이사비 얘기를 꺼내는 것이다.

"보증금을 배당받으시는 임차인분들에게는 이사비를 드리지 않습니다. 하지만 조금 빨리 이사해주시면 50만 원 정도 이사비는 지원해드리겠습니다."

이렇게 접근해야 한다. 이때부터가 협상이다. 분명 점유자는 이사비를 조금 더 줄 수 없는지 물어올 것이다.

"한 달 안에 이사를 해주시면 100만 원까지 드리고, 두 달이 걸리시면 50만 원을 드리겠습니다. 그리고 제가 소유권 이전을 한 후에는 반대로 선생님이 저한테 월세를 주셔야 하고 이사비는 드릴 수가 없을 것 같아요. 죄송합니다."

이렇게 얘기하면 점유자는 최대한 빨리 나가는 게 이득임을 인지하게 된다.

점유자가 치매 어르신일 수도 있고 점유자의 사정이 딱하다면 이사비를 더 많이 드릴 수도 있다. 반대로 점유자가 약속을 지키지 않거나 무례하게 나온다면 공격적으로 명도를 할 수도 있는 것이다. 이 모든 것이 낙찰자의 재량이다.

넷째, 점유자가 이겼다고 느끼게 해줘야 한다. 경쟁 구도에 있는 대회, 경기, 게임에서 가장 기분 좋은 순간은 승리를 거머쥐고 이겼을 때다. 명도라는 게임에서도 내가 이겼다고 생각이 들어야 기분이 좋고, 지면 우울해진다. 이사비를 한 푼도 주지 않고 점유자를 내보낸다고 계획하면 낙찰자가 이겼고 점유자는 자신이 졌다고 생각한다. 집을 부셔놓거나 관리비를 정산하지 않고 나갈 수도 있다. 계란 한 판을 시원하게 바닥에 깨놓고 나갈 수도 있고 화장실 변기에 낙찰자에게 메시지를 남기고 나갈 수도 있다.

이사비가 부족하다는 생각이 들면 본인이 달았다는 전등 비용을 요구하거나 도어락을 떼어간다는 말이 반드시 나온다. 에어컨을 놓고 갈 테니 사달라고 하는 사람도 있다. 금액으로 보면 소소한 요구들이다. 그들이 그런 요구를 하는 게 돈 때문이라고만 생각하지는 말자. 그들이 원하는 것을 하나도 들어주지 않으면 더 크게 손해를 볼 수도 있다는 사실을 잊지 말자. 내 입장만 생각하면 한 푼도 안 주는 게 맞다. 하지만 상대방 입장에서 생각해보면 쉽게 이해할 수 있다. 점유자가 이사를 하면서 이겼다고 느끼게 해주자.

## 명도의 기본 원칙

최소 비용, 최단 시간, 감정적으로 대응하지 않고 원만하게 점유자를 내보내는 것이 베스트다. 소유권 이전을 하는 순간부터 대출이 실행되고 대출이자가 발생된다. 시간이 돈이라는 것을 인지하고, 눈앞의 비용보다 명도 이후의 수익을 생각해 합리적인 방향으로 이끌어 나가자.

### 명도의 고수가 되려면 기억해야 하는 것들

1. 말보다는 글, 서류를 적극적으로 활용하자

2. 상대방이 거절할 수 없는 제안을 하라

3. 이사비는 절대 먼저 제시하면 안 된다

4. 이사비는 강제집행 비용 이하로 잡는다

낙찰을 받고 잔금을 납부하면 해당 부동산의 법적 소유자는 나다. 내 집을 내가 사용하기 위해서는 지금 현재 내 집을 점유하고 있는 점유자를 보내야 하는 명도를 해야 하는데, 낙찰자가 사용할 수 있는 무기들이 있다.

# 명도를 위한 낙찰자의 무기들

명도확인서와 인감증명서, 내용증명, 인도명령, 점유이전금지가처분, 강제집행

## 명도확인서와 인감증명서

임차인 중 전액 배당을 받아가는 임차인은 배당을 받기 위해 필요한 서류가 있다. 바로 낙찰자의 명도확인서와 인감증명서이다. 그런데 임차인이 이사를 가기 위해서는 새로운 집을 계약할 계약금이 필요하다. 그래서 가끔 이사하기 전에 명도확인서와 인감증명서를 요청하는 경우가 있다. 하지만 이 요구는 절대 들어주면 안 된다. 명도가 완전히 끝나기 전에 내 칼자루를 내주게 되면 그걸 쥔 사람의 마음이 바뀔 수도 있는 것이다. 이사 일을 차일피일 미루다가 감정 다툼으로 이어질 수도 있다. 임차인이 아무리 부탁을 하더라도 명도확인서와 인감증명서는 이삿짐이 다 빠지고 관리비, 모든 공과금 정산이 완료되어야만 지급할 수 있다고 단호하게 말해야 한다. 사람은 화장실 갈 때와 나올 때가 다르다는 것을 잊지 말자.

# 내용증명

　내용증명은 직접 점유자와 대면하지 않고 점유자가 그동안 법원에서 받은 법원 서류와 같은 느낌으로 심리적 압박을 할 수 있다. 말로 백 번 하는 것보다 서류로 받으면 여러 차례 읽어보면서 점유자가 내용을 이해하기에도 좋다. 내용증명은 우체국에서 우편물의 내용과 날짜를 증명해 주는 것인데, 잘 활용하면 명도를 수월하게 진행시켜 준다. 발송한 내용증명을 증거 자료로 활용할 수도 있지만 단순히 점유자에게 의사를 전달하고 압박을 가해 합의를 이끌어내는 용도라면 다음과 같이 발송하는 게 좋다. 내용증명은 정해진 양식이 따로 없어서 기본으로 육하원칙에 따라 전달하고자 하는 내용을 알기 쉽게 적으면 된다. 내용증명을 받아서 답장을 주듯 발신인과 수신인이 편지처럼 주고받는 경우도 있다. 내용증명 양식은 검색하면 쉽게 찾을 수 있다. 양식을 받아 수정해 사용하면 된다.

# 내 용 증 명

제목 : 경매 낙찰 부동산 잔대금 납부 예정에 따른
이주계획 수립 촉구 및 유의사항 알림


발신 : 서울시 강동구 ○○동 ○○아파트 ○○○-○○○
발신인 : 채원별님(최고가 매수신고인(낙찰자, 이하 본인))

수신 : 경기도 ○○시 ○○동 ○○아파트 ○○○-○○○
수신인 : 홍길동

경매목적 부동산의 표시 : 경기도 ○○○
경매사건번호 : 수원지방법원 2024타경 ○○○○

발신인은 2024년 ○월 ○일 수원지방법원 본원에서 진행된 2023타경○○○○ 부동산 경매사건에서 상기 부동산을 낙찰받고 법률사무소를 통해 소유권이전을 준비중인 최고가 매수신고인입니다.

본 부동산의 명도(퇴거)와 관련 진행사항에 대해 알려드리는 바이며 향후 명도 등과 관련한 절차상 착오로 인하여 수신인이 민형사상 불이익 또는 사회적 위신 등의 손상이 없도록 각별히 유의하시기 바랍니다.


- 아 래 -


1. 발신인은 수원지방법원이 지정한 대금 지급 기한 중 낙찰받은 해당 부동산의 잔금을 수신인의 새로운 거주지를 마련하는데 걸리는 시일 등 수신인의 개인 사정을 고려하여 완납할 예정으로 현재 매각잔대금과 소유권이전에 필요한 모든 준비를 끝마친 상태입니다.

2. 발신인은 경매 강제매각건의 소유권 취득시기를 규정한 민사집행법 제135조에 따라 잔대금 완납 즉시, 즉 소유권을 취득하게 되어 수목 권리인 등기부와 관계없이 잔대금 완납일을 기준으로 상기 부동산의 완전한 소유권자가 됩니다.

3. 이에 따라 본 경매사건의 점유자인 홍길동님을 포함하여 가족분들께서 낙찰자의 잔금 완납일 이후에 낙찰자의 협의 없이 상기 부동산을 점유하고 계속 거주할 경우 이는 명백한 무단점유(불법점유)로 간주되어 최악의 경우 형법 제319조(주거침입 및 퇴거불응), 형법 제366조(부동이탈), 형법 제315조(경매, 입찰의 방해) 등의 조항에 저촉되어 형사처벌(벌금, 구속)의 대상이 될 수 있음을 알려드립니다.

4. 소유권 이전과 동시에 점유자 전원은 위 부동산에서 이사 나가는 날까지 법적 구제절차 사유로 부동산 가액의 연 20%에 해당하는 월세를 받을 것이며 명도지연 손해금으로 귀하의 재산에도 압류, 기타 집행 비용을 청구할 것 또한 부동산 인도 강제집행을 법원에 청구할 것입니다.

5. 참고로 말씀 드리면 요즘 경매법은 민사집행법으로 바뀌어 소송 없이 간단하게 인도명령에 의해 귀하 거주지의 모든 살림을 순식간에 들어내는 집행을 할 수 있게 되어 있습니다. 본 내용증명 수신 후에도 연락이 없으실 시 협의의사가 없음으로 간주하고 소유권 이전 즉시 집행을 신청할 것입니다. 귀하께서 불필요한 비용과 시간을 낭비하지 않도록 상기 부동산에 대한 기한 내 명도를 진심으로 바라옵니다.

6. 아울러, 부동산 명도는 수신인을 포함한 ①점유자/동물의 완전 퇴거와 해당 부동산 열쇠의 시건장치의 전달, ②수신인의 등기 이전, ③관리비/전기세/수도세/가스요금의 정산, ④부동산 및 부실부분에 대한 손상 여부 확인이 포함됩니다.

7. 이사계획의 구체사항(이사 날짜 등)이 정해지면 발신인에게 즉시 통보해 주시기 바랍니다. 발신인과 수신인이 서로 돕는 가운데 모든 일이 원만하게 마무리되기를 간절히 바라오며, 귀댁의 건승과 건강을 기원합니다.

20○○년 ○○월 ○○일

발신인 : 채원별님
연락처 : 010-○○○○-○○○○
(부재시 문자주시면 연락드리겠습니다.)

상단에 발신인과 수신인의 주소와 이름을 적는다. 내용증명은 상황에 맞춰 보내는 타이밍이 있는데 점유자를 만나기 전과 만난 후, 그리고 합의가 원만하게 진행되지 않을 때 최후통첩처럼 보내면 된다.



낙찰 물건에 방문해 점유자를 만나고 왔다면 나눴던 대화 내용을 정리해 다시 한번 상기시켜 주는 게 좋다. 언제까지 이사를 가겠다고 얘기했다면 날짜를 넣어 기록하면 좋다. 이사 날짜에 따른 이사비 내용도 언급하면 점유자는 바로 움직이게 되는 것이다.

내용증명의 목적은 점유자에게 현재 상황을 직시시켜주는 것이다. 같은 내용증명을 3부 프린트해 우체국에 가져가면 세 장을 나란히 놓고 도장을 찍어준다. 1부는 우체국에서 보관하고, 1부는 받는 사람(수신인)에게 등기우편으로 발송하고, 나머지 1부는 보내는 사람(발신인)이 보관용으로 돌려받는다. 이때 등기우편은 부재중으로 반송되는 경우가 많다. 그래서 일반우편으로 편지봉투에 넣어 같이 보내면 좋다. 등기우편은 반송되었지만 우편함에는 일반우편으로 내용증명이 들어가 있어서 점유자가 우편함을 열어보고 확인할 수 있다.

5. 참고로 말씀 드리면 요즘 경매법은 민사집행법으로 바뀌어 소송 없이 간단하게 인도명령에 의해 귀하 거주지의 모든 살림을 순식간에 들어내는 집행을 할 수 있게 되어 있습니다. 본 내용증명 수신 후에도 연락이 없을 시 협의 의사가 없음으로 간주하고 소유권 이전 즉시 집행을 신청할 것입니다. 귀하께서 불필요한 비용과 시간을 낭비하지 않도록 상기 부동산에 대한 기한 내 명도를 진심으로 바라는 바입니다.

명도 소송 없이 간단하게 모든 살림을 순식간에 들어내는 강제집행 이야기를 하면서 극단적인 상황을 인지시켜줘야 한다.

8. 아울러, 부동산 명도는 수신인을 포함한 ①점유자/물품의 완전 퇴거와 해당 부동산 ②출입 시건장치의 전달, ③수신인의 등기 이전, ④관리비/전기세/수도세/가스요금의 정산, ⑤부동산 및 구성부품에 대한 손상 여부 확인이 포함됩니다.

명도를 하다 보면 약속을 안 지키는 사람들이 많다. 언제까지 이사를 하겠다고 약속해놓고 날짜가 계속 미뤄진다. 재계약을 하기로 하고서는 갑작스럽게 이사를 해야 할 것 같다고 마음이 바뀌어 연락이 온다. 이사 당일에는 공과금 정산 역시 제대로 하지 않는다. 한전에 전화 연결이 안 돼서 정산을 할 수 없다, 미리 가스 정산을 신청했어야 했는데 내일 온다고 해서 내일 꼭 정산한다면서 그 뒤로 연락을 피하기 시작한다. 그래서 그냥 부동산 사장님처럼 정산을 다 해놓고 입금을 받는 게 마음이 편할 수도 있다. 미리 내용증명에 퇴거에 대한 내용을 넣어두고 관리비, 공과금 정산이 제대로 이루어지지 않으면 이사비를 지급하지 않겠다고 언급해 두자.

## 점유자가 잠수를 탔다면

점유자가 공과금 정산을 하지 않고 잠수를 타는 경우 해결 방법이 있다. 전화를 피하는 점유자에게 계속 전화하고 문자를 보내봤자 묵묵부답이고 속만 탄다. 이럴 때는 스트레스 받지 말고 이렇게 해보자. 한전 사이트에서 민원 서식에 들어가보면 전기사용계약신청서가 있다. 내려받아 신분증 앞뒷면, 등기부등본 경매개시일, 소유권 이전 부분을 팩스나 이메일로 보내주면 미납되어 있는 요금은 전 사용자에게 승계되고 새로운 사용자에게는 더 이상 미납 요금을 청구하지 않는다. 즉 체납된 전기요금은 낙찰자에게 승계되지 않고 사라진다. 아파트 미납 관리비를 낙찰자가 인수하지만 공용 관리비만 인수하는 것과 같은 것이다.

서류를 보내는 것이 번거로우면 한전이나 수도사업소에 이렇게 얘기해보자. 현재 상황을 잘 설명하고 점유자에게 연락해 독촉 한 번 해달라고 하면 흔쾌히 또 해주신다. 사람 사는 세상에 말 한마디로 몇 시간을 아껴주고 천 냥 빚을 갚게 해준다. 부동산 투자에서는 말 한마디로 몇 천만 원, 몇 억이 왔다 갔다 하는 세상이다. 미납 요금을 납부하지 않으면 재산에 압류가 들어가고 이사한 집 수도도 단수될 거라고 압박하면 보통 대부분 입금을 바로 한다고 한다.


## 인도명령


점유자가 다른 사람 소유가 된 부동산을 점유하고 있을 권리가 더 이상 없으므로 이를 낙찰자, 새로운 소유자에게 즉시 인도하라고 법원에서 명령을 내리는 것, 말 그대로 인도를 명령하는 것이 인도명령이다. 인도명령은 잔금 납부 후 6개월이 지나면 신청할 수 없다. 가끔 부동산 경매를 잘 알거나 잘 아는 사람에게 코칭을 받는 점유자들 중에는 시간 끌기 작전을 하는 사람들이 있다. 점유자의 얼굴만 봐서는 이 사람이 뒤로는 다른 생각을 하고 있구나라는 것을 알 수가 없다. 그래서 낙찰자는 잔금을 납부하면서 동시에 필수로 인도명령을 신청해야 한다. 그래야 만약에 일어날 사태를 미연에 방지할 수 있는 것이다. 은행에서 경락잔금대출을 받고 잔금 납부를 하면서 소유권 이전을 해주는 법무사사무실에 무료 서비스로 인도명령 신청을 요청하면 된다. 신청 후 인도명령이 결정되고 인도명령결정문이 법원에서 등기우편으로 낙찰자와 점유자 모두에게 송달된다. 협상이 잘 이루어지지 않던 점유자도 인도명령이 법원에서 날아오면 이제는 이사를 해야 하는구나라고 상황 판단을 하기 시작한다. 인도명령 결정문은 명도의 최후 수단인 강제집행 신청에 필요한 서류이므로 잘 보관해야 한다.

## 점유이전금지 가처분 신청

점유이전금지 가처분이란 해당 부동산에 살고 있는 점유자의 이전을 금지하는 것이다. 인도명령 결정문을 보내는 것까지는 비교적 평화로운 명도 과정이다. 인도명령 결정문을 받고도 점유자가 이사를 하지 않는다면 마냥 계시고 싶은 만큼 편하게 있다가 나가세요라고 할 수는 없는 노릇이다. 왜냐하면 소유권 이전 이후 경락잔금대출이 실행되면서 대출이자가 발생하고, 월세를 받지 않으면 내가 생돈으로 대출이자를 내야 한다. 그래서 계속 집을 비워주지 않는다면 어쩔 수 없이 강제집행을 신청할 수밖에 없다. 강제집행을 진행하기 위해서는 법적 절차를 진행시키기 위해 반드시 송달 과정이 필요하다. 앞으로 어떤 법적 절차가 진행될 것이라는 것을 상대방에게 문서로 사전에 미리 알리는 것이다. 그런데 송달이 이루어졌는데 서류에 기재된 사람과 실제 점유하고 있는 사람이 일치하지 않는다면 송달은 이루어지지 않는 것이고 법적 절차는 진행되지 않고 한없이 지연된다. 실제로 이를 악용해 낙찰자를 괴롭히는 사람들도 있다.

## 의도적인 전입으로 낙찰자를 괴롭힌 사례

낙찰자와 협의가 잘 되지 않아 전액 배당받는 임차인임에도 불구하고 감정적으로 나와서 내용증명으로 앞으로의 일정을 잘 정리해 보냈었다. 점유자는 실제로 입찰을 들어왔었고 비싸게 낙찰을 받았다며 낙찰자가 자신의 기회를 뺏어갔다고 못마땅해하고 있었다. 자신이 부동산 경매에 대해 아주 잘 알고 있다고, 명도는 아주 오랜 시간이 걸릴 거라고 힘들 거라며 으름장을 놓았다. 잔금 납부를 하면서 점유이전금지 가처분 신청을 했어야 했는데 전액 배당받는 임차인이라 명도가 수월할 거라 판단해 하지 않았다. 법무사사무실에도 인도명령을 요청하지 않으면 해주지 않는다. 그게 큰 화근이었다. 새로운 전입을 넣을 것이라고는 꿈에도 생각하지 못한 채 법원에 가서 강제집행 신청을 했다. 내용증명을 보내면서 압박한다고 생각했지만 점유자는 내 움직임에 맞춰 비웃듯 다른 사람을 전입시켰다.

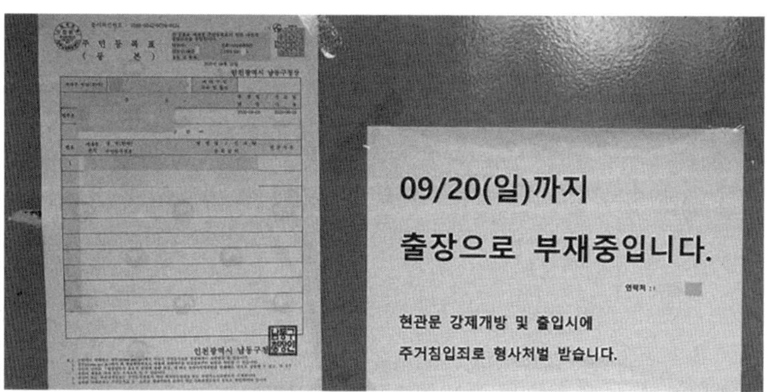

다시 원점으로 돌아가 인도명령부터 다시 시작해야 하는 상황이 되었다. 송달 역시 쉽게 되지 않았고 점유자에게 수차례 전화와 문자로 협상을 시도해보았지만 연결이 되지 않았다.



문자의 답장은 딱 한 번 받았고, 이미 점유자가 원하는 것은 돈이 아니라 나를 골탕먹이는 게 목적이었다. 7개월 만에 강제집행으로 문을 따고 들어가면서 명도를 완료했다.

점유이전금지가처분은 현재 점유자의 이전을 금지하도록 가처분을 받아놓으면 설령 점유자가 다른 이로 되어 있더라도 그 효력이 미치기 때문에 추후 강제집행을 진행하는 데 문제가 되지 않는다.

## 강제집행

강제집행이란 말 그대로 강제로 집행한다는 것이다. 점유자와 협의가 잘 되지 않고 내용증명, 점유이전금지가처분, 인도명령 등의 법적 절차를 계속 밟았음에도 점유자가 끝내 집을 비워주지 않는다면 강제집행을 할 수밖에 없다.

**강제집행 절차**

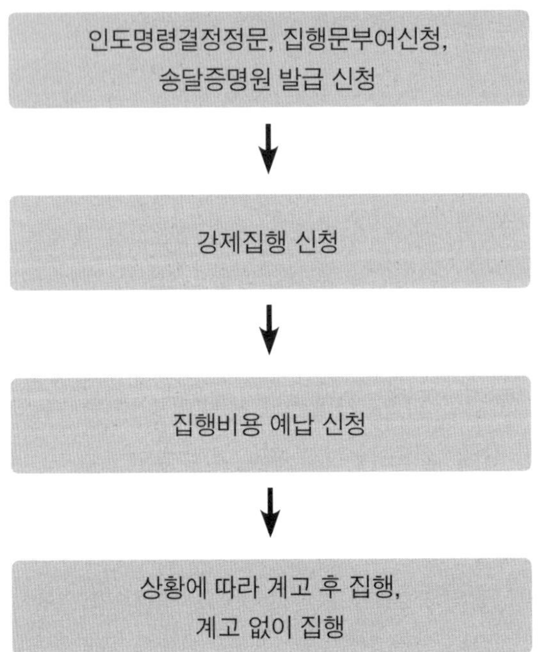

강제집행 신청을 하기 위해서 법원 민사집행과에서 서류 발급이 필요하다.

인도명령결정문

집행문부여신청

강제 집행 현장

송달증명원을 발급받아 집행관 사무실에 가서 강제집행 신청서를 작성해 접수하고 집행비 예납하면 끝이다. 법원은 모든 서류를 발급할 때마다 현금을 받지 않고 인지를 붙인다. 법원 내 은행에서 인지를 구입할 수 있다.

### 첫째, 송달증명원, 인도명령결정정본, 집행문 발급받기

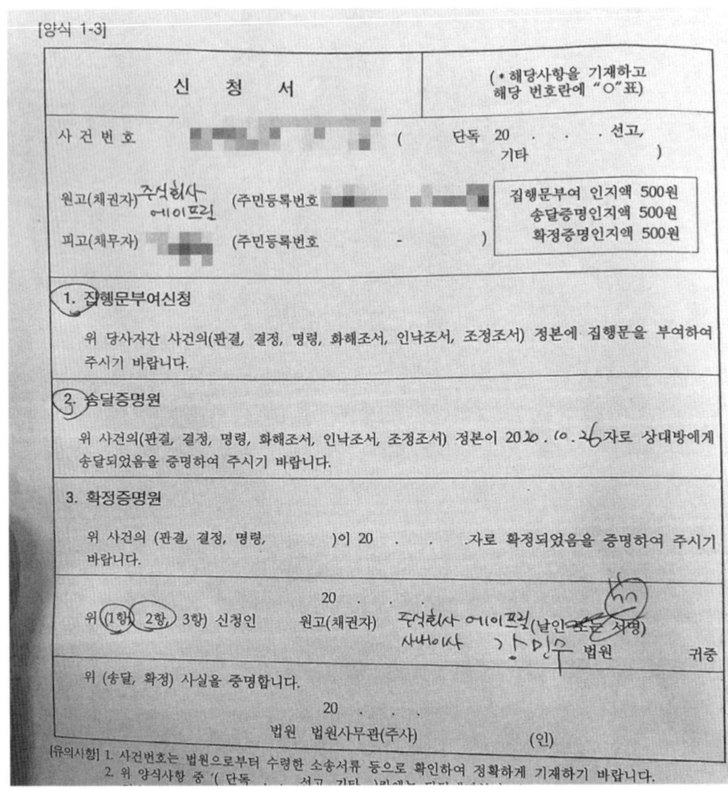

송달증명원신청서

행문부여신청과 송달증명원을 신청한다. 송달증명원은 점유자가
인도명령 결정문을 송달받았음을 증명하는 서류인데 해당 경매계에
서 송달증명원 신청서를 작성해 발급받으면 된다.

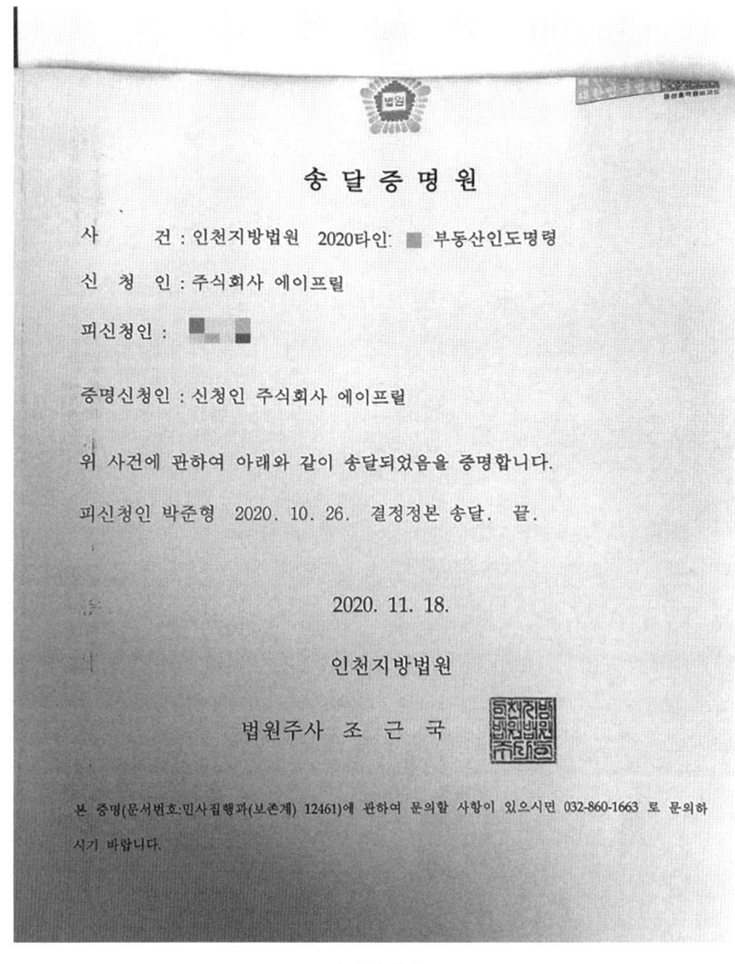



송달증명원

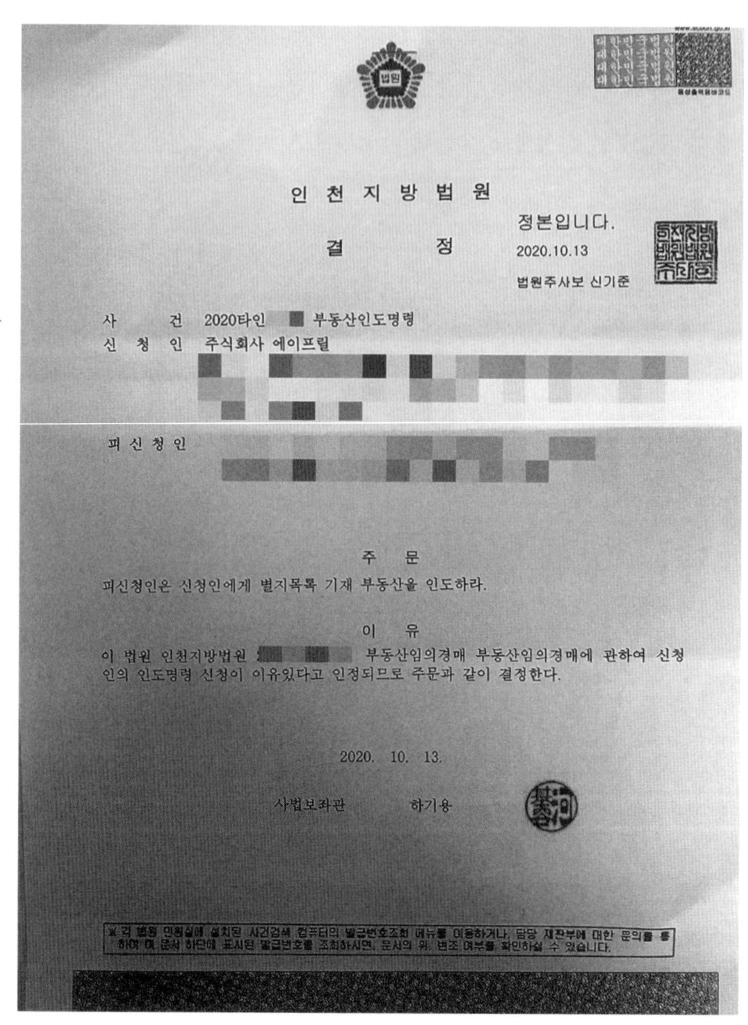



인 천 지 방 법 원

결          정

정본입니다.
2020.10.13
법원주사보 신기준

사      건    2020타인 ▨ 부동산인도명령
신 청 인    주식회사 에이프릴

피 신 청 인

주      문
피신청인은 신청인에게 별지목록 기재 부동산을 인도하라.

이      유
이 법원 인천지방법원 ▨▨▨ 부동산임의경매 부동산임의경매에 관하여 신청
인의 인도명령 신청이 이유있다고 인정되므로 주문과 같이 결정한다.

2020.  10.  13.

사법보좌관          하기용

※각 법원 민원실에 설치된 사건검색 컴퓨터의 발급번호조회 메뉴를 이용하거나, 담당 재판부에 대한 문의를 통
하여 이 문서 하단에 표시된 발급번호를 조회하시면, 문서의 위·변조 여부를 확인하실 수 있습니다.

인도명령결정정본

# 집 행 문

사 　　　 건 : 인천지방법원　2020타인　████ 부동산인도명령

이 정본은 피신청인 ████(주민등록번호 미소명)에 대한 강제집행을 실시
하기 위하여 신청인 주식회사 에이프릴████████에게 내어 준다.

2020. 11. 18. 

인천지방법원

법원주사　　　　조 근 국 

◇ 유 의 사 항 ◇

1. 이 집행문은 판결(결정)정본과 분리하여서는 사용할 수 없습니다.

2. 집행문을 분실하여 다시 집행문을 신청한 때에는 재판장(사법보좌관)의 명령이 있어야만 이를 내어줍니다
   (민사집행법 제35조 제1항, 법원조직법 제54조 제2항). 이 경우 분실사유의 소명이 필요하고 비용이 소요
   되니 유의하시기 바랍니다.

3. 집행문을 사용한 후 다시 집행문을 신청한 때에는 재판장(사법보좌관)의 명령이 있어야만 이를 내어줍니
   다(민사집행법 제35조 제1항, 법원조직법 제54조 제2항). 이 경우 집행권원에 대한 사용증명원이 필요하고
   비용이 소요되니 유의하시기 바랍니다.

4. 집행권원에 채권자·채무자의 주민등록번호(주민등록번호가 없는 사람의 경우에는 여권번호 또는 등록번호,
   법인 또는 법인 아닌 사단이나 재단의 경우에는 사업자등록번호·납세번호 또는 고유번호를 말함. 이하
   '주민등록번호등'이라 함)가 적혀 있지 않은 경우에는 채권자·채무자의 주민등록번호등을 기재합니다.

집행문

## 둘째, 강제집행 신청서 작성하기

발급받은 송달증명원, 인도명령결정정본, 집행문을 가지고 집행관
사무실에 가서 비치된 강제집행 신청서를 작성해 접수하면 된다.

# 인 천 지 방 법 원
## 강 제 집 행 신 청 서

인천지방법원 집행관사무소 집행관 귀하

<table>
<tr><td rowspan="3">채권자</td><td>성 명</td><td colspan="2">주식회사 에이프릴</td><td>주민등록번호<br>(사업자등록번호)</td><td></td><td>전화<br>번호</td><td></td></tr>
<tr><td>주 소</td><td colspan="5"></td><td>핸드폰</td><td></td></tr>
<tr><td>대리인</td><td>성명</td><td></td><td>주민등록번호</td><td></td><td>전화<br>번호</td><td></td></tr>
<tr><td rowspan="2">채무자</td><td>성 명</td><td colspan="2"></td><td>주민등록번호<br>(사업자등록번호)</td><td></td><td>전화<br>번호</td><td></td></tr>
<tr><td>주 소</td><td colspan="6"></td></tr>
</table>

| 집행목적물 소재지 | 채무자의 주소지와 같음 (※다른 경우에만 아래에 기재함) |
|---|---|

<table>
<tr><td rowspan="4">집행권원</td><td>1. 인천지방법원<br>1.　　지방법원　　　지원<br>1. 공증인가 법무법인　종합법률사무소 작성</td><td colspan="2">년　　　　　호</td></tr>
<tr><td rowspan="2">집행력있는</td><td>1.판결 1.인낙조서 1.화해조서 1.조정조서 1.이행권고결정<br>1. 지급명령 1. 공정증서 1. 심판 1. 인도명령<br>1. 가압류결정 1. 가처분결정 1. 경매개시결정</td><td rowspan="2">정본</td></tr>
<tr></tr>
</table>

| 집행의 목적물 및<br>집 행 방 법 | 동산압류, 동산가압류, 동산가처분, 부동산점유이전금지가처분, 건물명도,<br>철거, 부동산인도, 자동차인도, 기타(　　　　　　　　　　) |
|---|---|

| 청 구 금 액 | 원금 | 원 (이자내역은) | 1. 뒷면과 같음<br>2. 집행권원과 같음<br>3. 이자 청구 안함 |
|---|---|---|---|

위 집행권원에 기한 집행을 하여 주시기 바랍니다.

20 20.　11.　18.

※ 첨부서류
1. 집행권원　　1통
2. 송달증명서　1통
3. 위임장　　　1통

채권자　주식회사 에이프릴
　　　　사내이사 강민수 (인)
대리인

## ※특약사항

1. 본인이 수령할 예납금잔액을 본인의 비용부담하에
   오른쪽에 표시한 예금계좌에 입금하여 주실것을
   신청합니다.

   채권자(대리인)　주식회사 에이프릴
   　　　　　　　　사내이사 강민수 (인)

| 예금계좌 | 개설은행 | |
|---|---|---|
| | 예금주 | |
| | 계좌번호 | |

2. 집행관이 계산한 수수료 기타 비용의 예납통지 또는 강제집행 속행의사 유무 확인 촉구를 2회
   이상 받고도 채권자가 상당한 기간 내에 그 예납 또는 속행의 의사표시를 하지 아니할 때에는
   본건 강제집행 위임을 취하한 것으로 보고 종결처분하여도 이의 없습니다.

   채권자(대리인)　주식회사 에이프릴
   　　　　　　　　사내이사 강민수 (인)

주　1. 굵은선으로 표시된 부분은 반드시 기재하여야 합니다. (금전채권의 경우 청구금액 포함)
　　2. 채권자가 개인인 경우에는 주민등록번호를, 법인인 경우에는 사업자등록번호를 기재합니다.

강제집행신청

## 셋째, 집행비용 예납하기

신청서를 접수하면 접수증을 발급해준다. 집행비용 예납금으로
약 151만 원을 납부했다. 실제 들어가는 비용을 예납하고 비용이 들
지 않으면 환급해 준다.

집행관사무소

### 납 부 서 (은행제출용)

| | 실 명 확 인 | ( 인 ) |

| 집행관사무소 | 인천지방법원 | 사 건 번 호 | 2020본 |
| 납부금 종류 | 추가 예납(01) | 은행관리번호 | |
| 납부금액 | 금 1,510,000 원 | | |

**납부자**

| 성 명 | (주)에이프릴 | 주민등록번호 (사업자등록번호) | |
| 전화번호 | | 우편번호 | |
| 주 소 | | | |
| 잔액환급계좌 | 우리은행  10056******** ( 예금주 : (주)에이프릴 ) | | |

**대리인**

| 성 명 | | 주민등록번호 (사업자등록번호) | |
| 전화번호 | | 우편번호 | |
| 주 소 | | | |

위의 금액을 납부합니다.

2020 년 12 월 23 일

납부자 (주)에이프릴 (인)

대리인 (인)

< 유의사항 >

1. 납부시 실명확인을 위하여 필요하오니 납부자의 주민등록증(대리인 납부시에는 대
   리인의 주민등록증)을 지참하시기 바랍니다.
2. 집행관 매각대금 및 매수신고보증금 납부시, 「납부자」란에는 매수인 또는 매수
   신고 보증금 납부자의 성명 등을 기재하고 「납부당사자 기명날인」란에는 대리인
   집행관 ○○○라고 표시하며, 아래에 경매물건 소유자의 성명, 주민등록번호(법인
   의 경우 사업자등록번호), 주소를 기재하여야 합니다.
3. 납부는 법원별 지정 취급점 또는 은행 타취급점에 납부하시기 바랍니다.

| 성 명 | | 주민등록번호 (사업자등록번호) | |
| 주 소 | | | |

강제집행예납납부서

집행관사무소

## 접 수 증 (집행비용 예납 안내)

| 사건번호 | 2020본 | 사 건 명 | 부동산인도 |
|---|---|---|---|
| 구 분 | 추가 예납 | 담 당 부 | 2부 |
| 채권자 성 명 | (주)에이프릴 | 주민등록번호<br>(사업자등록번호) |  |
| 채권자 주 소 |  |  |  |
| 채무자 성 명 |  | 주민등록번호<br>(사업자등록번호) |  |
| 채무자 주 소 |  |  |  |
| 대리인 성 명 |  | 주민등록번호<br>(사업자등록번호) |  |
| 대리인 주 소 |  |  |  |
| 대리인 사무원 |  |  |  |
| 납부금액 | 1,510,000 원 |  |  |

| 납부항목 | 금액 | 납부항목 | 금액 |
|---|---|---|---|
| 수수료 | 원 | 송달수수료 | 원 |
| 여비 | 원 | 우편료 | 원 |
| 숙박비 | 원 | 보관비 | 원 |
| 노무비 | 1,510,000 원 | 기 타 | 원 |
| 감정료 | 원 |  |  |
| 납부장소 | 신한은행 인천법원 |  |  |

위 당사자간 부동산인도 사건에 대해 당일 추가 예납 접수되었으므로
위 금액을 지정 취급점에 납부하시기 바랍니다.

2020 년 12 월 23 일

인천지방법원 집행관사무소

집 행 관 임춘범

문의전화 : 집행관사무소 032-874-4877-9
담당자 : 김용식 010-5322-0450

법원경매정보(http://www.courtauction.go.kr)에서 회원 가입 후 "나의경매 > 나의동산집행정보"
에서 비밀번호 1467 콤(음) 이용하여 추가하시면, 자세한 사건내용을 조회하실 수 있습니다.

* 납부금액을 당일내에 납부하지 않을 경우, 접수된 사건은 취소될 수도 있습니다.
* 예납금은 위 납부장소 및 인터넷뱅킹을 통해 납부 가능합니다.
  (단, 광주은행은 인터넷뱅킹 불가능)
  인터넷뱅킹을 통한 자세한 납부방법은 해당 은행에 문의하시기 바랍니다.
* 채권자의 주소가 변동될 때에는 2주 이내에 반드시 신고하여야 합니다.
* 집행권원 인천지방법원

강제집행예납접수증

## 넷째, 본 집행

강제집행 날짜는 법원에서 연락을 준다. 정해진 시간과 장소에서
법원 집행관 두 명을 만났고 공실인 것을 확인했기 때문에 인부들은

오지 않았다. 열쇠 업체에서 문을 따면 집행관이 집 안 내부 사진을 찍고, 짐이 있으면 인부들이 순식간에 짐을 들어내고 집행은 끝난다.

　대부분 부동산 경매 투자를 하면서 강제집행까지 가는 경우는 거의 없다. 수십 건을 낙찰을 받아도 강제집행 경험이 한 건도 없는 사람이 일반적이다. 일상에서 수많은 일들이 생기고 말 한마디에 웃고 말 한마디에 운다. 아무렇지 않게 던진 말에 크게 상처를 받아 두 번 다시 보지 않는 일들도 허다하게 일어난다. 부동산 경매 역시 사람 대 사람의 일이라 법적으로 해결하는 것보다는 대화로 좋게 협의해 풀어나가는 것이 가장 베스트다. 누군가 뒤에서 칼을 가는 느낌이 들면 무슨 일을 하든 잘 되지 않게 된다. 어두운 곳에서는 항상 뒤를 돌아보게 되고 불안함으로 일상 자체가 큰 스트레스인 것이다. 우리 인생에는 수많은 적이 있지만 웬만하면 적을 만들지 않으려고 노력해야 한다. 강제집행으로 해결하기보다는 점유자가 원하는 것을 잘 조절해 원만하게 해결하는 게 부동산 경매, 명도를 잘 하는 것이다. 강제집행을 하게 되면 점유자도 손해, 낙찰자도 손해를 본다. 돈으로 타협이 되지 않아 감정적인 싸움이 되어야 강제집행으로 가는 것이다. 강제집행을 하면 돈은 돈대로 나가고 왔다 갔다 시간 또한 많이 들어간다. 가급적 강제집행 이전에 명도를 끝내는 것이 좋다.

# 수리:
# 공들인 만큼 돈이 되는
# 셀프 인테리어

## 무에서 유를 창조하는 셀프 인테리어

부동산에서 인테리어는 단지 집을 예쁘게 만드는 개념이 아니라 가치를 올린다고 생각해야 한다. 집의 가치를 올려 비싼 값을 받기 위한 수단이 바로 인테리어이다. 건물을 지어서 수익을 내는 사람들은 합필이라는 것을 한다. 합필이라는 것은 여러 필로 되어 있는 토지를 합쳐 하나의 토지로 만드는 것이다. 앞집을 평당 1,000만 원씩 사고 뒷집을 평당 400만 원씩 사서 합필을 하면 평단가가 700만 원으로 낮아진다. 그럼 그냥 시세대로 바로 팔아서 평당 300만 원만큼의 수익을 남길 수 있다. 더 저렴하게 사면 살수록 수익은 더 커지게 된다. 내가 안쪽 집에 사는 사람이라면 코너자리 앞집이 나왔을 때 사서 합치면 내 집의 가치는 올라간다.

일반적인 주거용 부동산의 경우 입지는 죽었다 깨어나도 절대 바뀔 수는 없다. 저 멀리 있는 지하철역을 필요에 의해 우리 아파트 옆으로 가져올 수도 없고, 아이 학교를 길 건너 보내기 싫어서 초등학교를 바로 단지 옆으로 가져와 초품아로 만들 수도 없는 노릇이다. 그럼 내 집의 가치를 올릴 수 있는 방법은 무엇일까. 그것은 바로 인테리어이다. 많은 사람들은 자신의 집을 예쁘게 꾸미고 싶어한다. 특히 코로나 이후 집에 머무르는 시간이 늘어나면서 인테리어에 대한 관심은 더욱 커졌다. 적은 금액으로 예쁘게 인테리어를 하는 콘텐츠는 수십만 조회수가 나온다. 저렴한 금액으로 거품을 뺀 가성비 좋은 인테리어를 하기 위해 사람들은 셀프 인테리어에 도전하고 있다.

인테리어에 공을 들인 만큼 임대료를 더 많이 받거나 더 좋은 가격에 매도를 할 수 있다. 그럼 부동산 경매로 낙찰을 받아 인테리어를 한 사례를 보자.

# 낙찰받고 명도 직후의 2룸 빌라 내부 상태

베란다 타일을 깔끔하게 교체했다.

타일은 할 때 한 번에 같이 하는 게 좋다. 현관 타일 시공.

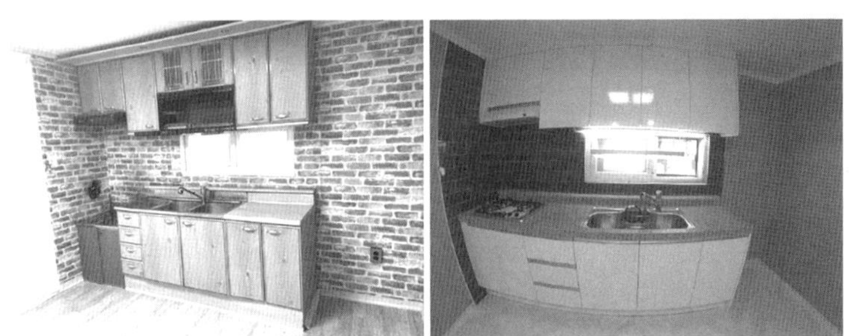

주방 타일, 싱크대 시공.

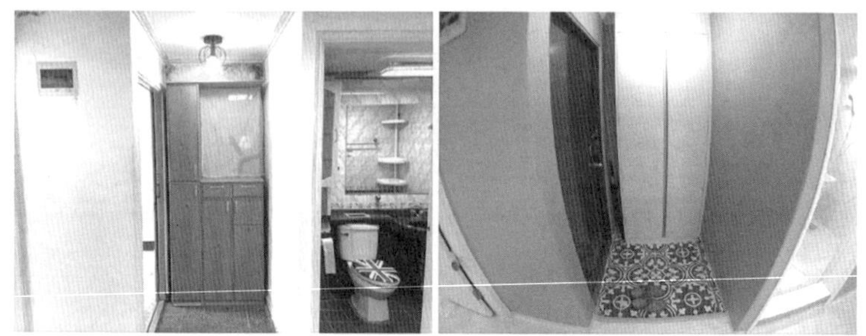

신발장 시공, 싱크대 업체에서 할 때 같이 해야 한다.

욕실 올수리

답답한 미닫이문을 날리고 평판 작업을 했더니 시원시원해졌다.
수리를 잘해놔서 빨리 임대가 나갔고 현재까지 임대 중이다.

인테리어는 투자와도 밀접한 관계가 있다. 앞서 얘기한 대로 입지는 내가 바꾸고 싶다고 해도 절대 바꿀 수 없다. 그럼 이렇게 생각할 수도 있다. 입지는 매우 훌륭하지만 상대적으로 오래된 구옥을 아주 저렴하게 매수한 뒤 새 집으로 만들어 물건의 가치를 올린다. 그럼 그 물건의 가격도 당연히 올라가게 되어 있다. 실제로 같은 층, 같은 평수의 물건을 같이 봤을 때 사람들은 비싸더라도 예쁘게 수리가 되어 있는 물건을 선택한다. 부동산 투자는 사놓고 올라라 올라라 기도하는 투자도 있지만 이렇게 물건의 가치를 올려 수익을 내는 투자도 존재한다. 이렇게 수익을 내는 사람이라면 상승하고 하락하는 시장 분위기에 상관없이 수익을 만들 수 있다. 여기서 중요한 건 부동산에서 살 수 있는 것보다 싸게 산다면 수익은 더 커지기 때문에 '부동산 경매'를 반드시 이용해야 훨씬 더 유리한 것이다.

## 낙찰받고 명도 직후의 3룸 빌라 내부 상태

대한민국 제일 흔한 구조 방 3개, 화장실 2개

임차인이 이사를 하고 얼룩덜룩 남아 있는 삶의 흔적들

올드해 보이는 우드색을 화이트로 바꿔준다. 페인트, 도배 시공

노후된 마룻바닥 철거 후 장판 시공을 했다.

안방 욕실 올수리, 욕실문 교체

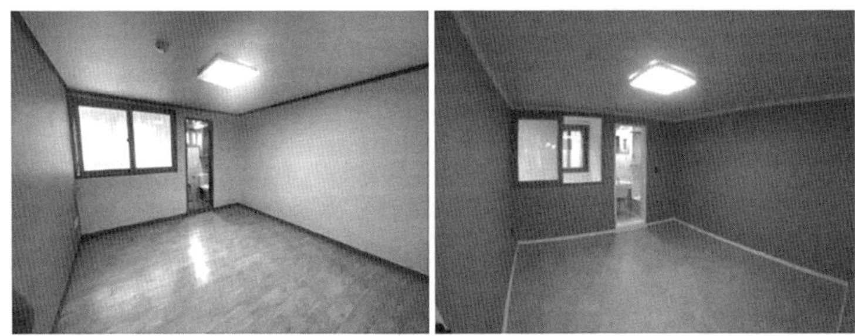

전등 교체, 문손잡이 교체

거실 욕실 올수리, 욕실 문 교체

'ㄱ'자 싱크대 철거 후 'ㅡ'자형 싱크대로 교체

전기 스위치, 콘센트 전체 교체

현관 센서등이 신발장 문에 걸려서 슬림한 제품으로 교체

요즘은 사진을 보고 집 보러 온다. 벽지도 어둡고 사진도 어둡다면 사진을 좀 밝게 보정해서 부동산에 보내는 것도 방법이다. 집의 컨디션이 바뀌면 가치가 올라간다. 임차인도 새 집처럼 깨끗한 집이면 살고 싶은 마음이 생기면서 계약이 되는 것이고 매수인도 사고 싶은 생각이 드는 것이다. 10억짜리 아파트를 5,000만 원을 들여 인테리어를 예쁘게 해놓으면 11억짜리로 변신을 한다. 5,000만 원이라는 돈은 누군가 1년을 열심히 일해야 하는 돈이다. 단순히 5,000만 원, 돈의 개념이 아니라 1년이라는 시간을 번 것이다.

## 실거주 인테리어, 투자용 인테리어

부동산 경매로 낙찰을 받아서 하는 인테리어는 내가 실거주하고 있는 집 인테리어와는 다르게 접근해야 한다. 앞으로 계속해서 내가 죽을 때까지 부동산을 사고 팔 마음을 먹었다면 무조건 한 번이라도 반드시 직접 인테리어를 해봐야 한다. 인테리어 업체들이 타일을 구입하는 곳들을 직접 찾아가 타일, 도기를 구입해보고, 네이버 카페 인기통 같은 커뮤니티에서 도배, 페인트 업체, 기술자를 찾아 직접 시공도 해봐야 한다. 저렴한 업체와 비싼 업체의 차이점도 경험을 통해 배워야 한다. 싱크대 업체를 찾아 견적도 받아보고 낡은 싱크대를 교체도 해보고 시트지 시공 업체를 통해 시트지로 가성비 좋게 새 싱크대처럼 만들어도 봐야 한다.

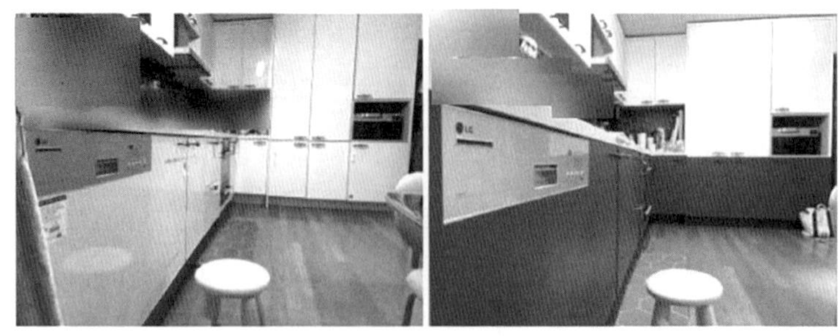

인테리어 사례: 동서울오네뜨

싱크대 컨디션이 그렇게 나쁘지 않다면 교체하지 말고 필름으로 리폼하자.

'ㄱ'자 싱크대이다. 새로 교체 370만 원, 문짝만 교체(문갈이) 170만 원, 필름지 시공 63만 원 비용이 들어간다. 싱크대를 교체하면서 주방 타일도 새롭게 교체하게 되면서 지출은 더 커진다.

## 싱크대 교체, 리폼 방법

실측을 해서 견적을 받으면 현장 방문 없이 견적을 받아볼 수 있다. 사이즈를 알지 못하면 견적이 불가하다. 공실이라면 현장 비번을 업체에 알려주고 견적을 받으면 되지만 공실이 아닐 경우는 사람이 있어야 하므로 실측을 해서 바로바로 견적받는 게 빠르고 편하다. 인테리어의 시작은 실측이다. 타일 수량을 산정하려면 타일 시공할 면적을 실측해야 한다. 그래서 줄자는 필수품이다.

필름지로 리폼을 할 때는 문짝당 견적을 내기 때문에 상세하게 문짝당 실측을 해야 한다.

## 업체 선정 시 주의 사항

1. 사업자등록이 있는 업체와 거래를 한다
2. 사업자가 없다면 시공하시는 분의 경력을 꼭 확인한다
3. 비싼 데는 특별한 이유가 없다
4. 너무 저렴하면 그만큼 저렴한 결과물이 나온다
5. A/S가 가능한 업체를 선택한다
6. 공사 완료 후 현장 확인 후 공사 대금을 입금한다

제일 저렴한 기술자는 이제 막 시작하는 분일 가능성이 높다. 그리고 경력은 있는데 이제 혼자서 처음 해보는 분들, 그런 기술자가 가장 저렴하다. 저렴한 만큼 리스크가 크다. 공사 후 연락이 안 될 수도 있고 공사비가 지급되기 전과 후의 태도가 완전 다르다.

2019년 낙찰받은 투룸 빌라, 최저가 140만 원에 철거, 타일, 부자재 양중까지 포함해서 시공한 욕실. 저렴하다고 날림 공사를 하거나 하자가 있지 않았다. 현재도 임대 중이고 잘 사용하고 있다.

여기도 최저가에 아주 저렴하게 한 욕실이다. 업자에게 맡겼더니 그 업자분은 다른 업자를 섭외해서 시공을 했고 자신이 중간 마진을 먹으면서 다른 시공자에게 일을 맡겼다. 실제로 사람을 레버리지해서 돈 버는 사람들이 아주 많다. 예를 들면 영상 편집 일을 크몽에서 20만 원에 수주해서 10만 원에 가능한 편집자를 구한다. 그럼 결과적으로 중간에서 업무만 연결해주고 10만 원을 가져가게 된다. 손 안 대고 코 푸는 격이다. 인테리어 업체도 비슷한 구조다. 욕실 한 칸 올수리 비용이 300만 원이라면 기술자를 섭외해서 220만 원에 공사를 하고 80만 원을 가져가게 된다. 모든 분야가 다 똑같은 메커니즘이다. 그런데 시작부터 저렴했으니까 더 저렴한 업자를 구하다 보니 정말 이제 시작하는 연습생의 연습 무대가 된 것 같다. 미용학원에서 내 머리를 맡긴 마루타가 된 기분이었다. 머리는 공짜로 커트를 하지만 이 공사는 돈을 주고 한 것인데 오히려 내가 돈을 받아야 했다. 일하고 있어서 가보지 않고 공사 대금을 입금해준 것이 큰 실수였다.

## 인테리어 공사를 하면서 얻은 시행착오

우선 내가 맡긴 업자는 총 두 명을 하루씩 고용해 타일 시공, 위생도기(세면대, 변기, 거울장)를 시공했다. 타일을 하시는 분은 대기업 쪽에서 경력도 20년이나 있는 베테랑이었기 때문에 타일은 배부른 곳 없이 아주 깔끔하게 시공이 되었다. 100에 300각(세로 100mm, 가로 300mm) 쪽타일은 일반적인 300에 600각 타일보다 손이 많이 가기 때문에 안 한다고 하시는 분들도 의외로 많다. 두 배로 손이 간다고 품을 두 배로 달라고 하시는 분도 있다.

같은 단지의 같은 평수의 아파트를 쪽타일과 300에 600각 타일로 시공해봤다.

사람의 선호도는 다 다르다. 왼쪽 욕실의 쪽타일이 어두워서 싫고 답답하다는 분도 있지만 너무 예뻐서 계약의 결정적인 이유가 되는 경우도 있다. 쪽타일의 경우 큰 거 한 장 붙이는 것보다 작은 타일을 하나하나 붙이는 데 손이 더 많이 가기 때문에 하자 역시 더 많이 나온다.

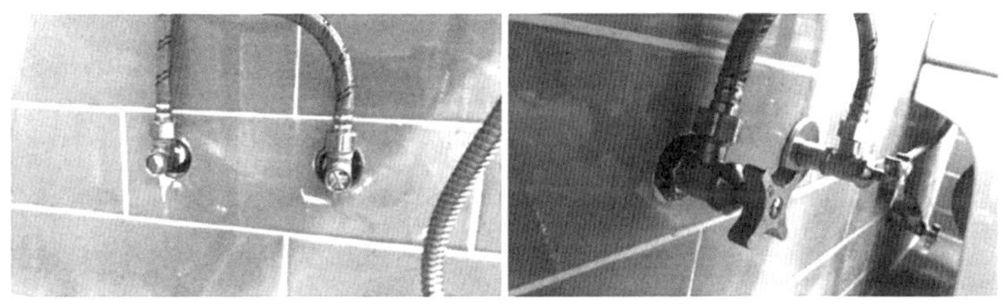

샤워 수전 마감을 이렇게 대충해놨다. 이 상태로 그냥 두면 저속으로 물이 들어가서 나중에 타일이 떨어지게 된다.

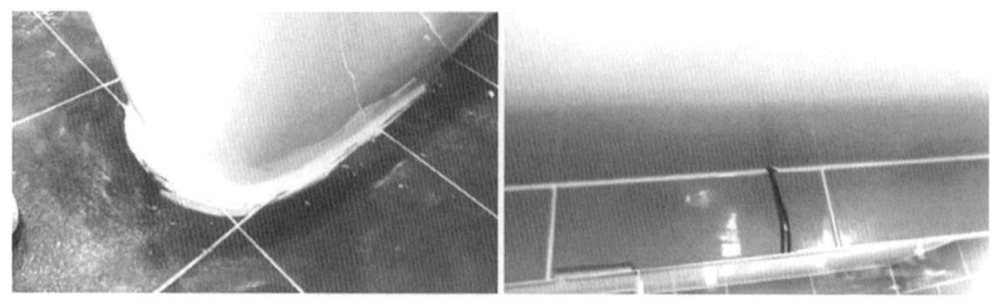

변기 백색시멘트를 이렇게 대충 해놨다. 또 돔천장에서 거울장 아래로 들어가는 간접조명 전기선도 타일 속으로 매립을 해야 하는데 이렇게 밖으로 노출시켜놨다. 타일 시공 전에 제대로 전달이 안 된 것이다. 세면대 실리콘도 지저분하게 해놨고 폐기물은 치우지도 않고 방치하고 갔다.

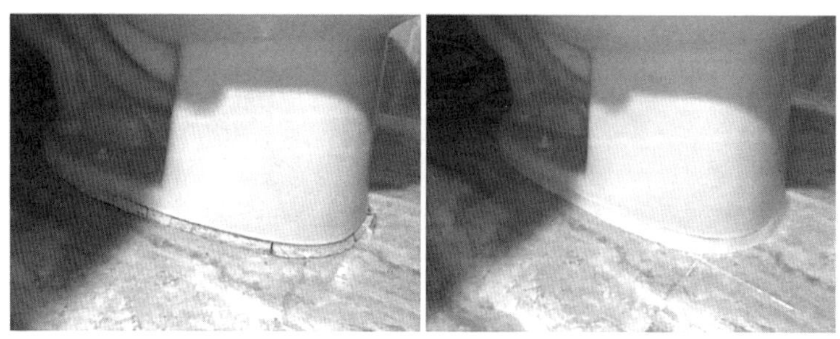

내가 다이소에서 산 백색시멘트로 실거주 집에 직접 한 건데 훨씬 잘하지 않았는가.

아무리 저렴하게 한다고 해도 직접 할 수 있는 영역이 있고 전문가에게 맡겨야만 하는 영역이 있다. 전등, 전기 콘센트, 스위치 정도는 초보자가 해도 크게 문제될 게 없어서 직접 시공을 해도 된다. 단 차단기를 반드시 내리고 해야 한다. 짜릿한 맛을 볼 수도 있다. 전기는 아주 위험하기 때문에 정말 조심해야 한다.

## 전기 스위치 교체하기

내가 인건비를 줄여 직접 시공을 하는 것과 그 시간에 물건을 하나 더 검색하고 임장을 가는 쪽, 둘 중 어느 것이 더 효율적인지는 잘 판단하길 바란다. 비단 누구나 쉽게 설치할 수 있는 전등, 도어록, 문손잡이, 콘센트, 스위치라고 해도 가끔 진땀을 빼면서 엄청나게 시간을 많이 잡아먹는 난이도 높은 녀석이 출현을 한다. 그럴 때마다 그냥 전문가에게 맡길 걸 하는 후회가 밀려온다. 하지만 그런 시련을 극복해야 더욱더 성장하게 되는 것이다. 계속 성장하게 되면서 일이 쉬워진다. 그렇게 부동산 투자자에서 시작한 집 수리가 나중에는 인테리어를 업으로 하는 사람을 만들어낸다. 그동안 보이지 않던 돈의 흐름을 눈으로 확인하면서 안 보이던 세상에 돈이 둥둥 떠다니는 것을 잡게 되는 것이다. 나 역시 인테리어를 업으로 해볼까 고민한 적도 있었다. 하지만 부동산을 시작하게 된 계기는 내가 일하지 않아도 돈이 돈을 버는 시스템을 만들기 위함이기 때문에 마음을 고쳐먹고 샛길로 빠지지 않았다.

인테리어 사례: 만수주공아파트

꽃무늬 벽지를 일반 벽지로 바꿔주고 페인트 시공으로 분위기를 바꿔줬다.

아파트 인테리어 공사를 하면서 관리사무실에 얘기를 하지 않고 안내문도 게시하지 않고 공사를 하면 소음이 심한 날은 아주 난리가 난다. 특히 주말에 공사를 하면 계속 되는 민원으로 공사가 중단이 되는 일도 발생한다. 특히 소음이 심한 바닥 공사는 주말은 피하고 평일도 사람들이 출근해 있는 시간 동안 마무리를 해야 한다. 입주 날짜가 촉박해서 주말에 공사를 진행할 때도 있는데 미리 옆집, 아랫집은 찾아가 양해를 구해야 한다.

# 공사 안내문

안녕하세요. ○○○동 이웃 여러분.

○○○○호에서 내부 인테리어 공사를 실시합니다.

공사로 인해 불편함을 드려 진심으로 죄송합니다.

공사 기간 동안 이웃 분들께 많은 불편 드리지 않도록

소음과 분진 등을 최소화하며, 최대한 안전하고 신속하게

진행하도록 하겠습니다.

댁내에 항상 행복과 건강이 깃들길 기원합니다.

입주 후 좋은 이웃이 되도록 노력하겠습니다.

감사합니다.

공사기간 20○○년 ○○월 ○○일~○○월 ○○일

공사세대 ○○○동 ○○○○호

공사내용 실내 인테리어 공사

공사업체 ○○○○ 인테리어

연 락 처 010-○○○○-○○○○

소음이 심한 날은 ○○월 ○○일, ○○월 ○○일 입니다.

양해 부탁드립니다.

인테리어 공사 안내문

인테리어를 완료한 집을 보면 기분이 좋다. 임차인도 마음에 쏙 들어 계약을 하게 되면 누군가에게 따뜻한 보금자리를 제공했다는 생각에 보람도 느낀다. 하지만 수리 과정이 결코 순탄하기만 한 것은 아니다. 먼 지방까지 내려가서 밥 먹는 시간까지 아껴가면서 비 오는 날 저녁 늦은 시간까지 차단기를 내리고 핸드폰 후레쉬 불빛으로 전기 작업을 하던 날이었다. 하루 만에 끝내지 못하면 다음날 다시 또 와야 하니까 늦은 밤까지 일이 끝날 때까지 할 수밖에 없었다. 수리를 끝마치고 돌아가는 고속도로에서 운전하면서 빵으로 끼니를 때우고 몰려오는 졸음운전으로 죽을 뻔한 적도 있었다. 그래서 그 이후에는 잠을 깨기 위해 추운 겨울에도 창문을 열고 고속도로를 달려야 했고, 눈이 오나 비가 오나 목이 터져라 노래를 부르면서 잠을 깨우며 이동했다. 먹고 살기 위해 부동산 경매를 시작한 건데 내가 무슨 부귀영화를 누리겠다고 이렇게까지 해야 하는 건가 자기 연민에 빠져 눈물이 핑 돌 때도 있었다. 하지만 이렇게 직접 해본 사람과 안 해본 사람은 다를 수밖에 없다. 경험이 없는 사람은 잘 모르기 때문에 업자에게 눈탱이를 맞을 수도 있고 최저 비용으로 수익을 극대화하는 것은 포기해야 한다. 업체에 맡기고 견적을 뽑은 후 타일을 바꾸거나 도기를 바꿔봐라. 더 저렴한 타일임에도 불구하고 견적은 올라간다. 해보지 않았기 때문에 싼지, 비싼지 전혀 모르는 것이다. 이 책을 읽은 독자라면 사진으로 인테리어 업자에게 공사를 맡기기 전에 업자들이 타일과 도기를 구입하는 곳을 직접 방문해서 내가 원하는 타일과 도기를 직접 비교하고 구매하기를 바란다. (인천의 용타일을 추천한다.) 아무

것도 모르는 상태에서 구매하는 것은 중고차를 사러 갔는데 사진을
내밀면서 "이 차랑 같은 차를 주세요"라고 말하는 것과 같다. 중고차
딜러들이 가장 선호하는 '호갱님'이 되시는 것이다.

인테리어 사례: 주은청설아파트

임대 목적이라면 수리는 최소화하는 게 좋다. 매매든 임대든 물건
의 컨디션이 매수자나 임차인에게 마음에 들어야 계약이 된다. 그래
서 수리는 무조건 해야 하는데 비용이 들어가는 것을 무시 못한다.
돈을 많이 바르면 당연히 좋은 가격에 빠르게 계약이 되지만 초보 투

자자에게는 과감한 수리 비용이 부담스러운 게 사실이다. 낙찰을 받아 점유자가 임차인이라면 수리 없이 바로 재계약으로 연결하는 것이 제일 좋다. 들어가는 비용을 최소화하고 바로 수익 실현으로 연결한다면 수익률이 가장 높은 투자가 되는 것이다. 시간 절약은 물론이고 명도비, 수리비, 중개수수료, 대출 이자 등 금전적으로 혜택을 보는 것이다.

매도 플랜을 잘 세워두었다면 수리를 할 때 힘줘서 제대로 하는 게 좋다. 갭투자를 잘 하는 사람이라는 것은 수리를 잘 하는 사람이라고도 얘기할 수 있다. 갭투자를 하려고 물건을 찾을 때 대부분 사람들은 갭이 적은 것을 찾는다. 예를 들어 매매 시세 3억, 전세 시세 2억 7천인 갭이 3,000만 원인 아파트 단지가 있다고 하자. 매매가가 오르고 있는 시장이든 매매가가 빠지고 있는 시장이든 갭투자자는 갭이 더 적은 물건을 찾는다. 갭투자의 본질은 임차인의 보증금을 최대한 활용해 투자를 하는 것이기 때문에 기본적으로 한 개보다는 두 개, 두 개 할 돈으로 네 개를 하는 것을 선호한다. 이런 갭투자자들을 만족시키기 위해 계약을 성사시켜야 중개수수료를 받는 부동산 사장님들 입장에서는 갭을 줄여놔야 투자자가 붙어 수익이 나오는 것이다. 부동산 사장님들은 어떻게 해서든 계약을 성사시키려고 매매가 조절에 들어간다. 매수자가 갭 1,000만 원짜리 물건만 찾는다고 했을 때 매매가를 1,000만 원 깎거나 전세가를 1,000만 원 올리면 계약이 성사되는 것이다.

매도인에게 전화를 걸어서 "사장님 1,000만 원 깎아주면 바로 계약

한다고 하는데 어떡할까요?"라고 하는 경우를 생각해 보자. 집을 많이 팔아본 부동산 투자자들은 이런 전화를 많이 받아봤고, 집을 살 때 부동산 사장님이 매도인에게 전화를 걸어 가격을 조절할 때 옆에서 숨죽여 듣고 있다. 매수할 때는 무조건 깎아서 사야 한다. 부동산은 정찰제가 아니다. 많이 팔아본 사람들은 깎아줄 생각을 하고 물건을 내놓기 때문에 그냥 가격 조절 없이 산다고 하면 땡큐다. 많이 사고 팔아본 사람은 가격도 잘 깎고 잘 조절해준다. 어떤 게 좋은 물건인지, 급매를 판단하는 기준이 빠르다. 그래서 어떤 물건이 사고 싶어 하는 사람들의 마음을 움직일 수 있는지 아주 잘 알고 있다. 시장에서 거래를 많이 해본 사람들을 '꾼'이라고 하지 않는가. 투기꾼, 장사꾼. 아무튼 선수들은 이미 사려고 붙는 사람들의 마음을 읽고 있기 때문에 마음에 들게 전세를 높게 맞춰 갭을 줄여 내놓는다. 전세를 높게 맞추려면 인테리어를 잘 하면 된다. 인테리어로 그 집의 가치를 전보다 훨씬 올려주면 지금 전세 시세(1등)보다 높은 가치를 인정받게 된다. 거기에 나와 있는 전세 물량까지 보면서 움직이면 전세를 움직이는 데 큰 몫을 한다.

임차인이 집을 보고 살고 싶은 마음이 들어야 전월세 계약이 되는 것이고, 이 집에 살고 싶은 마음이 들어야 매도도 좋은 가격에 빠르게 할 수 있다. 인테리어는 플러스피(투자금이 들어가지 않고 오히려 돈이 들어오는 투자)를 만드는 전략 중 하나이기도 하다. 전세를 최고가에 맞춘다는 것은 현재 나와 있는 매물 중에 1등이 되어야 한다는 것이다. 경쟁 상대가 없으면 선택의 폭도 적기 때문에 그중 1등만 되면 금방 빠진다. 셋 중 1등하는 것은 쉽지만 30개 중 1등하는 것은 어렵다. 전세를 최고가에 맞춘다는 것은 여러 가지 의미가 있다. 실투금이 최소화되는 것뿐만 아니라 매매가를 밀어올리는 가격 상승의 시동을 걸 수도 있는 것이다.

인테리어 사례: 우림아파트 경매 물건

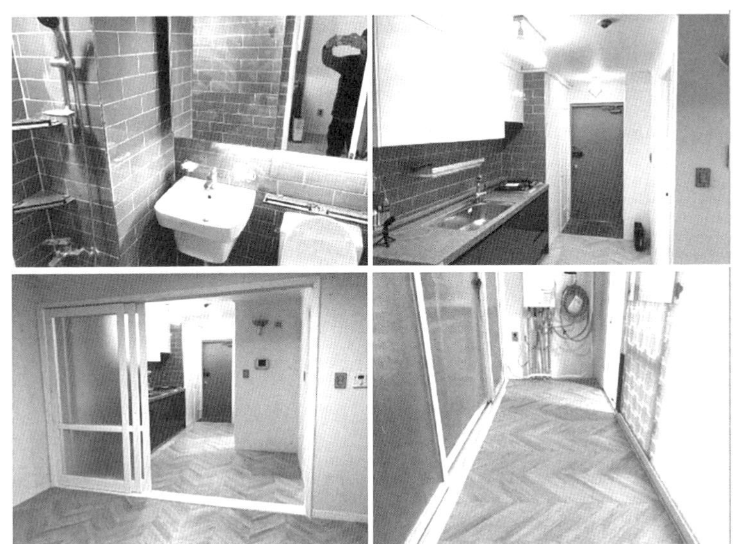

수리 후

꼴등을 1등으로 만들자. 8,200만 원에 낙찰받은 경기도 소형 아파트를 수리해서 1억에 전세를 맞췄다. 2022년 전세 최고점 1억 6,000만 원을 찍고 현재는 1억 2,000에 거래되고 있다.

세입자용 수리라는 것이 있는데 저렴한 수리, 이런 의미가 아니다. 내 취향이 있기는 하지만 대중적으로 무난한 타일을 골라야 한다. 인테리어 공사는 사람마다 생각하는 기준이 다르다. 처음에는 최소 비용으로 수리를 하는 것이 실투금을 줄이고 수익 실현을 했을 때 가장 큰 수익률을 만드는 것이라 생각했었다. 물론 틀린 말은 아니지만 하나만 알고 둘은 모르는 것이다. 열심히 아끼면서 저축하면서 산다고 부자가 될 수 있는 것은 아니다. 절약도 중요하지만 소득을 늘리는 게 더 중요하다. 부자가 되기 위해서는 단순히 돈을 절약해서 많이 버는 개념이 아니라 부자가 되는 방법을 찾아야 부자가 될 수 있다. 성실이라는 덕목이 삶의 안전핀이던 시대는 산업사회 끝으로 무대에서 사라졌다. 성실과 더불어 많은 부가가치를 창출할 수 있는 '능력'을 만들어야 한다. 그 능력 중 하나가 바로 '인테리어'이다.

지금 당장의 실투금을 아끼려다 정작 임차인을 못 맞춰 공실 기간이 길어지고 전월세 보증금도 내려간다면 방향을 잘못 잡고 있는 것이다. 시간이 지난 뒤에 깨달았다. 인테리어를 한 번 할 때 제대로 해야 한다. 어설프게 하면 이중으로 수리비가 나가게 되고 제대로 수리해 놓지 않으면 임차인을 구할 때도 매도할 때도 좋은 조건에 빼기가 힘들다.

턴키(turn-key)라는 용어를 들어봤는가? 열쇠만 돌리면 바로 들어갈 수 있다는 뜻으로, 업체가 모든 일을 해줄 때 쓰는 말이다. 인테리어의 경우 설계, 철거, 목공, 전기, 타일에서 청소까지 전부 한 번에 다해주고 집주인은 비용만 내면 되는 것이다. 턴키로 인테리어를 맡기면 공정을 책임지고 맡아서 해주고 A/S도 확실한 장점이 있지만 공사 비용이 많이 들어가는 단점이 있다. 그래서 셀프 인테리어를 많이 한다. 셀프 인테리어라고 하면 직접 도배를 하고 타일을 시공한다고 생각하는데, 초보자가 어설프게 했다가 오히려 집을 망가뜨리게 되기 때문에 전문가에게 시공을 맡겨야 한다.

여기서 말하는 셀프 인테리어란 내가 인테리어 업자가 되어 직영으로 전문가가 와서 시공해주는 공사를 말한다. 전체 일정 조율 및 기술자 선정, 디자인, 마감 확인까지 모두 낙찰자 본인이 정해 결정해야 한다. 본인이 총감독 역할을 함으로써 작게는 몇십만 원, 많게는 몇백만 원을 아낄 수 있다.

## 공사 순서 확인

| | |
|---|---|
| 1일 차 | 타일 주문, 배송, 양중 |
| 2일 차 | 싱크대, 신발장 철거 |
| 3일 차 | 욕실 철거, 싱크대 수전 내림 작업, 타일 시공 |
| 4일 차 | 위생도기 세팅, 돔 천장, 타일 시공(주방, 베란다, 현관) |
| 5일 차 | 페인트 |
| 6일 차 | 싱크대, 신발장 시공 |
| 7일 차 | 도배 |
| 8일 차 | 장판 |
| 9일 차 | 전등, 스위치, 콘센트, 인터폰, 도어락 교체 |

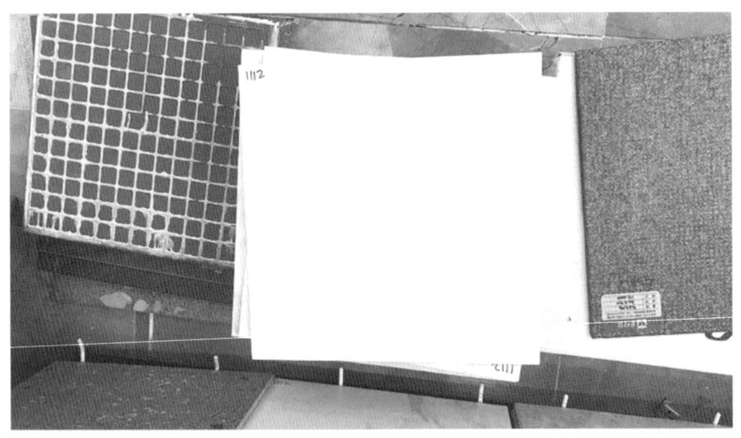

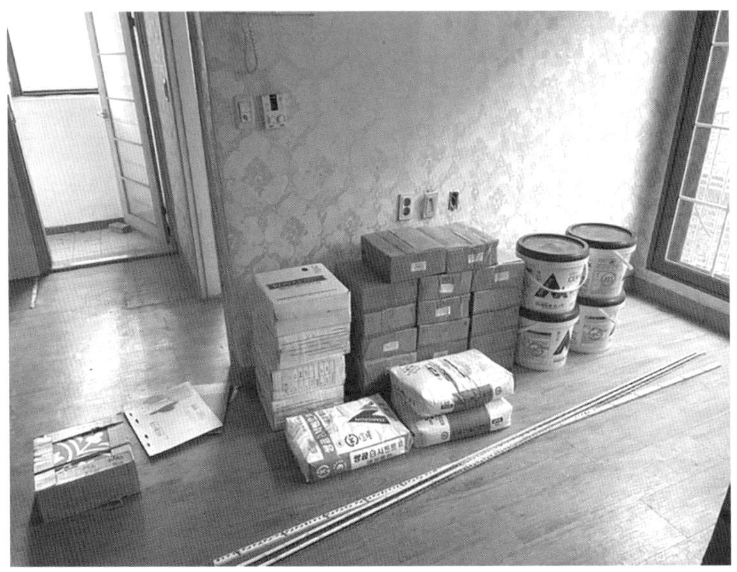

타일을 시공할 면적을 줄자로 실측해서 얘기하면 타일 업체에서 필요한 타일 수량을 계산해서 견적을 넣어준다. 타일, 도기, 부자재, 수전, 욕실 악세사리 등을 구입해 원하는 날짜에 배송을 받는다. 양중비가 들어가지만 실내까지 양중을 부탁하고 사진을 보내달라고 배송 기사님에게 부탁을 한다. 사진이 오면 주문 수량이 정확히 들어왔는지 정확히 확인을 하자. 그렇지 않으면 빠진 게 있어서 공사가 중단되는 경험을 하게 될 것이다. 체크 리스트를 만들어 꼼꼼하게 빠진 것 없이 확인해야 한다.

## 2일 차 싱크대, 신발장 철거

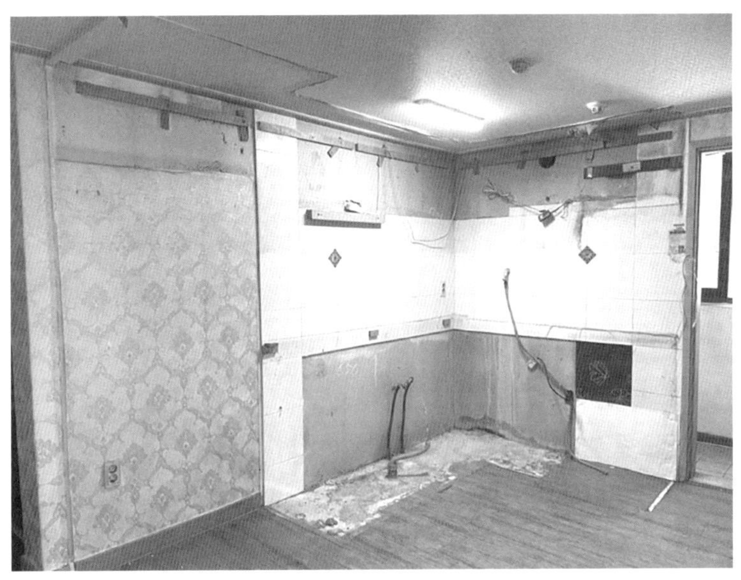

싱크대 상부장 밑으로 간접조명을 넣을 거면 미리 전선을 빼두어야 한다. 싱크대 업체에 부탁을 해도 전기 작업은 못 한다는 대답만 돌아오기 때문에 싱크대 철거가 완료되면 상부장 시공 일정 전까지 현장에 방문해 간접조명 선을 하나 빼두자.

전선을 하나 내려놓았기 때문에 이제 상부장이 시공되면 간접조명을 설치하면 된다. 욕실도 거울장 밑으로 간접조명 전선을 하나 내려달라고 해야 한다. 타일 시공 전에 반드시 다시 한번 확인하는 것이 좋다.

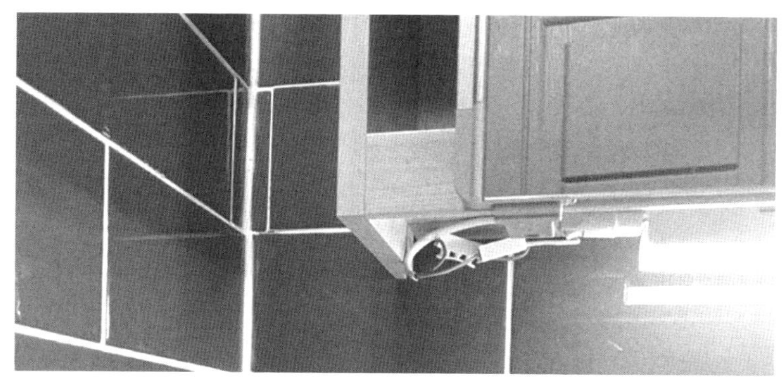

## 3일 차 욕실 철거, 싱크대 수전 내림 작업, 타일 시공

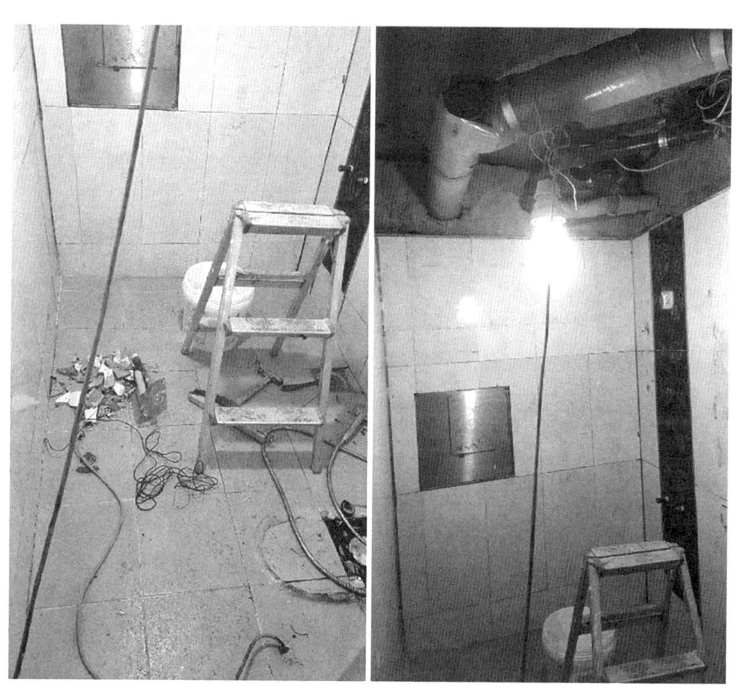

거울장, 세면대, 변기를 제거하고 돔 천장을 철거했다.

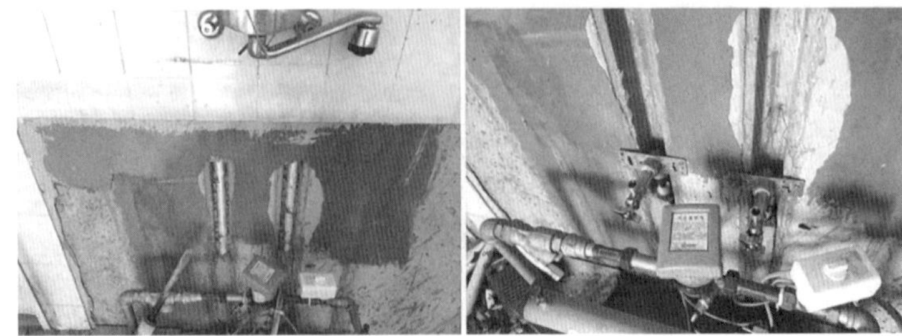

싱크대 수전 내림 작업, 경력이 있으신 타일 시공업자라면 수전 내림 작업도 가능하기 때문에 부탁을 드려 같이 작업한다. 혹시 못 한다고 하면 동네 설비 업체나 철물점에 의뢰해도 된다.


## 4일 차 위생도기 세팅, 돔 천장, 타일 시공(주방, 베란다, 현관)

## 5일 차 페인트

# 6일 차 싱크대, 신발장 시공

# 7일 차 도배 시공 · 8일 차 장판 시공

기본만 해서는 차별화가 없어 1등 자리를 선점할 수 없다면 더 힘을 줘야 한다. 새시 공사를 추가로 넣을 수도 있다.

## 중문 시공

집에 처음 들어오는 순간 제일 먼저 보이는 것이 현관 타일과 중문이다. 사람도 그렇고 집도 그렇고 첫 인상이 매우 중요하다. 첫 인상이 매우 좋다면 가벼운 단점은 묻힐 것이고 첫 인상이 안 좋다면 가벼운 단점이라도 치명적이 될 수 있다.

도배 끝나고 장판 시공이 가능하면 하루에 끝내는 것도 좋다. 하루에 도배, 장판을 시공할 수 있으면 하루를 버는 것이다. 하지만 마쳐야 하는 시간이 정해져 있으면 심리적으로 사람의 마음이 조급해지고 불편하다. 아직 마무리가 안 됐는데 다음 공정이 들어오거나 겹쳐서 같이 작업하는 것을 시공업자분들은 상당히 싫어하신다. 장판을 하고 도배를 하면 장판이 오염될 수 있으니, 장판은 공정의 제일 마지막임을 잊지 말자.

공사에 변수가 생겨 일정을 조절해야 하는 상황도 염두해두자. 싱크대, 신발장 철거하는 날 타일, 도기, 부자재를 집어넣으면 또 하루를 줄일 수 있다. 정말 타이트하게 일정을 잡으면 일주일 동안 모든 공사를 마칠 수도 있다. 안 되는 것은 없다. 하루 영업을 하지 않으면 손해가 막심한 사업장이라면 새벽 시간에도 공사를 할 수도 있다. 하지만 여유 있게 일정을 잡고 만약의 변수에 대비하는 것이 좋다.

부동산에서 인테리어는 수익과 직결하기 때문에 반드시 명심해야 할 점이 있다. 페인트칠을 해본 적이 없는데 직접 달려들어 어설프게 시도하느니 비용을 들여 전문가의 힘을 빌리는 게 낫다는 점이다. 턴키로 인테리어 업체에 맡겨 진행을 하고 그 시간에 물건 검색을 한 번 더 하는 게 효율적일 수도 있다. 그러나 정말 한 번은 꼭 셀프로 직접 하나하나 공사를 해보기를 권한다. 요리를 할 줄 모르는 사람이 주방장을 고용해 식당을 창업한다면 어떨까. 얼마 못 가 식당 문을 닫을 것이다. 운영하는 사장님이 요리를 할 줄 모르는데 식당을 개업한다는 것 자체가 정말 위험한 짓이다. 손님을 기만하는 행위고 직원을 통솔할 수도 없다. 직원은 요리 못 하는 사장에게 자신이 꼭 필요한 존재라 생각해 어느 순간 사장 머리 위로 올라가려고 할 것이고, 그런 직원은 얼마 못 가서 해고가 될 것이다. 다른 주방장으로 교체되면서 음식 맛은 변한다. 운이 좋게도 음식 맛이 더 좋아질 수도 있지만 반대로 더 형편없어 진다면 매출은 서서히 빠지게 된다. 한 번 발길을 돌린 손님은 두 번 다시 오지 않는다. 뒤늦게 부랴부랴 사장이 배워서 하는 요리는 테스트 단계의 요리이지 돈을 받고 팔 수 있는 상태가 아니다. 그렇게 고객이 하나 둘씩 떠나면서 두 번 다시 찾지 않게 되면서 가게는 문을 닫게 되는 것이다.

부동산 임대인이라면 임차인에게 좋은 인테리어를 제공하는 데 있어서 타일 하나하나 꼼꼼하게 선택하고 변기에 앉아서 사용하는 휴

지걸이의 위치까지 신경 써야 한다. 디테일하게 하나하나 사용자를 생각하고 신경 쓰며 직접 공사를 해야 한다. 그런 마음이 들어간 집은 임차인 역시 만족도가 높아 오래 거주하게 된다. 살면서 문제가 있는 부분도 수리하는 데 있어서 어려움이 없다. 앞으로 부동산을 많이 매입할 예정이고 부동산이라는 직원을 많이 고용할 사장님이라면 인테리어는 이제 필수로 알고 있어야 한다.

인테리어도 중요하지만 집은 관리를 잘 해줘야 한다. 사람이 살지 않는 집은 며칠만 지나도 먼지가 수북히 쌓인다. 바닥이 더러워질까 봐 신발 신고 들어가지 않게 슬리퍼를 준비해 뒀다. 그런데 슬리퍼가 있어도 집을 보러 온 부동산 사장님은 항상 뭔가 급하다. 발걸음도 엄청 빨라서 집을 보러 다니면 무슨 경보하듯 빠르게 앞서가는 부동산 사장님을 흔하게 만날 수 있다. 그래서인지 집을 들어갈 때도 빠르게 신발을 신고 들어간다. 나도 처음에는 사람들이 왜 그러는지 알지 못했다. 선명하게 새겨진 발자국을 힘들게 지우면서 화도 났다. 사람들이 자기 집 아니라고 함부로 한다고 생각했다. 〈탈무드 황금률 방법〉이라는 책을 보면 "사람은 넘어지면 돌멩이 탓부터 한다. 돌멩이가 없으면 언덕을 탓한다. 언덕이 없으면 신고 있는 신발 탓을 한다. 사람은 여간해서는 자기 탓이라고 하지 않는다"는 유대인 속담이 나온다. 원인을 생각해보면 누군가 자신의 발을 슬리퍼에 넣고 싶지 않다는 생각이 들었고 그냥 신발을 신고 들어가 집을 보고 나온 것이다. 그 뒤로 오는 사람들은 슬리퍼와 바닥이 더럽고 신발 자국이 보이기 때문에 자연스럽게 모두가 그냥 신발을 신고 들어가게 된 것이다. 어쨌든 내가 관리를 하지 않았고 더러워진 슬리퍼를 깨끗한 슬리퍼로 교체를 했어야 했는데 그렇게 하지 못한 내 잘못이다.

여기서 또 다른 사실을 우리는 볼 수 있다. 부동산 시장은 수요에 의해 움직인다. 즉 부동산을 사러 오는 사람들이나 전월세로 집을 보러 오는 사람들 모두 심리적인 부분이 크다. 양떼효과(herding effect)라는 게 있다. 양들은 무리에서 떨어지거나 뒤처지지 않기 위해 다른 양을 따라 하는 현상을 말한다. 양들은 앞에 가고 있는 양을 그대로 모방해 따라한다.

비관론자는 모든 기회에서 어려움을 찾아내고 낙관론자는 모든 어려움에서 기회를 찾아낸다. 집이 안 팔리거나 안 빠진다면 누군가를 탓하지 말고 나에게 문제가 있다고 생각해야 한다. 내 물건에서 문제를 찾아야 한다. 가격을 낮추거나 컨디션을 올리면 반드시 계약이 된다.

# 3부

## 중급자로
## 발돋움하기 위한
## 질문과 답변

# 실전을 위해서
# 얼마나 공부해야 할까요?

## 유튜브? 책?

부동산 경매는 크게 두 가지로 나눌 수 있다. 쉬운 경매와 어려운 경매이다. 특수물건을 다루는 어려운 경매는 경쟁 상대가 적고 고수익을 낼 수 있다고 하더라도, 일단은 없다고 생각하는 편이 낫다. 고수들의 영역이라서 "어려워서 나는 못 한다"라는 개념이 아니라, 순서가 있기 때문이다. 쉬운 경매부터 해보고 어느 정도 물건을 경험한 뒤, 쉬운 경매가 식상해져서 이제 레벨업을 해야 할 시기라고 느껴질 때 어려운 경매를 시작하면 된다. 처음부터 "특수물건을 하겠다"는 발상은 결국 아픈 상처를 남기기 쉽다.

부동산 투자에도 순서가 있다. 주거용 부동산 투자도 해보지 않고 상업용 부동산, 상가 투자, 지식산업센터, 토지 투자부터 하겠다는 사람도 있다. 이런 행동은 위험하다. 땅을 다지지 않은 상태에서 건물을 세우면 기초가 약해 아무리 멋진 건물도 결국 무너진다.

수영을 배우려고 강습을 받으면 자유형, 배영, 평영, 접영을 곧장 가르치지 않는다. 어떤 운동이든 기초가 탄탄해야 진도를 나갈 수 있다. 잘못된 자세로 생긴 나쁜 습관이 몸에 배면 고치느라 엄청난 시간과 노력이 든다. 그래서 발차기부터 하고 호흡법을 배운다. 기초를 다지고 자유형부터 해야 한다. 그런데 접영부터 하고 싶다고 접영을 먼저 한다면, 과연 접영을 제대로 할 수 있을까. 접영 방법 자체는 한두 시간에 배울 수 있어도, 수영 기초가 없는 상태에서는 허우적거리다 포기하게 된다.

부동산 경매도 마찬가지다. 처음에는 쉬운 물건으로 시작한다. 누구나 들어오는 권리분석이 쉬운 물건은 경쟁 상대가 많아서 수익을 내기 어렵다고 말한다. 경쟁 상대가 없는 어려운 물건을 해야 돈이 된다고도 한다. 하지만 쉬운 물건도 꾸준히 입찰하면 충분히 수익을 낼 수 있다. 낙찰을 받지 못하는 이유는 의외로 간단하다. 지나치게 싸게 받으려고 하기 때문이다. 부동산에서 살 수 있는 가격보다 조금 저렴하게 산다는 느낌으로 입찰을 한다면 금방 낙찰을 받게 될 것이다. 낙찰을 못 받는 이유는 나한테 있는 것이다. 다른데서 핑계를 찾지 말자. 충분히 쉬운 물건으로 수익을 낼 수 있다. 오히려 어려운 특수 물건을 잘못 건드려 고생만 하다가 "경매는 아무나 하는 게 아니다"라며 일상으로 돌아가는 사람이 더 많다.

## 유튜브로 경매 공부가 될까

부동산 공부를 유튜브로 하고 있다는 사람이 상당히 많다. 과연 유튜브로 부동산 경매 공부가 될까. 유튜브 채널은 구독자 숫자가 많을수록 검증된 것처럼 보이지만, 수십만 구독자를 가진 채널을 따라 공동투자를 했다가 투자금의 오십 퍼센트에서 팔십 퍼센트까지 손해를 본 사례도 있었다.

유튜브를 보면 유익한 정보를 얻을 수 있을 것 같지만, 영상만으로 실전이 되는 것은 아니다. 수영으로 비유하면 더 쉽다. 수영 강습 영상을 본다고 접영을 쉽게 할 수 있을까. 수영장에서 실제로 해보지 않으면 국가대표 강의를 들어도 못 한다. 영상으로는 동기부여는 될 수 있지만, 진짜 공부는 책을 읽고 임장을 다니면서 해야 한다. 그리고 실제로 투자를 해야 그때부터 공부가 시작된다.

유튜브 채널에는 목적이 있다. 전부가 그렇다고 단정할 수는 없지만, 대부분은 수익화를 염두에 둔다. 자극적인 썸네일과 정보를 주는 콘텐츠로 사람을 모은다. 그리고 그렇게 모은 사람들에게 강의나 컨설팅, 무언가의 결제를 유도하는 결제 페이지로 보내는 흐름이 보인다. 조회수로 들어오는 광고 수익은 상대적으로 덜 중요할 때가 많다. 내가 파는 상품, 서비스가 분명히 있고, 타켓팅을 명확하게 해서 뾰족하게 사람들을 모은다. 그 사람들이 빠져 있는 문제에 대한 답이 내 상품, 서비스일 때 사람들은 구매라는 것을 하게 된다. 그렇게 SNS을 통해서 한 달에 몇 천만, 억 단위로 돈을 버는 사람들을 많이 만나봤다. 유튜브 영상을 제작하는데도 비용과 시간이 들어간다. 즉, 세상에 공짜는 없다.

## 영상을 보는 동안 생각은 멈춘다

부동산뿐 아니라 아이들이 보는 유튜브도 그렇다. 미성년자 관람 불가나 폭력적이고 선정적인 콘텐츠가 노출될 수 있어서 나쁘다는 이야기만 하려는 것이 아니다. 부모들은 이렇게 말한다.

"공부가 되는 영상이라 유익한 영상이에요."

"한글 공부 영상이라 아이 한글 공부에 도움이 돼요."

영어 알파벳 영상, 구구단 영상을 보여준다고 아이가 그 시간만큼 똑똑해질까. 그렇지 않다. 오히려 사고력이 떨어진다. 사람은 영상을 보고 있는 동안 생각을 중단하기 쉽다. 인간의 뇌는 글을 읽을 때 활성화된다. 특히 창의력, 분석, 이해력을 담당하는 전두엽이 크게 활성화된다. 폭력적이거나 선정적인 내용을 글로 읽는 경우조차, 영상으로 볼 때보다 전두엽 활동이 더 활성화된다고 한다. 결국 공부용 영상이라는 명목으로든 무엇이든, 영상을 들이민 순간 생각의 스위치가 꺼지기 쉽다.

그래서 아이에게 유튜브나 티브이를 끄라고 하면 다음 말이 나온다.

"심심해. 심심해."

심심하도록 내버려 두면 사람은 그때부터 머릿속 스위치를 켠다.

방금 본 영상 내용을 떠올릴 수도 있고, 상상하면서 웃기도 하고, 창의력을 쥐어짜서 그림을 그리거나 무언가를 만들기도 한다. 아이가 심심해할 때가 오히려 상상력과 창의력을 키울 기회가 된다.

현란하고 눈이 즐거운 영상일수록 뇌의 활동을 셧다운시키기 쉽다. 불꽃놀이를 예로 들면 더 분명하다. 매년 여의도 한강공원에서 서울세계불꽃축제가 열린다. 불꽃뷰 경쟁이 치열하고, 불꽃뷰 아파트가 중고마켓에 올라오기도 하며, 여의도·이촌·마포 등 집에서 불꽃놀이를 볼 수 있는 곳을 오십만 원에 대어하기도 한다. 콘래드호텔, 켄싱턴 호텔처럼 감상 가능한 호텔은 수백만 원에 팔리기도 한다. 이 화려한 불꽃쇼를 보면서 다른 생각을 할 수 있을까. 거의 불가능하다. 스마트폰은 그런 불꽃쇼 같은 자극을 계속 눈앞에 들이민다.

지하철에서 사람들은 스마트폰으로 영상을 본다. 긴 영상보다 짧은 쇼츠를 선호한다. 가장 자극적인 부분만 선명하게 남고, 그게 반복되면서 더 치명적이 된다. 한 번 보기 시작하면 닫기 어렵다. 알고리즘은 이탈을 막기 위해 더 자극적이고 시청 시간이 긴 영상을 이어붙여 보여준다. 시청 지속시간이 긴 영상은 사람들이 중도 이탈하지 않았다는 뜻이니, 알고리즘 입장에서는 '검증이 끝난 영상'이 된다.

유튜브 뮤직도 비슷하다. 좋아하는 곡을 한 번 재생하면, 사람들이 그 다음에 많이 들은 곡을 수집해 다음 곡으로 틀어준다. 귀신같이 취향을 알아맞힌다고 느끼면서 더 듣게 된다. 가끔은 이런 알고리즘에 빠져 헤어나오기 어려운 세상이 무섭다는 생각이 든다. 사람들은 마약처럼 휴대폰을 손에서 놓지 못한다.

나는 아이들에게 티브이를 '바보상자'라고 말하며 보는 시간을 최대한 규제하려고 노력했다. 결국 TV를 집에서 없애버렸다. 티브이를 보고 있으면 아무 생각 없이 몇 시간씩 흘려보내게 된다. 드라마를 좋아하시는 어머니에게 물어본 적이 있다.

"어머니에게 앞으로 허락된 삶이 석 달이라면 오늘도 드라마를 보실 거예요?"

어머니는 잠깐 머뭇하다가 "본다"라고 하셨다. 그 정도로 티브이는 삶의 일부가 되어 있다. 혼자 사는 사람은 집에서 티브이를 켜지 않으면 적막함이 어색하고 싫다고도 한다. 출근길에도, 식사시간에도, 화장실에 앉아 있는 짧은 순간에도 사람들은 "공부"라는 명목으로 유튜브 영상을 본다. 술, 담배처럼 시작은 쉬워도 끊기는 어렵다.

사람이 스스로 생각하지 않으면, 결국 다른 사람의 생각을 내 생각처럼 늘어놓게 된다. 근거 없이 선동되기 쉬워진다. 그러니 영유아기부터 핸드폰으로 핑크퐁을 들이밀며 알고리즘에 절일 필요는 없다. 우리도 마찬가지다. 부동산 공부는 유튜브 영상만으로는 하기 어렵다. 영상 위주로 접하면 수동적으로 정보를 받아들이게 된다. 여기저기에서 수많은 정보를 얻지만, 거짓을 구분할 의문을 갖지 않은 채로 받아들이기 쉽다. 적당한 의심은 필요하다. 근거 없는 긍정은 큰 리스크를 부른다. 유명인이 "여기가 오른다", "여기는 떨어질 일만 남았다"라고 말해도 검증 없이 믿어버리면 위험하다. 데이터는 사실일 수 있어도 해석은 사람마다 다르다.

구독자가 많은 채널 영상에서 "언론은 상승 기사지만 실제는 하락이고, 단지 가격이 몇 억 빠졌다"라는 식의 내용이 나올 수 있다. 실거래가만 보면 틀린 말이 아닐 수도 있다. 숫자는 거짓말을 하지 않으니까. 하지만 임장을 가보면 왜 싸게 거래됐는지 이유가 보인다. 같은 아파트라도 동, 층, 뷰에 따라 가격이 천차만별이라 단순 실거래가만으로 "가격이 빠졌다"라고 단정하기 어렵다.

유튜브로 얻은 정보는 의심과 검증이 따라야 한다. 현장 임장을 통해 시세를 정확히 파악하고, 부동산 사장님에게 현장 분위기를 들어야 한다. 한 단지를 정확히 분석해 두면 주변 단지의 시세 흐름도 보이기 시작한다. 영상보다는 책을 통해 기본기를 다져야 한다. 기본기를 쌓고 투자처를 찾다 보면 자연스럽게 실제 투자로 연결된다.

## 기본 지식은 책 한 권으로 충분하다

부동산 경매 기본지식은 책 한 권이면 충분하다. 책이 완벽하다는 뜻이 아니다. 책으로 위험요소를 줄이고, 다른 사람의 투자를 보며 간접경험을 하고, 직접 실행하는 것이 중요하다는 뜻이다. 초보 때는 과한 욕심을 내려놓고 위험요소가 있는 물건은 보지 않는 편이 낫다. 크게 한몫을 노리면 큰돈을 잃기 쉽다. 초보 단계에서는 수익보다 경험이 더 값지다. 소액이라도 높은 수익률을 만들 수 있다.

낙찰받자마자 단타로 팔아 수익을 내는 것만이 답은 아니다. 여유를 가지고 기다릴 줄도 알아야 한다. 씨앗이 싹을 틔우고 나무가 되어 열매를 맺을 때, 가치가 올랐을 때 팔아 수익을 내는 것도 좋지만, 나무를 뽑아버리기보다 아름드리나무로 키워 계속 열매를 받는 시스템을 설계하는 것도 중요하다.

시세에 흔들릴 필요는 없다. 임장을 제대로 하고 시세를 제대로 파악했다면 원하는 가격으로 낙찰받을 수 있다. 기본지식을 쌓고, 현실을 판단하는 능력을 기르고, 조급함과 큰 욕심을 줄이면 시간이 돈을 벌어주는 부동산 투자에서 성공 확률이 올라간다.

# 항상 지켜야 할 원칙이 있을까요?

## 원칙을 지키는 사람이 승리한다

경매는 어렵고, 사람이 할 게 아니고, 남을 힘들게 하면 천벌을 받는다는 식의 편견이 있다. 대부분 해보지 않은 사람들이 하는 말이다. 명도가 어렵고, 소송을 하고, 나가기 싫어하는 사람을 끌어내는 일을 아무나 못 한다고 생각해 시작도 전에 포기한다. 사람은 "할 수 있다"라고 마음먹으면 준비와 노력을 시작한다. "오를 수 없는 나무"라고 규정해버리면 나무를 오를 생각 자체를 하지 않게 된다. 나중에 깨닫는다. 막상 해보면 별것 아니라는 사실을.

사람들은 경매로 무조건 싸게 낙찰받아야 한다고 믿는다. 그래서 낙찰 후 바로 팔면 몇천만 원 남는 가격에만 입찰하다가 패찰을 반복하고, "경매로 싸게 낙찰받기 어렵다"라며 포기한다.

대중이 떠올리는 부동산 경매에는 두 가지 문제가 있다. 첫째, 무조건 싸게만, 그것도 지나치게 싸게 낙찰받으려는 욕심이다. 둘째, 인스턴트 같은 빠른 수익만 원한다는 점이다. 경매는 부동산을 사는 방법 중 하나일 뿐이고 큰 틀은 부동산 투자이다. 지나친 욕심을 버려야 한다. 단기적으로 일억 원 버는 투자보다 시간이 지나 이삼 억 원을 더 벌어주는 투자가 있다는 사실도 잊지 말아야 한다.

## 법원 경매 십계명

- 경매에서 권리분석은 십 퍼센트에 불과하다.
- 감정가를 맹신하지 않는다.
- 구체적인 자금 계획을 세운다.
- 현장 확인은 필수이다.
- 사놓고 오르기만 바라는 투자가 아니라 낙찰받는 순간부터 이익이 생기는 투자다.
- '올인' 투자하지 말고 묶이는 투자금을 최소화한다.
- 낙찰은 기술, 매도는 예술이다.
- 서두르는 사람이 진다.
- 레버리지는 양날의 검이다.
- 씨를 뿌렸으면 진득하게 기다린다.

## 경매에서 권리분석은 십 퍼센트에 불과하다

경매 초보가 가장 겁내는 것이 권리분석이다. 경매는 법원에서 진행하니 법을 잘 알아야 한다는 편견이 있다. 그래서 학원이나 강의를 듣는다. 학원에서는 권리분석이 경매의 팔십 퍼센트 이상이라고 말하기도 한다. 하지만 실제로는 권리분석이 경매 전체에서 차지하는 비중이 그 정도까지 크지 않다. 권리분석이 매우 중요하다고 강조하는 곳은 유치권, 법정지상권, 선순위 임차인, 지분 경매, NPL 같은 특수물건 사례로 "크게 번 사례"를 보여주며 환상을 심고, 동시에 "실수하면 보증금 몇천만 원을 날린다"는 공포를 심는다. 그래서 강의료 몇백만 원으로 수천만 원을 아낄 수 있다고 말한다.

하지만 낙찰을 받아 한 사이클을 두세 번만 돌려보면, 권리분석이 생각보다 단순하고 수익 과정에서 권리분석이 모든 것을 좌우하지 않는다는 걸 체감하게 된다. 우리는 말소기준권리를 찾고 소멸권리를 확인하되, 배당을 법원 직원처럼 계산기로 일일이 따질 필요까지는 없다. 배당은 소유자나 임차인이 걱정할 영역이다. 우리는 명도와 관련된 부분, 임차인이 보증금 전액을 배당받는지 못 받는지 정도를 확인하면 된다.


## 감정가를 맹신하지 않는다

감정평가 기관이 산정한 감정가는 업체마다 달라질 수 있다. 법원 감정가는 일반 시세보다 높게 책정된다고 생각하는 사람이 많다. 감정가는 감정 시점의 시세를 반영하지만, 특히 지금같은 상승장에서는 감정가는 과거의 시세인 것이다. 반대로 지금 한 감정이 미래에 떨어지는 시점에서는 높게 평가되어 있기 때문에 현재 시세와 다를 수밖에 없다. 그래서 감정가에 산다고 해서 "싸게 산 것"이 되는 것도 아니고, 감정가가 기준이라고 믿으면 오히려 비싸게 살 수 있다. 고수들은 감정가부터 보고 임장한다. 신건일 때 기회가 있을 수 있기 때문이다. 사람들은 유찰된 물건만 보려는 경향이 강하다. "경매는 유찰시켜 싸게 받는 것"이라는 고정관념 때문이다. 그래서 현재 시세보다 낮은 신건은 경쟁률이 낮을 때도 있다.

## 구체적인 자금 계획을 세운다

구십 퍼센트 대출이 된다고 믿고 십 퍼센트 자금만 들고 낙찰을 받는 경우가 있다. 그런데 대출이 예상보다 적게 나오면 잔금을 못 맞추고 입찰보증금을 날릴 수 있다. 대출 금액은 입찰 전에 반드시 확인해야 한다. 은행에서 팔십 퍼센트가 나온다고 해도, 여유 있게 삼십 퍼센트는 들고 가는 편이 안전하다. 처음에는 된다고 했다가, 막상 낙찰 후에는 정책이나 내부 신용등급 등을 이유로 말이 바뀌는 경우도 있다. 입찰 전 상담은 '지나가는 손님'으로 보고 대략적으로 안내했을 수도 있다. 변수에 대비해 여유 있는 자금 계획이 필요하다. 명도비, 법무비,

수리비, 미납관리비, 중개수수료까지 포함해 입찰가를 산정해야 한다.

## 현장 확인은 필수이다

임장을 제대로 다녀야 정확한 시세 파악이 되고 정확한 입찰가가 나온다. 아파트는 온라인으로도 시세 파악이 가능하니 임장을 생략하는 사람이 있는데, 현장 임장 없이 입찰하는 것은 위험하다. 같은 아파트라도 동, 뷰, 층에 따라 가격이 다르고, 컨디션과 수리 상태에 따라 가격이 달라진다. 임장으로 "올수리 컨디션"이라는 사실을 내가 확인했다면, 그 가치를 반영한 입찰가를 내가 쓸 수 있다. 확인이 없으면 기본 상태로 남들과 비슷한 입찰가를 산정할 수밖에 없다. 결국 움직인 사람이 기회를 잡는다. 가능하다면 욕을 먹더라도 벨을 눌러 내부 확인을 시도하는 편이 낫다.

## 사놓고 오르기만 바라는 투자가 아니라
## 낙찰받는 순간부터 이익이 생기는 투자다

일반 매매는 시세에 사서 오르기만 바라는 투자라면, 경매의 장점은 시세보다 싸게 사는 데 있다. 일반 매매로는 살 수 없는 가격에 낙찰받아야 한다. 낙찰 순간부터 안전마진을 확보하는 것이다. 전세가 아래로 낙찰받으면 잔금 납부 후 전세를 맞추며 투자금을 회수할 수도 있다. 대출과 월세 보증금을 활용하면 소액으로 집을 마련하고, 월세로 대출이자를 내며 임대수익을 만들 수도 있다.

## '올인' 투자하지 말고 묶이는 투자금을 최소화한다

부동산은 원래 모든 자금을 넣어야 살 수 있는 자산이라 '영끌'을 하는 게 일반적이다. 가격이 하락한 시점의 '올인'은 그나마 낫다. 하지만 상승 열차에 올라 꼭대기에서 전 재산과 대출을 다 태우면, 이후 결과는 끔찍할 수 있다. 워런 버핏은 유망 종목에 집중투자해 큰 부를 이뤘지만, 워런 버핏이니까 가능한 일이다. 우리가 같은 방식으로 된다고 믿는 것은 식당을 창업하면 유명 쉐프처럼 될 거라고 말하는 것과 비슷하다. 이제 경매를 시작하는 사람은 큰 한 건보다 분산투자로 지역과 물건과 경험을 넓혀야 한다. 가용 자금을 한 물건에 다 넣으면 안 된다.

## 낙찰은 기술, 매도는 예술이다

사람들은 "낙찰이 기술이고 매도가 예술"이라고 말한다. 결과를 중시하는 사회에서는 일리가 있다. 하지만 싸게 낙찰받았다면 매도는 오히려 쉽다. 안 팔리는 건 이유가 있다. 내가 받고 싶은 금액, 안 팔리는 가격에 내놨기 때문이다. 나와 있는 물건 중 가장 저렴하고 컨디션까지 좋으면 반응이 온다. 손님보다 부동산 사장님이 먼저 반응한다. 광고가 빠르게 올라가고, 집 보러 오는 연락이 몰린다. 실제로 일주일 안에 임대, 매매를 경험해본다면 아파트는 환금성이 좋다는 사실을 자연스럽게 깨닫게 된다. 최고가 대비 삼십 퍼센트 이상 하락하면 매수를 고민해도 좋다. 내가 산 가격 아래로 더 빠질 수도 있다는 전제에서 들어가야 리스크를 막을 수 있다.

## 서두르는 사람이 진다

경매는 심리전이다. 심리적으로 급한 사람이 지는 게임이다. 사업도 연애도 비슷하다. 급한 마음을 들키면 원하는 것을 얻을 확률이 줄어든다. 패찰이 반복되면 조급해져 "오늘 반드시 낙찰"을 외치게 된다. 그러면 입찰가를 올려 무조건 낙찰되는 금액을 쓴다. 비싸게 낙찰받으면 올라갈 때까지 오랫동안 묶인다. 기다리지 못하면 손해 보고 팔게 된다. 매수도 급하고 매도도 급하면 결과는 뻔하다.

명도도 같다. 대출이자를 아끼려 급하게 명도하려 하면, 점유자는 그 마음을 읽고 버티기에 들어가 더 많은 이사비를 요구할 수 있다. 대출이자와 이사비를 비교해 조급함을 누르면 더 유리하게 움직일 수 있다. 느긋함을 무기로 점유자가 먼저 연락해오기를 기다리는 사람도 있다. 매도 역시 "빨리 팔아야 한다"면 나와 있는 매물 중 가장 싸게 내놓아야 한다. 하락기라면 더 큰 손해를 감수해야 하는 최악의 선택이 될 수 있다. 조급함이 가격을 후려치게 만든다.

## 레버리지는 양날의 검이다

아르키메데스는 "긴 지렛대와 지렛목만 있으면 지구라도 움직이겠다"라고 말했다. 지렛대가 큰 바위를 들어 올리듯, 투자에서 지렛대 역할을 하는 것이 레버리지이다. 예를 들어 십억 원짜리 아파트를 사고 싶은데 내 자금이 사억 원이라면 대출 육억 원으로 매입할 수 있다. 대세 상승장을 만나 이십억 원이 되면 레버리지로 큰 이익을 만든다. 반대로 하락장으로 십억 원이 육억 원이 되면 내 전 재산 사억 원을 순식간에 잃을 수 있다.

대출이 무섭다고 무조건 피할 필요는 없다. 하지만 감당할 수 없는 대출을 남발하면 인생이 흔들린다. 예를 들어 일억 원짜리 아파트가 있고 월세 시세가 보증금 오백만 원, 월세 사십만 원이라고 하자. 대출 없이 일억 원 현금으로 매입하고 보증금 오백만 원을 받으면 실투자금은 구천오백만 원이고, 매달 사십만 원이 들어온다. 수익률은 오 퍼센트이다.

이번에는 레버리지를 활용해보자. 경매로 일억 원에 낙찰받고, 팔십 퍼센트인 팔천만 원을 대출받고, 보증금 오백만 원을 받는다. 실투자금은 천오백만 원이다. 금리 사 퍼센트로 계산하면 월 대출이자는 26만 원이다. 월세에서 이자를 빼면 현금흐름은 약 13만 원이다.

**수익률 계산**

연간 수입 총액 ÷ 실투자금 × 100

실투자금 = 매매가 - 보증금 - 대출

연간 수입 총액 = 연 임대료 - 연 대출이자


실투자금 = 1,500만 원

연간 수입 총액 = 480만 원 - 320만 원 = 160만 원

수익률은 약 10퍼센트가 된다.

대출에는 착한 대출과 나쁜 대출이 있다. 대출이 수익을 만들어 주면 착한 대출이다. 반대로 직원 월급, 퇴직금, 임대료처럼 소비로 사라지면 나쁜 대출이다. 자본소득을 만드는 대출은 착한 대출이고, 어쩔 수 없이 생계를 유지하기 위해 받은 대출이 소비로 소진되면 그 순간부터 족쇄가 된다. 레버리지는 나를 살릴 수도, 나를 벨 수도 있다. 상승장 초입에서 잘 쓰면 강력한 도구지만, 상승장 끝자락이나 하락장을 앞둔 상태에서는 위험해진다.

## 씨를 뿌렸으면 진득하게 기다린다

상승장과 하락장을 겪어보면 "하락장에서 사서 상승장에서 팔면 된다"라는 결론이 나온다. 그런데 다음 사이클까지 들고 있어보면 "안 팔고 오래 들고 있는 게 더 낫다"라는 생각이 들기도 한다. 나는 지방 소형 아파트를 경매로 칠천오백팔십만 원에 낙찰받은 적이 있다. 대출 육천만 원, 보증금 천오백만 원, 월세 삼십팔만 원으로 임대해 실투자금 약 오백오십만 원을 넣고, 대출이자를 제외한 현금흐름 이십만 원 정도를 만들었다. 시간이 지나 월세를 사십만 원, 사십오만 원으로 올렸지만 금리가 거의 두 배가 되며 대출이자도 두 배로 올라 임대수익이 제로에 가까워지거나, 월세로는 이자도 못 내 내 돈을 보태야 하는 상황까지 갔다. 단기적으로는 정리하면 수익을 내고 마무리할 수도 있었다. 하지만 나는 팔지 않고 버텼다. 지금 그 아파트 시세는 약 일억 사천만 원으로 두 배가 되었고, 반전세로 전환하면 대출을 다 상환하고 이자 없이 월세를 받을 수도 있다. 금리가 십 퍼센트가 되어도 크게 흔들리지 않는다. 시간이 지나면 매매가도, 월세도 오를 수 있다. 이런 물건을 여러 개 들고 있으면, 내가 일하지 않아도 돈이 일하는 시스템이 된다. 남과 다른 성과를 내려면 씨를 뿌리고 기다려야 한다.

# 청약이나 일반 매매는 별로인가요?

## 하루는 누구에게나 24시간

부동산 경매를 하는 사람을 '하이에나'라고 부르거나, "사람이 할 짓이 아니다"라고 말하는 사람도 있다. 하지만 경매에 대한 오해가 있다. 경매로 인해 피눈물이 나는 쪽은 빚을 진 채무자만이 아니라, 돈을 빌려주고도 못 받는 채권자이기도 하다.

우리가 경매를 하는 이유는 수익을 내기 위해서다. 그리고 경매는 부동산을 매입하는 방법 중 하나일 뿐이다. 싸게 살 수 있고 대출 레버리지를 활용할 수 있어, 십 퍼센트에서 삼십 퍼센트의 소액으로도 매입이 가능하다. 다만 청약으로 분양가 상한제 지역에서 분양을 받을 수 있다면 청약도 적극 활용하는 편이 낫다. 서울 아파트를 청약으로 받으면 많게는 이십억 원, 적게는 이삼 억 원의 시세차익이 발생할 수도 있다. 이른바 로또 청약이다.

경매만이 답은 아니다. 나 역시 생애 최초 내집 마련은 미사 미분양 아파트 분양이었고, 일반 매매로도 많이 매입했다. 다만 경매는 부동산 투자자에게 필수로 장착할 만한 도구다. 목표는 경매 박사가 되는 것이 아니다. 사냥꾼에게 필요한 것은 사냥의 역사나 의미가 아니라, 사냥감을 이해하고 제대로 잡는 법이다. 청약이든 경매든 모든 수단을 동원해 수익을 내고, 경제적 자유와 시간적 자유를 얻는 것이 목적이다.

세상에 거저 얻어지는 부는 없다. 하루 스물네 시간은 공평하다. 이 시간을 어떻게 쓰느냐가 인생을 바꾼다. 현재의 나는 지난 시간을 어떻게 사용했는지의 결과다. 내가 운영하던 노가리포차 이야기를 해보자. 직원 A와 직원 B가 있었다. 둘은 비슷한 시기에 입사했고, 저녁 일곱 시부터 새벽 세 시까지 여덟 시간 근무했다. 손님이 들어올 때부터 둘은 달랐다. 직원 A는 자기 일 처리가 우선이라 손님을 쳐다보지 않고 무표정하게 입으로만 인사했다. 반면 직원 B는 설거지를 하다가도 홀로 뛰어나가 손님을 맞았다. 그래서 직원 A는 고무장갑을 끼고 설거지를 하고, 직원 B는 맨손으로 설거지를 했다. 다음 스텝의 준비가 된 사람과 아닌 사람의 차이가 이미 드러난 것이다.

여덟 시간은 같아도 직원 A는 "어떻게 꿀을 빨까"를 생각하며 휴대폰, 담배, 화장실로 시간을 흘려보냈다. 근무시간이 아무것도 남지 않게 소비됐다. 반면 직원 B는 미래의 창업을 목표로 사소한 것 하나도 놓치지 않고 배우려 했다. 테이블과 의자 위치, 손님이 자주 묻는 말, 자주 들어오는 컴플레인을 메모하고 개선했다. 순이익과 세금 같은 사장만 아는 부분에도 관심이 많아 수시로 질문했다. 같은 여덟 시간이어도 직원 A의 시간은 낭비됐고, 직원 B의 시간은 성장에 투자됐다. 시작은 같아도 결과는 달라질 수밖에 없다.

오늘 나에게 주어진 스물네 시간을 어떻게 쓰고 있는가. 출퇴근길 전철 안에서 대부분은 유튜브를 보거나 게임을 한다. 나머지는 잠을 잔다. 책을 읽는 사람은 소수다. 목표를 세우고 열정적으로 움직이는 사람은 늘 소수다. 그래서 성공한 사람은 소수고, 부자도 소수인 것이다.

# 리스크를 맞으면 어떻게 하죠?

## 리스크에 대해서

보유 물건이 많을수록 상승기에는 자산이 빠르게 커지고, 하락기에는 더 빨리 꺼진다. 지금 분위기가 좋다고 영원히 좋은 것도 아니고, 지금 하락한다고 영원히 하락하는 것도 아니다. 올랐으면 내려오고, 떨어졌으면 회복한다. 원칙은 간단하다. 비싸지면 매도하고, 싸면 매수한다. 하지만 달콤한 유혹과 주변의 움직임 때문에 생각과 다르게 움직이기도 한다. 손해를 봐야 배우는 것도 있다. 한 번도 손해를 본 적이 없는 성공한 투자자는 없다. 워런 버핏도 2022년에 큰 손실을 봤다. 손해는 투자에 붙어 다닐 수 있다.

손해를 보지 않는 방법은 하나다. 투자하지 않는 것이다. 실제로 잃는 것이 두려워 투자하지 않는 사람이 많다. 한 번도 손해를 보지 않은 부자는 거의 없지만, 한 번도 손해를 보지 않은 가난한 사람은 많다. 투자하지 않아 손해가 없다는 사실이 기뻐할 일인지도 생각해 볼 문제다. 자본주의에서 원금을 지키려는 사고는 결국 정체로 이어지기 쉽다.

부동산 상승·하락 타이밍을 기가 막히게 맞출 수 있다면 레버리지를 활용한 갭투자로 큰돈을 벌 수도 있다. 돈 버는 원리는 단순하다. 싸게 사서 비싸게 판다.

**부의 방정식**

부 = 이익 × 수량

상승장에서 들고 있는 만큼 자산은 커진다. 이천만 원 오르는 아파트 열 채를 들고 있으면 이억 원이다. 그러나 이익이 마이너스이면 수량만큼 부는 마이너스로 커진다.

역전세 사례도 있다. 계약 때보다 전세값이 떨어지면 역전세다. 시장에 전세 매물이 많아지면 전세가격이 빠진다. 매매 거래가 줄어 전세 매물이 쌓이고, 보증금을 내려 돌려줘야 한다. 여기에 금리 인상이 트리거가 되기도 한다. 공시 가격이 내려가 보증 보험 가입을 위해 보증금을 내려야 하는 상황도 생긴다. KB 시세의 125%까지만 보증보험 가입이 가능하기 때문에, KB 시세가 떨어지면 자동으로 역전세가 된다. 상승장의 열기를 금리 인상이 날려버렸다면, 역전세는 마무리 카운터 펀치가 될 수 있다. 잽은 맞아도 강한 어퍼컷은 피해야 한다. 방심하면 한 방에 KO를 당할 수도 있다.

리스크를 두려워하지 말고, 꾸준히 노력하고 움직여야 한다. 한 번 크게 맞으면 다음 펀치가 오기 전부터 겁이 난다. 역전세, 금리 인상, 세금 이야기만 들어도 움츠러든다. 그러나 성과는 결국 반복과 누적에서 나온다.

## 일주일만 공부해도 입찰은 가능하다

나는 2013년에 미사 미분양 아파트를 분양받았고, 입주 시기 분양가에 전세를 맞춰 투자금을 회수했다. 2015년에 입주하며 부동산 상승을 체감했고, 경매로 소액으로 큰 수익을 냈다는 경험담이 담긴 책을 읽고 경매를 시작했다. 그 뒤로 부동산 서적을 닥치는 대로 읽었다. 교과서가 아닌 책은 삼일 안에 독파해야 전체 맥락을 잡기 쉽다. 경매도 관련 서적 다섯 권 정도를 단기간에 읽으며 감을 잡는 편이 낫다. 책을 읽는 동안에는 잠깐 모든 일을 내려놓고 집중해야 한다.

한 권을 한 달 동안 찔끔찔끔 읽으면 기억력이 좋은 사람이라도 내용의 칠십 퍼센트에서 팔십 퍼센트는 사라진다. 독후감처럼 내 생각과 인상 깊은 부분을 글로 남겨야 흡수된다. 중고로 팔 생각이 없다면 책은 지저분하게 읽는 편이 낫다. 중요한 부분은 밑줄을 긋고 접어두고 여러 번 봐야 한다. 신기하게도 첫 번째와 두 번째, 세 번째 읽을 때 느낌이 다르다. 그때그때 떠오르는 생각도 메모해두면 좋다. 인간은 망각의 동물이라, 이미 본 책도 계속 꺼내야 한다. 밑줄 친 부분만 훑어도 된다. 하루 한 시간 독서가 어렵다면 하루 5분이라도 된다. 화장실에서 5분만 읽어도 1년이면 1,825분, 30시간이다.

사실 경매 공부는 한 달이면 충분하다. 권리분석은 한 시간이면 배울 수 있다. 쉬운 물건만 본다면 이번 주 임장, 다음 주 입찰도 가능하다. 그런데 "수박 겉핥기식 공부는 싫다"라며 정규강의에 매달리고, 지금 단계에서 필요 없는 특수물건까지 억지로 공부하다 보면 범위만 늘어난다. 공부만 하다가 입찰 한 번 못 하고 사라지는 경우가 많다.

완벽한 준비는 없다. 완벽에 욕심을 내면 등장할 타이밍을 놓친다. 일단 도전하고 실패하더라도 그 실패를 거름 삼아 다시 도전하는 과정이 중요하다. 몇 번 입찰해보고 포기하면 결국 아무것도 못 한다. 패찰을 반복해야 낙찰에 도달한다는 점을 잊지 말아야 한다. 첫 입찰에 낙찰받는 것은 운이 좋거나, 아주 비싸게 쓴 경우일 수 있다. 후자라면 실패 원인을 분석하고 다음 낙찰은 철저히 준비해 좋은 가격으로 받아야 한다.

# 한 대 걸러 부자가 되고, 한 대 걸러 빈자가 된다

왜 큰 부자들 중에는 가난한 과거를 가진 사람이 많을까. 중산층 이상의 가정에서 태어나 부자가 된 사람보다, 가난한 집에서 태어나 큰 부자가 된 사람이 많다는 말이 있다. 그래서 자녀 교육을 위해 "우리 집이 망했다"라고 거짓말을 하고 단칸방으로 이사해야 한다는 극단적 농담까지 나온다. 어릴 때의 가난이 오히려 부자가 될 길을 열어 주는 행운일 수도 있다는 뜻이다.

이즈미 마사토의 〈부자의 그릇〉에는 "돈은 그 사람을 비추는 거울이다"라는 구절이 나온다. 돈을 어떻게 쓰는지를 보면 습관, 라이프스타일, 취미가 드러난다. 부자 아빠는 소비를 줄이고 저축과 투자로 자산을 쌓지만, 부족함 없이 자란 아들은 아빠 돈을 자기 돈처럼 쉽게 쓰기도 한다. "돈은 쓰려고 버는 것"도 틀린 말은 아니지만, 들어오는 대로 다 쓰면 돈도 그런 사람에게 붙어 있으려 하지 않는다. 로또 당첨금 수십억 원을 받고도 결국 무일푼이 되는 사례가 괜히 나오는 게 아니다.

돈 자체에는 색이 없지만 사람은 거기에 색을 입힌다. 그리고 사람마다 다룰 수 있는 돈의 크기가 다르다. 돈을 담는 그릇이 있다. 십억 원 그릇에는 십억 원이, 일억 원 그릇에는 일억 원이 모이기 쉽다. 그릇이 작으면 큰돈이 들어와도 담지 못하고 뱉어낸다. 그릇에 구멍이 나 있으면 줄줄 새어 나간다. 같은 가족이라도 돈에 입히는 색과 그릇 크기는 제각각이다.

부모가 돌아가시면 재산은 상속된다. 요즘 상속세·증여세는 부담이 크다. 상속세 과세표준이 삼십억 원을 초과하면 오십 퍼센트 세율이 적용된다. 공제도 있고, 상속액이 아니라 과세표준 기준이라 정확히 절반이라고 단정할 수는 없지만, 대략 큰 폭으로 줄어드는 것은 사실이다.

예를 들어 아버지가 이십억 원짜리 아파트 두 채를 자녀 둘에게 상속한다고 하자. 상속세 계산을 하면, 결국 한 채는 팔아 세금을 내야 하는 경우가 생길 수 있다. 세금으로 한 번 줄고, 다시 자녀에게 n분의 1로 잘게 쪼개진다. 아파트는 반으로 쪼갤 수 없으니 지분으로 상속된 나머지 한 채도 팔아 나눠야 할 수 있다. 피와 땀과 시간으로 마련한 집이 그렇게 사라질 수 있다. 자녀에게 돈의 기본 개념을 심어주지 못하면, 한 대 걸러 부자가 되고 한 대 걸러 빈자가 되는 사이클이 반복되기 쉽다.

# 4부

## 나만을 위해 일하는
## '월세'라는 직원

# 월세 직원으로
# 1년 만에 월 수익 100만 원 벌기

## 매달 100만 원만 더 있다면

일 년 동안 실투자금 2,000만 원으로 대출이자를 제외하고 월세 100만 원을 만들었다. 괜찮은 투자사례만 묶어 성과를 부풀린 이야기가 아니다. 인생 첫 낙찰부터 다섯 번째 낙찰까지, 일 년 동안의 낙찰사례를 사실 그대로, 날것 그대로 정리한 기록이다.

나는 부동산 경매 강의를 듣고 첫 낙찰을 받은 것이 아니다. 시중의 경매 책 몇 권을 읽고 맨땅에 헤딩하듯, 책에서 본 내용들을 반신반의하며 실제로 해보기로 결심하고 실행으로 옮겼다. 그래서 누구나 실투자금 2,000만 원으로, 대출이자를 제외한 현금흐름 100만 원을 만들 수 있다고 말할 수 있다.

매달 100만 원씩 따박따박 월세가 들어오면 인생이 바뀔까. 결론부터 말하면 바뀐다. 물론 매달 들어오는 100만 원을 모아 부자가 될 수는 없다. 다만 단돈 10만 원이라도 '월세'를 받아보는 경험이, 인생을 바꾸는 첫 발자국이 된다. 일을 하지 않아도 매달 100만 원이 들어오는 경험은, 근로소득으로만 살아온 사람에게 자본소득이 무엇인지 선명하게 보여준다. 듀얼 모니터를 한 번 써보면 다시 모니터 하나로 돌아가기 어려운 것과 비슷하다. 사업장에서 테이블오더를 한 번 써보면, 없던 시절로 돌아가기 어렵다. 경험해 보기 전에는 절대 몰랐던 불편함이 보이기 시작한다.

근로소득이 아닌 자본소득을 경험하면, 그동안 짠돌이 짓을 하며 아끼기만 하고 일만 열심히 했던 세월이 '최선의 방식'이 아니었을 수도 있다는 사실을 알게 된다. 열심히 일만 하며 살면, 정작 돈을 벌 '시간'이 없었다는 것을 뒤늦게 깨닫는다. 기존의 방식만 고수하면 리스크가 적은 안정적인 삶을 살 수는 있다. 하지만 더 나은 삶으로의 변화도 함께 멈춘다. 어제와 같은 오늘, 오늘과 같은 내일을 반복하며 정체된다. 자본소득을 한 번 경험하면 근로소득만으로 돌아가기 어렵다. "그동안 바보처럼 살았구나" 같은 회의감이 밀려오며 삶의 방향이 바뀐다. 그래서 부동산 경매는 '다른 삶'을 향한 도전이 될 수 있다. 다른 방식으로 돈을 버는 일은, 언제든 꺼내 들 수 있는 숙제다.

수입은 크게 두 종류로 나뉜다. 급여처럼 노동의 대가로 얻는 수입이 있고, 돈에게 일을 시켜 자산이 만들어내는 수입이 있다. 과거에는 회사를 믿고 열심히 일하면 평생 직장이 보장된다는 믿음이 있었다. 하지만 1990년대 말 외환위기를 겪으며 구조조정과 명예퇴직이 일상이 되었고, 2020년대 또 한 번의 거대한 변화가 왔다. 바로 AI다. 2023년 IBM은 AI로 인해 7,800개 일자리를 대체하겠다고 발표했다. 마이크로소프트는 2024년 1월 1,900명을 해고했다. 구글, 아마존, 메타도 2023~2024년 수천 명을 감원했다. AI가 더 효율적이고 비용이 적게 든다는 이유였다. 회사가 더 이상 내 인생과 가족을 책임져주지 못한다는 사실을 많은 사람이 체감하고 있다.

세상은 계속 바뀐다. 불과 몇십 년 전만 해도 한국은 '먹고사는 문제'가 급했다. 내가 어렸을 때 바나나는 부자들만 먹는 과일이었고, 치킨과 피자도 특별한 날에나 먹는 음식이었다. 지금은 다르다. 도시락을 못 싸가서 수돗물로 배를 채우는 학생은 거의 없다. 1인당 쌀 소비량도 매년 줄어든다. 고급 식재료 수입이 늘면서 랍스터, 킹크랩도 시장이나 마트에서 쉽게 살 수 있는 시대가 됐다. 쌀이 부족해서가 아니라 먹거리가 넘쳐나 쌀 소비량이 줄어드는 쪽에 가깝다. 집에서 밥을 해먹는 사람보다 배달로 끼니를 해결하는 사람이 의외로 많다. 스마트폰으로 주문하면, 굽기 힘든 고기도 구워서 배달해주는 세상이다. 배달문화가 발달하면 쌀 소비량이 줄어드는 것도 자연스러운 흐름이다.

먹거리만 달라진 것이 아니다. 명절에 집에서 차례를 지내기보다 해외로 여행을 떠나는 사람도 늘었다. 친구들과 술 한잔 하며 "이번 주에 일본이나 갈까" 하고 즉흥적으로 떠난다. 그것도 스무 살짜리 친구들이 네 명끼리 해외여행을 가는 세상이다. 과거에는 비행기 티

켓, 숙박비, 언어 장벽 때문에 해외여행의 문턱이 높았지만 이제는 스마트폰만 있으면 AI로 웬만한 일을 해결한다. 여행 정보도 유튜브 영상으로 넘쳐난다. 국내 숙박비보다 해외 숙박비가 더 저렴한 경우도 흔하다. 가평 가듯, 쉽고 가볍게 해외여행을 결정한다. 국내 여행의 수준도 올라가 30만~40만 원대 풀빌라도 쉽게 예약한다. 인원이 많으면 비용을 나눠 50만~60만 원대 숙박비도 부담이 덜하다.

단순히 삶의 질만 따지면, 한국 역사상 가장 풍요로운 시대에 살고 있다고 해도 과장이 아니다. 조선시대 임금의 삶과 비교해도 크게 밀리지 않는다. 지금은 더 좋은 음식을 먹고 더 편하게 산다. 과거에는 예순이 넘으면 환갑잔치를 했지만 요즘은 잘 하지 않는다. 수명도 늘어 '100세 시대'를 말한다. 삶의 질이 올라가면 기대 수준도 함께 올라간다. SNS로 타인의 삶을 비교하며 더 좋은 음식, 더 좋은 여행, 더 좋은 차, 더 좋은 집을 부러워한다. 그러려면 점점 더 많은 돈이 필요해진다.

우리는 남들보다 더 잘 살려면 '두 배, 세 배 더 일해야' 돈을 더 벌 수 있다고 착각해왔다. 그러나 그렇게 일만 늘리면 몸이 망가지고, 병원비로 돈이 새며, 결국 아픈 몸으로는 돈을 벌 수 없다.

## 아주르와 추마 이야기

엠제이 드마코의 〈부의 추월차선〉에는 아주르와 추마의 이야기가 나온다. 둘은 각자의 피라미드를 완성하면 막대한 부와 지위를 받고 은퇴해 여생을 호화롭게 보낼 수 있었다. 단, 파라오는 조건을 걸었다. "다른 사람 도움 없이 혼자서 전부 해내라"는 조건이었다.

아주르는 즉시 일에 착수했다. 근면 성실하게 크고 무거운 돌을 끌어다 1층을 쌓았다. 1층은 돌을 끌어다 놓기만 하면 됐지만, 2층부터는 힘이 부족해 돌을 들어 올릴 수 없었다. 그래도 포기하지 않았다. 지역에서 가장 힘센 사람을 찾아가 근육을 키우고, 무거운 것을 더 높이 들어 올리는 법과 힘을 효율적으로 쓰는 법을 배웠다. 체력을 더 키워 더 무거운 돌을 옮기는 전략을 택했다.

투잡, 쓰리잡으로 일을 늘려 돈을 더 벌려는 사람들은 아주르와 비슷한 삶을 살고 있는 셈이다. 아주르는 고민하고 사색하며 시스템을 만드는 추마를 바보라고 여겼다. 추마는 집에 틀어박혀 책도 보고 그림도 그리며 무언가를 만들고 있었다. 아주르는 "추마야, 너 지금 뭐 하니?"라고 물었다. 추마는 "피라미드를 만들고 있다"고 답했다. 아주르는 코웃음 쳤다. "이상한 기계를 만들며 시간을 낭비한다. 앞서가는 나를 절대 따라오지 못한다"고 확신했다. 아주르는 자신이 먼저 완성할 것이라 믿었다. 그런데 어느 날 추마가 지지대, 바퀴, 지렛대, 밧줄로 엮인 거대한 장치를 끌고 왔다. 아주르는 피라미드 기초를 쌓는데 1년이 걸렸지만, 추마는 약 8미터에 달하는 기계로 일주일 만에 기초를 쌓았다. 층이 올라갈수록 속도 차이는 더 벌어졌다. 아주르는 자신이 쌓아온 노력과 세월이 무너지는 느낌을 받았다. 추마는 8년 만에 피라미드를 완성해 약속받은 부귀영화를 평생 누렸다. 반면 아주르는 지금까지 들어간 매몰비용, 시간과 노력을 포기하지 못했다. 계속 근육을 키우며 열두 번째 층을 쌓다가 결국 심장마비로 죽었다.

이 이야기를 보며 내 삶이 아주르에 가까운지, 추마에 가까운지 생각해보자. 시간은 한정되어 있다. 두 배, 세 배로 일한다고 원하는 것을 얻을 수 있는지 냉정하게 따져봐야 한다. "노력보다 머리를 써야 한다"로 단순화할 일이 아니다. 핵심은 '움직이기 전에 사색하고, 계획하고, 설계하는 단계'가 필요하다는 점이다. 내 몸을 움직여 벌 수 있는 돈에는 한계가 있다. 열심히 일해 근로소득만으로 100억 원짜리 건물을 사는 것은 구조적으로 어렵다. 추마처럼 돈을 버는 기계를 만들어야 한다.

"잠자는 동안에도 돈이 들어오는 방법을 찾아내지 못한다면 당신은 죽을 때까지 일을 해야만 할 것이다."

워런 버핏의 말이다. 항상 기억하자. 부동산은 추마의 기계처럼 돈을 버는 기계가 될 수 있다. 지금부터 하나둘씩 '부동산 월세 직원'을 만들어, 내가 잠자는 동안에도 돈을 벌어오게 해보자.

## 나보다 먼저 간 사람들의 경험을 간접경험하라

부동산으로 월세를 받으려면, 나보다 먼저 간 사람들의 투자사례와 경험을 들어야 한다. 그런데 내 주변에는 부동산으로 월세를 받는 사람이 거의 없다. 있다고 해도 부모에게 물려받은 부동산이거나, 돈을 많이 벌어 산 다가구주택일 가능성이 크다. 시작점이 다른 사람에게서 내 상황에 맞는 방법을 배우기는 어렵다. 소액으로 임대수익을 내는 방법을 배워야 하는데, 그 방법을 알려주는 사람은 '책'에서 만날 수 있다.

자본가들이 소유한 생산수단은 크게 사업과 투자 두 형태다. 사업은 쉽게 구축할 수 있는 시스템이 아니므로, 일반 직장인이나 소규모 자영업자는 부동산 투자를 필수로 고려해야 한다. 은행이 예대마진으로 수익을 내는 구조를 벤치마킹한다고 생각해보자. 부동산 담보대출과 임차인에게 받는 임대료의 마진으로 고정 현금흐름을 만들거나, 장기 시세차익을 기다릴 시스템을 설계할 수 있다.

나는 근로소득으로만 돈을 벌다가 2013년 첫 내 집 마련 이후 처음으로 자본소득을 경험했다. '등기를 쳐봐야 인생이 바뀐다'는 말이 있다. 실제로 내 부동산을 소유해보니, 그동안 보이지 않던 부동산의 흐름이 보이기 시작했고 관심이 생기지 않을 수 없었다. 자영업을 확장해 소득을 늘리기보다, 부동산을 하나라도 더 보유하는 쪽이 낫다는 결론을 내렸다.

실제로 자영업 확장을 해보니 체력 소모와 감정 소모가 컸다. 직원이 갑자기 그만두면 몇 달 동안 쉬는 날 없이 하루 15시간 이상, 부족한 인력으로 버텨야 했다. 몸이 힘들면 정신도 무너지고, 직원과의 트러블이 커진다. 잠만 자고 나가는 생활이 이어지면 가정에서 남편 역할, 아빠 역할도 제대로 하기 어렵다. 그러다 가정이 터질 수도 있다. 최악의 경우 직원도 떠나고, 사장도 지쳐 폐업으로 끝난다.

부동산은 다르다. 내가 "가라"고 하기 전까지 먼저 떠나지 않는다. 일이 고되다고 불만을 갖지도 않고, 월급이 적다고 올려달라고 하지도 않는다. 무엇보다 지난 15년간 잠 못 자고, 화장실도 마음대로 못 가고, 밥도 서서 먹으며 고생해서 벌어온 수익보다, 최근 몇 년간 부동산으로 벌었던 수익이 몇 배로 더 컸다.

부동산으로 승부를 보기로 한 뒤 책을 닥치는 대로 읽었다. 부동산·재테크 책, 성공한 사업가들의 책 위주였다. 표지에 '부동산' '부자' 같은 단어가 들어간 책은 과거 책부터 신간까지 가리지 않고 읽었다. 나는 원래 일 년에 책 한 권도 읽지 않던 사람이었기 때문에 처음에는 독서가 쉽지 않았다. 한 권을 한 달 동안 읽기도 했고, 속도도 느렸고 독해력도 부족했다. 그래도 목표를 세우고 읽는 독서는 나를 조금씩 바꾸기 시작했다.


## 생각이 변하면 행동이 바뀐다

첫 내 집 마련으로 '전세 직원'을 만들었다면, 이번에는 '월세 직원'을 만들고 싶었다. 매달 일하지 않아도, 내가 버는 근로소득만큼 부동산이 대신 벌어준다면 어떨까. 이런 생각을 했다.

2017년 인천지방법원에서 인생 첫 낙찰을 받았다. 경매 강의를 들은 것도 아니고, 책 몇 권 보고 직접 부딪혀 낙찰받았다. 처음이라 실수도 많았다. 은행에서 보증금을 찾을 때 현금으로 잔돈까지 한꺼번에 찾는 실수도 했다. 경매를 하기 전, 정해진 금액을 수표로 발행해 본 경험이 없었다. 현금으로 입찰보증금을 내도 되지만, 전액 현금이면 집행관이 보증금을 일일이 세어야 해서 진행이 느려진다. 실제로 지금도 꼭 한두 명은 보증금을 현금으로 넣는 사람이 있기 때문에 법원에서는 수표 한 장으로 준비하라고 말한다.

입찰할 때도 입찰표와 입찰봉투 사건번호를 다르게 적는 실수를 했고, 대항력 있는 물건에 아무 생각 없이 들어갔다가 "제발 패찰하게 해달라"고 기도한 적도 있다. 임장 때 확인해야 할 것들을 확인하지 않고 그냥 오는 실수도 했다. 명도도 실수의 연속이었다.

인생 첫 낙찰 물건은 인천 미추홀구의 빌라였다. 계속 패찰이 이어져 전략이 필요했다. 첫 물건이라 명도 난이도가 낮은 물건을 택했다. 전액 배당받는 임차인이 들어 있고, 재계약 가능성이 있는 물건을 찾았다. 보증금 3,000만 원, 월차임 43만 원으로 임차인이 거주하는 물건을 골랐다. 임차인의 보증금, 월세를 확인했고 시세조사로 받을 수 있는 임대료를 확인했다. 대출이자와 임대료의 마진만 나오면 현금흐름을 만들 수 있겠다 판단했다. 권리 분석이 아주 쉬운 누구나 할 수 있는 물건이었다.

빌라는 평수와 구조가 조금씩 달라 시세조사가 어렵지만, 첫 물건이라 "비싸지만 않게, 최소 금액으로 낙찰받아 월세를 받아보자"에 초점을 맞췄다. 바로 시세차익을 노리기보다 임대수익으로 접근하면 의외로 낙찰은 어렵지 않았다.

최고가매수인이 되면, 법원 경매계에서 서류열람을 통해 임차인의 임대차계약서를 확인할 수 있다. 기존 임차인과 재계약하면 명도도 필요 없고 수리도 필요 없다. 중개수수료도 없다. 추가 지출 없이 바로 수익실현이 가능하다. 그래서 나는 '보증금 전액 배당 임차인' 물건으로 타깃을 정하고 움직였다.

현장 임장을 가서 벨을 눌러도 전액 배당 임차인이어서 대체로 호의적이었다. 향후 진행을 설명하며 대화의 물꼬를 튼 뒤 재계약 의사를 확인했다. 소액보증금 임차인이 점유한 물건은 권리분석이 쉽고 명도 난이도가 낮아, 초보자가 경매 한 사이클을 경험하기에 적합하다. 임장 단계에서 재계약 여부를 확인해오면 수리 없이 바로 수익실현이 가능해 비용도 줄일 수 있다.

부동산 경매를 시작한 이유는 소액으로도 대출 레버리지를 이용해 부동산을 살 수 있어서였다. 그래서 입찰 준비 내내 "정말 80~90퍼센트 대출이 현실에서도 가능할까"가 궁금했다. 주거래 은행, 시중은행을 다니며 상담을 받았지만 "경매 물건이면 오히려 LTV가 낮고 시세의 50~60퍼센트 정도"라는 답만 들었다. 주변에 부동산 경매를 하는 사람도 없었고, 당시에는 지금처럼 경매 유튜브 콘텐츠도 많지 않아 직접 경험하는 수밖에 없었다.

나는 "일단 낙찰을 한 번 받아 경매가 무엇인지, 책에서 말하는 '한 사이클'을 경험해보자"고 결심하고 물건을 찾았다. 입지가 좋은 물건은 계속 패찰했다. 나에게 좋은 물건은 남에게도 좋으니 낙찰가가 높았고 실투자금이 들어갔다. 그때는 입지보다 '실투자금'이 가장 중요했다. 돈이 없었기 때문이다.

물건 검색을 하며 나만의 기준을 세웠다. 돈이 들어가더라도 실투자금은 2,000만 원을 넘지 않게, 가능하면 더 소액으로 하고 싶었다. 책에서 보던 '무피 투자'를 경험해보고 싶었다. 돈이 없어도 부동산을 사고, 월세를 받을 수 있다는 말은 상상만 해도 설렜다. 해보기 전에는 두렵고 막연했지만, 직접 해보며 의문이 풀리기 시작했다. 그리고 '무피 투자' 역시 상상 속 이야기가 아니라 현실에서 얼마든지 가능한 방식이었다.

## 무피 투자

낙찰가 ≤ 대출 + 임차인 보증금
대출과 임차인 보증금 합이 낙찰가보다 크거나 같으면 투자금이 거의 들어가지 않는다.

풀어 말하면, 1억 원에 낙찰받고 대출 8,000만 원, 보증금 2,000만 원에 월세 50만 원을 받으면 매입자금이 거의 들어가지 않고 월세로 대출이자를 내며 임대수익을 만들 수 있다. 물론 취등록세, 법무비,

소유권 이전 비용, 명도비가 들어가니 "단 한 푼도 안 든다"라고 말할 수는 없다. 그래도 구조는 성립한다. 보증금 3,000만 원에 월세 45만 원이라면 오히려 돈이 남는 경우도 생긴다.

정말 무피가 가능할까. 나는 무피가 가능한 낙찰가에 계속 입찰했지만 패찰했다. 그래서 "낮은 금액으로 싸게 낙찰받으려면 경쟁률이 낮은 비인기 지역으로 가야 한다"는 결론에 도달했다. 그리고 사람들이 꺼리는 '탑층' 물건을 찾았다.

빌라 탑층은 조심해야 한다. 우리나라 빌라는 공사 기간이 짧고 단열이 미흡한 경우가 많아 결로가 흔하다. 누수가 시작되면 '누수와의 전쟁'이 된다. 누수 원인 찾기도 어렵다. 하지만 탑층 임장을 가면 옥상 방수가 제대로 됐는지 확인하고, 내부를 보면 현재 누수 여부도 어느 정도 확인할 수 있다. 다만 시간이 지나면 누수는 다시 생길 가능성이 있다. 그래서 "탑층은 절대 하지 말라"는 말이 나온다. 사람들이 아예 쳐다보지 않으니 그 안에 기회가 생기기도 한다.

투자자는 물건을 가리기보다 '가격'으로 판단해야 한다. 탑층 빌라도 시세의 반값이라면 어떨까. 반값에 사서 플러스피를 만들고, 그 돈으로 아파트를 사주는 역할을 할 수도 있다. 매달 현금흐름도 준다. 물론 시간이 지나며 누구나 수리 스트레스를 피하기 어려울 수 있다. 하지만 보상이 크면 스트레스의 체감은 달라진다.

그때 내 목표는 "빠른 시일 안에 경매 한 사이클을 돌려보는 것"이었다. 시세차익을 벌겠다는 개념보다 "부동산을 소유하는데 돈이 거의 안 들어가고, 월세를 받을 수 있는지"를 확인하고 싶었다.

　소유자 물건은 벨을 누르면 호의적이지 않은 경우가 많아 내부 확인이 어렵다. 반면 보증금을 전액 배당받는 임차인이 있는 물건은 대체로 호의적이다. 다만 내가 주로 임장을 가던 평일 낮 시간에는 대부분 출근해 집이 비어 있었다. 내부를 확인하지 못했고, 집 상태를 확인하지 않은 채 낙찰을 받는 위험한 선택을 했다. 탑층이라 옥상 누수가 있으면 임차인을 맞추기도, 매도하기도 어려워질 수 있는데도 말이다. 나는 "무피가 가능한 금액으로 낙찰받는 것"만 생각했다.

# 월세 직원 1호기:
# 인천 용현동 3룸 빌라

## 세상에서 제일 어려운 투자는 '첫 투자'다

**2016타경39981**   • 인천지방법원 본원   • 매각기일 : **2017.09.05(火) (10:00)**   • 경매 12계(전화:032-860-1612)

| 소재지 | | | | 도로명검색 □지도 □지도 | | | |
|---|---|---|---|---|---|---|---|
| 물건종별 | 아파트 | 감정가 | 130,000,000원 | 오늘조회: 1  2주누적: 0  2주평균: 0  조회동향 | | | |
| | | | | 구분 | 입찰기일 | 최저매각가격 | 결과 |
| 대지권 | 30.36㎡(9.184평) | 최저가 | (70%) 91,000,000원 | 1차 | 2017-07-25 | 130,000,000원 | 유찰 |
| 건물면적 | 50.12㎡(15.161평) | 보증금 | (10%) 9,100,000원 | 2차 | 2017-09-05 | **91,000,000원** | |
| | | | | 낙찰 : 102,799,000원 (79.08%) | | | |
| 매각물건 | 토지·건물 일괄매각 | 소유자 | | (입찰1명,낙찰 ) | | | |
| | | | | 매각결정기일 : 2017.09.12 - 매각허가결정 | | | |
| 개시결정 | 2016-11-02 | 채무자 | | 대금지급기한 : 2017.10.19 | | | |
| | | | | 대금납부 2017.10.10 / 배당기일 2017.11.16 | | | |
| 사건명 | 임의경매 | 채권자 | | 배당종결 2017.11.16 | | | |

"단독입찰로 최고가매수인은 서울에서 온 강민수 씨입니다. 앞으로 나오세요."

이름이 호명되고, 그렇게 간절히 바라던 낙찰을 받았는데 기분이 이상했다. 단독낙찰이라니. 왜 아무도 들어오지 않았지. 권리분석을 잘못한 것일까. 너무 비싸게 받은 것일까. 오만가지 상상이 들었다. 낙찰의 기쁨보다 "사고 친 것 아닐까" 하는 두려움이 더 컸다. 최저가로 썼으면 1,000만 원은 아낄 수 있었을 텐데, 그 생각이 뇌리에서 떠나지 않았다.

시세는 감정가와 비슷했고 감정가 대비 79퍼센트에 낙찰받았다. 임차인 보증금에 따라 무피, 플러스피가 가능한 낙찰가였다. "잘못 받았다"는 생각은 하지 않기로 했다. 패찰만 이어지다 낙찰을 받았다는 사실에, 들뜬 마음이 조금씩 정리되기 시작했다. 낙찰받은 기념으로 법원 근처에서 점심을 먹었다. 나만의 규칙이 있었다. 낙찰받으면 점심을 먹고, 패찰하면 굶는 것. 스스로에게 주는 당근과 채찍이었다. 점심을 마치고 바로 물건지로 향했다. 낙찰받은 집에는 임차인이 없었다. 포스트잇에 연락처를 적어 붙였다.

"낙찰받은 사람입니다. 앞으로 일정에 대해 상의드리고 싶습니다. 연락 주세요."

다음 날 연락이 왔다. 긴 얘기는 하지 않고 약속 날짜만 잡았다. 약속한 날, 나는 인생 첫 낙찰 물건을 만나러 갔다. 아내도 함께 가고 싶다고 해 같이 갔다.

"안녕하세요. 낙찰받은 사람입니다."

"네, 들어오세요."

거실 소파에 앉은 점유자 앞에 바닥에 앉자, 점유자도 살며시 바닥으로 내려왔다.

"전에 집을 보러 오셨었나요."

"네. 평일 낮이라 안 계셔서 내부는 못 보고 돌아갔습니다."

"사람들이 많이 왔었나요."

"5팀 정도 왔어요."

그리고 점유자가 말했다.

"이 집 문제가 좀 있습니다. 하수도 배관에 문제가 있어 화장실과 싱크대에서 역류합니다. 보일러에도 문제가 있어 안방 바닥은 냉골이에요. 사람이 살 수 없는 집입니다."

아마 임장 온 사람들에게 이렇게 말했기 때문에 아무도 입찰에 들어오지 않았을 것이다. 그래서 내가 단독낙찰을 받았구나 싶었다. 점유자도 "이번에 유찰되면 다음에 직접 입찰하려 했다"고 말했다. 결론적으로 "사람이 살 수 없다"던 그 임차인과 재계약을 했다. 이 빌라는 총 10세대 중 집주인 비율이 높아 관리가 잘 되는 편이었다. 최근에 옥상 방수공사도 했고, 신경 써서 관리하고 있어 탑층이지만 누수 걱정 없이 임대 중이다. 명도비가 들어가지 않았고 수리비, 중개수수료 없이 바로 수익실현이었다.

**월세 직원 1호기 수익 구조**

| | |
|---|---|
| 낙 찰 가 | 102,790,000원(감정가 대비 79퍼센트) |
| 대 출 금 | 9,1000,000원(88퍼센트 대출, MCI 사용) |
| 낙찰가 - 대출: 1,1790,000원 | |
| 입 찰 보 증 금 | 9,100,000원 |
| 잔 금 | 2,699,000원 |
| 법 무 비 | 1,578,000원 |
| 취 득 세 | 1,027,990원 |
| 이 사 비 | 0원 |
| 수 리 비 | 0원 |
| 중 개 수 수 료 | 0원 |
| 임 차 인 보 증 금 | 20,000,000원 |
| 월 세 | 500,000 원 |
| 대 출 이 자 | 280,550원<br>(새마을금고, 35개월 거치, 금리 3.7퍼센트) |

실투자금은 플러스피 559만 5,010원으로 오히려 돈이 들어왔고, 월 현금흐름은 21만 9,450원을 만들었다.

간단히 계산해도 대출 9,100만 원과 임차인 보증금 2,000만 원을 합치면 낙찰가(1억 279만 원)를 넘는다. 돈이 남는다. 부동산을 샀는데 559만 5,010원이 들어왔고, 매달 월세도 들어왔다. 대출이자를 내고도 매달 21만 9,450원의 현금흐름이 생겼다. 말로만 듣던 플러스피 투자였다. "다른 사람들은 이렇게 돈을 벌고 있었구나"라는 생각과 "나는 그동안 바보처럼 살았구나"라는 마음이 교차했다.

나는 드디어 내가 자는 동안에도 매달 21만 원대 돈을 벌어주는 '부동산 월세 직원'을 만들었다. 이 직원은 일이 고되다고 불평하지 않는다. 내가 해고하기 전에는 먼저 그만두지도 않는다. 무단결근도 없고, 월급 올려달라고 하지도 않는다. 심지어 월급을 따로 줄 필요도 없다.

부동산 투자에서 가장 중요한 핵심은 실제로 한 번 해보는 실행력이다. 많은 사람이 경매 공부를 시작하고 입찰 몇 번 하다가, 낙찰도 받아보지 못하고 일상으로 돌아간다. 생애 첫 낙찰은 특히 중요하다. 시세보다 비싸게 낙찰받거나, 명도 과정에서 큰 마음고생을 하면 첫 낙찰이 마지막이 될 수도 있다. 그래서 첫 물건은 너무 어렵지 않은 물건을 추천한다.

월세 세팅 기준으로 빌라만큼 수익률이 좋은 것도 드물다. 다만 아파트에 비해 매도는 어렵고, 특히 탑층은 누수 리스크가 있다. 첫 낙찰을 빌라로 정했다면 너무 오래된 빨간 벽돌 빌라는 피하고, 2000년대 이후 준공의 필로티 구조 빌라를 추천한다.

# 월세 직원 2호기:
# 인천 주안동 3룸 빌라

## 경매 한 사이클을 돌리고 붙은 자신감

**2016타경46385**  • 인천지방법원 본원  • 매각기일 : 2017.09.29(金) (10:00)  • 경매 26계(전화:032-860-1626)

| 소재지 | [도로명검색] [D 지도] [지도] | | | |
|---|---|---|---|---|
| 새 주 소 | | | | |
| 물건종별 | 다세대(빌라) | 감 정 가 | 91,000,000원 | 오늘조회: 1  2주누적: 0  2주평균: 0  [조회동향] |

| 구분 | 입찰기일 | 최저매각가격 | 결과 |
|---|---|---|---|
| 1차 | 2017-08-25 | 91,000,000원 | 유찰 |
| 2차 | 2017-09-29 | 63,700,000원 | |

| | | | | |
|---|---|---|---|---|
| 대 지 권 | 19.696㎡(5.958평) | 최 저 가 | (70%) 63,700,000원 | |
| 건물면적 | 39.33㎡(11.897평) | 보 증 금 | (10%) 6,370,000원 | 낙찰 : 70,609,000원 (77.59%) |
| 매각물건 | 토지·건물 일괄매각 | 소 유 자 | | (입찰6명,낙찰 /<br>차순위금액 67,770,000원) |
| 개시결정 | 2016-12-23 | 채 무 자 | | 매각결정기일 : 2017.10.10 - 매각허가결정<br>대금지급기한 : 2017.11.15 |
| 사 건 명 | 임의경매 | 채 권 자 | | 대금납부 2017.11.02 / 배당기일 2017.12.13<br>배당종결 2017.12.13 |
| 관련사건 | 2012타경36793(소유권이전) | | | |

임장 때 초인종을 누르는 일은 처음엔 무척 힘들었다. "나오면 무슨 말을 하지" 싶어 심장이 쿵쾅거렸다. 하지만 무엇이든 반복하면 익숙해진다. 여유가 생기고, 오히려 상대가 더 긴장하고 있다는 사실을 확인하는 순간이 온다. 이제는 초인종이 무섭지 않다. 밖에서 창문으로 베란다 방향을 확인하고, 욕실 작은 창으로 욕실 위치를 파악한다. 옥상에 올라가면 전용면적이 한눈에 들어오며 구조가 머릿속에 도면처럼 그려진다. 이건 AI보다 내가 더 잘할 것이라는 확신이 든다.

예전엔 공동현관 문이 열릴 때까지 기다렸다가 누군가 들어가면 따라 들어가곤 했다. 이제는 위층이나 아래층을 호출해 "경매 물건 O호를 보러 왔는데 사람이 없다. 잠깐 보고 가겠다"고 말하면 문을 열어준다. 임장을 자주 다니다 보면 택배기사들이 써둔 비밀번호를 발견해 자연스럽게 들어가는 일도 생긴다.

월세 직원 2호기는 인천 미추홀구 주안동으로 정했다. 12평 규모의 미닫이문 형태 3룸이었다. 물건을 정할 때 첫 필터는 필로티 구조였다. 빌라는 대지지분이 중요하지만, 막 한 사이클을 경험하고 수익실현을 한 초보 단계에서는 겉모습이 반듯한 물건이 더 안전해 보였던 때였다. 주차가 가능해야 임차 맞추기도 수월하니, 수익실현에 초점을 맞추고 움직였다.

임차인이 있는 물건이라 권리분석이 아주 쉬웠다. 최우선변제금으로 전액 배당받는 임차인이었고, 보증금 2,000만 원에 월세 20만 원으로 거주 중이었다. 계속 거주하고 싶다고 해서 소유권 이전 후 보증금 1,500만 원, 월세 25만 원으로 재계약했다. 2호기도 명도 없이 재계약했으므로 이사비, 수리비, 중개수수료 없이 바로 수익실현이었다.

## 월세 직원 2호기 결과

| | |
|---|---|
| 낙 찰 가 | 70,609,000원(77.59퍼센트) |
| 대 출 금 | 54,000,000원(76퍼센트, MCI 사용) |
| 금리 3.7퍼센트, 월 대출이자: 159,780원 ||
| 입 찰 보 증 금 | 6,370,000원 |
| 잔 금 | 10,239,000원 |
| 법 무 비 | 1,700,000원 |
| 총 투 입<br>(원문 합계 기준) | 18,309,000원 |

| | |
|---|---|
| 임차인 보증금 | 15,000,000원 |
| 월 세 | 250,000원 |
| 대 출 이 자 | 159,780원 |
| 실 투 자 금 | 3,309,000원 |
| 월 현금흐름 | 90,220원 |
| 누적 현금흐름 | 319,670원<br>(1호기 219,450원 + 2호기 90,220원) |

실투자금 330만 9,000원이 들어갔다. 목표가 월 현금흐름 20만 원이었는데 10만 원도 안 나왔다. 일이 생각처럼 순조롭지 않다는 사실을 깨닫게 해준 물건이다. 무피, 플러스피는 임차인 보증금이 관건이다. 이 물건을 보증금 2,000만 원, 월세 20만 원으로 재계약했다면 돈이 거의 안 들어가거나 오히려 남는 구조(플러스피)도 가능했을 것이다. 나는 보증금 2,000만 원, 월세 30만 원으로 제안했지만 최종적으로 보증금 1,500만 원, 월세 25만 원으로 계약했다. (현재는 보증금 500만 원에 월세 43만 원으로 임대 중이다.) 보증금을 올리면 월세가 내려가고, 보증금을 내리면 월세가 올라간다. 이 단순한 원리를 현장에서 다시 확인했다.

목표는 "대출이자를 제외한 월 현금흐름 100만 원"이었다. 그래서 시세차익보다 현금흐름에 초점을 맞추고 전진하기로 했다. 전세 직원이 일 년에 5,000만 원을 벌어다 줄 수도 있지만, 전세 시세가 떨어지면 역전세로 3,000만 원을 뱉어내야 하는 상황도 생긴다.

여름 계곡에 가면 하루 1,000만 원 매출을 올리는 백숙집, 베이커리 카페가 있다. 스키장 렌탈샵도 겨울 시즌에는 한 달에 2,000만 원씩 번다. 하지만 시즌이 끝나면 수익은 0원이 된다. 시즌 매출을 부러워하기보다, 매일 30만 원씩 들어오는 순댓국집을 부러워해야 한다. 시세차익이 억 단위여도 매도 전까지는 그림의 떡이다. 반면 매달 들어오는 현금흐름의 힘은 막강하다.

다르게 생각해볼 수도 있다. 싸게 사지 않고 시세에 샀더라도 실투자금을 최소화하고 매달 꾸준한 월세가 들어온다면, 그것도 경제적 자유의 한 형태가 될 수 있다.

## 월세 직원 2호기에서 얻은 것

작은 평수는 월세를 많이 받기 어려워 임대수익이 기대보다 낮을 수 있다. 역세권이라면 보증금 2,000만 원에 월세 40만 원도 가능했을지 모른다. 입지의 중요성과, 일정 평수 이상이어야 임대수익을 기대할 수 있다는 점을 체감하게 해준 물건이었다.

# 월세 직원 3호기:
# 인천 부평동 3룸 빌라

## 버리고 간 물건이 1톤 트럭 두 차가 나오다

**2016타경513281**　　● 인천지방법원 본원　● 매각기일 : 2017.12.22(金) (10:00)　● 경매 2계(전화:032-860-1602)

| 소재지 | [도로명검색] [D 지도] [N 지도] | | |
| --- | --- | --- | --- |
| 새주소 | | | |

오늘조회: 1　2주누적: 0　2주평균: 0　[조회동향]

| 물건종별 | 다세대(빌라) | 감정가 | 146,000,000원 |
| --- | --- | --- | --- |

| 구분 | 입찰기일 | 최저매각가격 | 결과 |
| --- | --- | --- | --- |
| 1차 | 2017-10-11 | 146,000,000원 | 유찰 |
| 2차 | 2017-11-16 | 102,200,000원 | 유찰 |
| 3차 | 2017-12-22 | **71,540,000원** | |

| 대지권 | 37.77㎡(11.425평) | 최저가 | (49%) 71,540,000원 |
| --- | --- | --- | --- |
| 건물면적 | 59.83㎡(18.099평) | 보증금 | (10%) 7,160,000원 |
| 매각물건 | 토지·건물 일괄매각 | 소유자 | |
| 개시결정 | 2016-12-28 | 채무자 | |
| 사건명 | 임의경매 | 채권자 | |

낙찰 : 103,209,000원 (70.69%)

(입찰8명.낙찰 /
차순위금액 102,568,000원)

매각결정기일 : 2017.12.29 - 매각허가결정

대금지급기한 : 2018.01.29

대금납부 2018.01.25 / 배당기일 2018.02.21

배당종결 2018.02.21

이번에는 대지지분 11평이 있는 2002년식 18평 3룸 빌라였다.

| 낙 찰 가 | 103,209,000원(70.69퍼센트) |
|---|---|
| 대 출 금 | 87,600,000원(대출 84퍼센트, MCI 사용) |
| 임 차 인 | 보증금 30,000,000원 / 월세 400,000원 |
| 플 러 스 피 | 8,766,000원 |
| 월 현금흐름 | 110,000원 |
| 누적 현금흐름 | 429,670원<br>(1호기 219,450원 + 2호기 90,220원<br>+ 3호기 110,000원) |

2호기 임대를 맞추며 "입지는 곧 임대료로 반영된다"는 사실을 깨달았다. 그래서 이번에는 입지가 좋은 인천 부평에 하나를 만들어보기로 하고 부평 지역으로 검색했다. 부평은 인기 지역이라 낙찰가가 높았다. "무조건 싸게 사야 한다"는 생각으로 '두 번 유찰' 물건을 조건으로 걸고 타깃을 정했다.

낙찰 후 진행 과정을 날짜별로 정리해, 명도까지의 과정을 디테일하게 기록했다.

## 12월 22일

낙찰 직후 물건지 방문. 부재중이라 포스트잇을 붙이고 돌아왔다.

"낙찰받은 사람입니다. 앞으로 일정에 대해 상의드리고 싶습니다.

연락 주세요."


### 12월 30일(낙찰 후 8일)

일주일이 지나서야 모르는 번호로 전화가 왔다.

"여보세요. 낙찰받으신 분이신가요."

"네."

보통 2~3일 내로 연락이 오는데 일주일이 걸렸다. 딱딱한 말투에서 점유자의 심리 상태가 느껴졌다. 그런데 점유자가 갑자기 물었다.

"제가 낙찰을 받으려고 했는데……. 얼마에 낙찰받았어요?"

보통 거주 중인 집이 경매로 진행되면 유찰되는 것을 보며 "한 번더 유찰되면 내가 받아볼까" 정도로 생각한다. 그러다 어느 순간 매각기일이 되고 낙찰자가 찾아오면, 낙찰가가 궁금해진다. 나는 찾아뵙고 이야기 나누기로 약속을 잡고 전화를 끊었다.


### 1월 4일(낙찰 후 13일)

물건지 방문, 점유자와 첫 만남. 집을 둘러보겠다고 양해를 구하고문을 열어 구석구석 살폈다. 작은 방에는 중학생 정도로 보이는 점유자의 아들이 컴퓨터 게임을 하고 있었다. 상황을 아는지 모르는지 게임에 열중하고 있었다. 점유자는 소유주의 동생이었다. 경매 책에서배운 대로 내 말을 하기보다 점유자의 말을 들어주는 방식으로 대화를 이어갔다.

"이 추운 날 어디로 어떻게 가야 합니까."

떨리는 목소리로 호소하듯 말했다. 나는 이렇게 말했다.

"소유권 이전을 하면 저도 대출이자를 내야 합니다. 소유권 이전 후에는 죄송하지만 월세를 주셔야 합니다. 당장 이사가 힘드시면 임대차계약을 하고 월세를 주시면서, 날씨가 풀릴 때까지 천천히 알아보셔도 됩니다."

안쓰러운 마음에 시간을 넉넉히 드리기로 했다. 점유자가 물었다.

"이사비는 얼마를 줄 건가요."

보통 점유자들은 어느 정도 이사 계획을 잡고 있다. "막막하다" "이사 계획이 없다"는 말은 이사비를 많이 받기 위한 전략적 멘트일 수도 있다. 나는 답했다.

"이사비를 무조건 드리는 건 아닙니다."

원래 이사비는 주지 않지만, 한 달 안에 이사하면 이사비를 주겠다고 했다. 그날 나눈 내용과 앞으로의 일정을 상세히 정리한 내용증명을 발송했다.

## 1월 10일(낙찰 후 19일)

이사 날짜를 잡았다고 연락이 왔다. 목소리가 한층 밝아졌다. 약속대로 이사비를 꼭 달라고 여러 번 확인했다.

## 1월 24일(낙찰 후 33일)

명도까지 한 달. 이삿짐이 빠지고 이사비를 지급했다. 그런데 베란다에 창고 같은 공간이 있어 문을 열어봤더니 짐이 한가득이었다.

"이거 다 가져가셔야죠."

"이건 제 짐이 아니라 원래부터 여기 있던 거예요."

지금 같으면 짐을 정리해야 이사비를 드린다고 했을 텐데, 그때는 그 말을 순진하게 믿었다. 창고 안 물건을 꺼내기 시작했는데, 그건 판도라의 상자였다. 꺼내도 꺼내도 계속 나왔다. 1톤 트럭 두 차 분량이었다. 사다리차 8만 원, 인건비, 창고 철거 비용까지 합쳐 110만 원이 추가로 들어갔다. 도배·장판, 방충망, 세면대, 수전, 싱크대 수전, 싱크대 상부장만 교체했다. 총 수리비는 292만 5,000원이 들어갔다.

### 월세 직원 3호기 최종 결과

| 대 지 권 | 37.77(11평) |
|---|---|
| 면 적 | 59.83(18평) |
| 준 공 | 2002년식 |
| 낙 찰 가 | 103,209,000원(70.69퍼센트) |
| 대 출 금 | 87,600,000원(MCI 사용) |

### 투입금

| 입 찰 보 증 금 | 7,154,000원 |
|---|---|
| 잔 금 | 8,455,000원 |
| 법 무 비 | 1,700,000원 |
| 이 사 비 | 1,000,000원 |
| 수 리 비 | 2,925,000원 |

| 임 차 인 | 보증금 30,000,000원 / 월세 400,000원 |
| --- | --- |
| 대 출 이 자 | 월 290,000원 |
| 플 러 스 피 | 8,766,000원 |
| 월 현금흐름 | 110,000원 |

나는 물건의 가치를 올려 임대료도 더 받고, 매도까지 염두에 두고 기존 임차인이 나간 뒤 인테리어 공사를 진행했다. 빌라는 단열이 엉망인 경우가 많다. 아파트도 결로가 없지는 않다. 전세 직원 1호기인 미사 신도시의 신축 아파트도 결로가 있어 건설사 하자 신청으로 단열공사를 한 적이 있다. 빌라든 아파트든 임차인이 들어와 관리가 제대로 되지 않으면 곰팡이가 생긴다. 지하라서 반드시 곰팡이가 생기는 것도 아니고, 아파트라서 절대 곰팡이가 안 생기는 것도 아니다. 결국 거주자가 어떻게 관리하느냐가 중요하다. 곰팡이가 생기기 쉬운 외벽은 어두운 벽지로 도배하면, 흰 벽지보다 곰팡이가 덜 도드라져 보이기도 한다.

## 월세 직원 3호기에서 얻은 것

수리를 이중으로 하며 불필요한 지출이 추가로 들어갔다. 인테리어는 할 때 한 번에 제대로 해야 한다. 어설프게 하느니 안 하는 편이 낫다.

# 월세 직원 4호기:
# 청주 25평 아파트

## 부자라서 좋겠다고?

**2017타경8213**　　• 청주지방법원 본원　• 매각기일 : **2018.04.30(月) (10:00)**　• 경매 1계(전화:043-249-7301)

| 소 재 지 | | | | |
|---|---|---|---|---|
| 새 주 소 | | | | |

오늘조회: 1  2주누적: 0  2주평균: 0  조회동향

| 물건종별 | 아파트 | 감 정 가 | 118,000,000원 |
|---|---|---|---|
| 대 지 권 | 30.686㎡(9.283평) | 최 저 가 | (64%) 75,520,000원 |
| 건물면적 | 59.7㎡(18.059평) | 보 증 금 | (10%) 7,560,000원 |
| 매각물건 | 토지·건물 일괄매각 | 소 유 자 | |
| 개시결정 | 2017-07-11 | 채 무 자 | |
| 사 건 명 | 임의경매 | 채 권 자 | |

| 구분 | 입찰기일 | 최저매각가격 | 결과 |
|---|---|---|---|
| 1차 | 2018-01-15 | 118,000,000원 | 유찰 |
| 2차 | 2018-02-19 | 94,400,000원 | 유찰 |
| | 2018-03-26 | 75,520,000원 | 변경 |
| 3차 | 2018-04-30 | **75,520,000원** | |

낙찰 : 93,939,000원 (79.61%)

(입찰14명, 낙찰 /
차순위금액 93,799,000원)

매각결정기일 : 2018.05.04 - 매각허가결정

대금지급기한 : 2018.06.12

대금납부 2018.06.04 / 배당기일 2018.06.27

배당종결 2018.06.27

올수리 아파트를 낙찰받았다. 점유자는 소유주, 학교 선생님이다. 차순위와 65만 원 차이로 낙찰받은 게 최고 기록이었는데, 이번에는 14만 원 차이로 낙찰받았다. 14만 원 차이라는 금액이 온몸에서 전율이 흐르면서 도파민이 분비돼, 크게 소리를 치고 싶을 정도로 기분이 좋았다. 이 짜릿함은 경험해 보기 전에는 절대 알 수 없다. 차순위와의 적은 금액 차이 때문에 "경매 컨설팅 회사를 통해 낙찰받은 거 아니야?"라는 사람들의 수군거림도 들린다. 낙찰 영수증을 받고 법정을 나오는데 대출 상담사들에게 둘러싸였다. 연락처를 불러주며 연예인이 된 기분을 만끽하고 나오는데, 뒤에서 누군가 따라 나오며 나를 불렀다.

"저기요! 시세 조사는 하고 받아가는 거예요?"

그 사람은 같은 물건에 입찰했다가 패찰한 사람이었다. 30대 후반 정도의 여자였는데, 원망이 가득한 눈빛으로 따지듯 물었다. "당신 같은 사람이 비싸게 낙찰받아 가니까, 아무리 입찰해도 낙찰을 받을 수가 없어"라는 표정이었다. 패찰하면 누구나 드는 생각이다. 그래서 미소를 지으며 "경매 공부는 하시고 입찰하는 거예요?"라고 되물었다. 그분은 패찰의 이유를 내 탓으로 돌리며 눈으로 따가운 레이저를 쏘았고, '너 때문에 내 기회비용을 날렸어'라는 심리 상태를 과격한 행동으로 보여줬다. 급하게 차를 타더니, 악셀에 자신의 감정을 모두 실어서 거칠게 법원을 빠져나갔다. '두 번 다시 경매는 안 하겠다'는 결심을 행동으로 보여주는 듯했다.

무주택자는 자신의 주택을 다주택자가 뺏어 갔다고 생각한다. 원숭이에게 실험을 했다. 우리에 갇힌 원숭이들에게 매일 똑같은 수의 바나나를 줬다. 양이 부족했기 때문에 원숭이들은 매일 바나나를 기다렸고, 바나나를 받으면 행복하게 받아먹었다. 그러던 어느 날, 한 원숭이에게만 포도를 줬다. 포도를 받은 원숭이는 포도를 먹지 않고 머리 위로 들어 올려 사방에 자랑했다. 바나나를 받은 다른 원숭이는 받은 바나나를 집어던져 버렸다. 비교를 통해 하나는 자신을 과시했고, 다른 하나는 분노를 느낀 것이다.

우리도 누군가 부동산으로 큰돈을 벌었다고 하면 분노 표출이 먼저 나온다. 나보다 못한 사람이 잘되는 꼴을 보면 괜히 배가 아프고, 부정적으로 생각하며 안 좋게 말한다. "저거 부모 잘 만나서 그런 거지, 곧 다 말아먹을 거야"라고 악담한다. 다주택자들은 투기꾼이고, 내 기회를 빼앗았다고 생각하며 돌을 던진다. 내가 운영하는 유튜브 채널 채원별님TV 영상에 달린 댓글인데 "집은 한 채, 그 이상은 소유하지 못하게 해야 한다"라고 했다. 똑같은 사물이나 현상을 접하고도 보는 사람의 입장에 따라 다른 평가를 내리는 경우가 많다. 물이 반 정도 들어 있는 생수병을 보고 어떤 사람은 "아직 반이나 남았네. 충분해"라고 생각하고, 어떤 사람은 "반밖에 안 남았잖아. 부족해"라고 생각한다. 같은 사실을 두고도 보는 시각이 다르다.

무주택자가 부동산을 바라보는 시각은 "집은 하나만 있어야 한다"에서 시작한다. 그러다 내 집 마련을 하고 1주택자가 되면, 비로소 알게 되는 사실이 있다. 자산이 올라가는 속도를 우리가 아무리 발버둥 쳐도 따라갈 수 없다는 사실이다. 그래서 '1가구 일시적 2주택'으로 비과세를 받으며 전략적으로 수익을 내다가, 많이 들고 있으면 있을

수록 수익이 커지는 대세 상승장에서는 스노우볼 이펙트를 두 눈으로 확인하고 다주택으로 가게 된다.

나도 무주택자였었고, 패찰한 사람이 낙찰자를 원망하는 마음을 이해한다. 나 역시 패찰 후에 비싸게 낙찰받아 가는 낙찰자를 원망했었다. 그분이 이후에도 부동산 경매로 계속 낙찰을 받았는지는 알 수 없지만, 만약 최고가 매수인이 되어 봤다면 과거의 내 모습과 같은 사람들을 이해할 수 있는 시각을 갖게 됐을 것이다.

2021년, 부동산이 최고점일 때 분노하는 사람들이 정말 많았다. 신축 아파트에 거주하는 젊은 부부들과 비교해 자신의 신세를 한탄하며, 에일리언이 나타나 집 있는 사람들만 공격했으면 좋겠다는 글이 인터넷 게시판에 올라오기도 했다. 집 가진 사람들을 원망하고 다 죽기를 바라는 심정. 2021년 집을 사지 못한 사람들은 상대적 박탈감을 느끼며 벼락거지가 됐다. 2026년 또 다시 반복되고 있다.

"저 금액에 왜 낙찰받아 가는 거야."

이해할 수 없는 낙찰가와, 열심히 돌아다닌 임장의 수고스러움, 법원을 오가며 발생한 통행료, 들어간 시간들, 여러 가지 기회비용에 대한 원망이 고스란히 낙찰자에게 화살이 되어 꽂힌다. 무주택자가 자신의 주택을 다주택자가 뺏어 갔다고 생각하는 것과 비슷하지 않을까.

이번 물건은 명도 난도가 지금까지와 달랐다. 임차인이 없는 소유주 물건이다. 낙찰 후 바로 물건지에 방문했지만 소유주를 만날 수 없었다. 내용증명을 발송했지만 반송됐고, 일반우편으로 보낸 내용증명은 우편함에 그대로 있었다.

## 내용증명 꿀팁

등기로 보낸 내용증명은 반송이 잦다. 집에 사람이 없으면 등기우편은 발신인 주소로 반송된다. 반송될 것을 대비해 일반우편으로도 같이 보내자.

또한 연락을 안 주는 임차인을 마냥 기다릴 필요는 없다. 최고가 매수인은 법원 서류 열람이 가능하다. 해당 경매계에 낙찰받고 바로 가면, 법정에서 서류가 내려오는 데 시간이 걸려서 열람을 못할 수 있다. 점심을 먹고 서류 열람을 하자. 서류 열람을 통해 임대차계약서를 확인하면 임차인 연락처를 쉽게 얻을 수 있다. 찾아가지 않고 내용증명을 보내지 않아도, 임차인 연락처로 문자 한 통을 보내고 전화를 기다리면 된다. 다만 특별한 상황이 아니라면, 매각불허가 신청을 할 수 있는 일주일 기간 안에 낙찰받은 물건에 치명적인 하자가 있는지 내부를 반드시 확인하는 게 좋다.

공실이라고 생각했지만 사람은 살고 있었다. 연락처를 두 번이나 남기고 왔는데도 연락이 없어서 문에 내용증명을 붙이고 왔다. 두 번째 내용증명은 좀 강하게 썼다. "연락 없을 시 거주지의 모든 살림을 순식간에 들어낼 것"이라며 강제집행을 강하게 언급했는데, 아직 연락이 없는 걸 보면 고의로 연락을 피하며 시간 벌기 작전에 들어간 것 같았다. 마음 편하게 강제집행까지 간다고 생각하고 있었다.

## 조급한 사람이 진다

강제집행도 한 번 경험해 보고 싶었다. 이번 기회에 경험해 본다고 긍정적으로 생각했다. 관리비도 250만 원이나 미납돼 있어서 '어떻게 하면 관리비를 낙찰자가 인수하지 않을까' 하고 경매책들을 찾아봤지만 도움이 될 만한 사례는 없었다. 쉽지 않았다. 배당을 받지 못하는 채무자라면 낙찰자가 관리비를 인수해도 불만이 없을 수 있다. 하지만 낙찰대금으로 채무를 전부 상환하고 배당받는 소유주도 있다. 그렇다면 본인이 사용한 관리비는 정산하는 게 맞지 않을까.

이후에 소액 때문에 경매로 진행된 물건을 낙찰받았을 때, 판례를 만들어 보고자 가압류를 신청했지만 사망한 분이라 기각됐다. 하늘은 스스로 돕는 자를 돕는다. 비타500 한 박스를 사서 관리사무소로 찾아갔다.

"안녕하세요, 소장님. 보통 관리비를 연체하면 3개월만 밀려도 단수 조치하는데, 왜 안 하셨던 거죠? 관리 규약에 그렇게 나와 있는 거 아니에요?"

"그게 사람 일이라 그렇게 말처럼 쉬운 게 아니에요."

시간이 갈수록 관리비는 계속 쌓이니, 지금이라도 단수 조치를 부탁드렸다. 낙찰자가 관리비를 무조건 인수하는 건 부당하다고 소장님을 설득했다. 미납 관리비를 다 확인하고 입찰가에서 관리비를 뺀 금액으로 낙찰을 받은 건데, 막상 낙찰 후에 관리비를 내려고 하니 아깝기 시작했다. 조금 더 비싸게 낙찰받아도 대출을 더 받으면 실투금이 크게 변하지 않지만, 소유권 이전 비용, 법무비, 명도비, 수리비, 미납 관리비는 고스란히 실투금이 된다.

부동산 경매를 한다고 하면 "젊은 사람이 부동산도 사고 부자네"라고 오해하는 분들이 많다. 나 역시 처음에는 집이 다섯 채씩 있는 사람들을 보면 '부모 잘 만난 부자 집 아들'이라고 생각했었다. 하지만 부동산 경매로 레버리지를 활용해 매입한다면 돈이 안 들어가거나, 오히려 돈이 들어오기도 한다.

가끔 부동산을 하면서 '연기'가 필요한 상황이 생긴다. 혹자는 거짓말이 양심에 걸린다고 불편해하지만, 부동산에서는 임차인 포지션, 투자자 포지션으로 상황별 역할을 설정해서 물어봐야 시세를 정확히 파악할 수 있다. "내가 원하는 물건을 찾아주면 지금 바로 살 수 있다"는 능력도 어필해야 하고, 가격을 조정할 때는 "열심히 산다"는 모습도 보여줘야 할 때가 있다.

그렇게 관리사무소에서 '젊은 사람이 열심히 살아가는 컨셉'으로 하소연한 덕분일까. 관리소장님의 마음이 움직였다. 점유자는 중학교 교사였는데, 관리소장님이 학교까지 찾아가 "선생님이 이러면 애들이 뭘 배우겠냐"며, 집이 경매로 넘어간 건 안타깝지만 본인이 사용한 관리비는 깔끔히 정산해 달라고 부탁했고 관리비를 받아오셨다.

보통 관리사무소는 미납 관리비를 누구에게 받든 '받기만 하면' 된다. 경매로 넘어가 안 좋게 나가는 소유주보다, 돈이 많아서(?) 부동산을 산 낙찰자에게 받는 편이 더 쉽다고 생각해 낙찰자에게 청구하는 경우가 많다. 그런데 감사하게도 이 소장님은 "점유자에게 받는 게 맞지 않냐"는 내 말에 공감해 준 것이다. 직장 생활을 하든, 사업을 하든, 부동산을 하든 사람과의 대화가 결국 모든 일의 열쇠다.

## 얼굴 한 번 보지 않고 명도 완료

점유자는 굳이 만날 필요가 있겠냐며 전화로만 얘기했고, 이사비도 "주는 대로 받겠다"고 했다. 관리비까지 깔끔히 정산한 소유주는 조용히 이사를 갔다. 그렇게 명도는 마무리됐다. 도어락 상태도 나쁘지 않았고, 그냥 깨고 새 도어락으로 교체하기엔 아까워서 현관 비번을 달라고 여러 차례 전화했지만, 관리소장님의 학교 방문으로 사회적 위신이 떨어진 점유자는 내 전화를 받지 않았다. 문자도 보냈지만 결국 비번을 알려주지 않았다. 그래서 열쇠 업체를 불러 문을 따고 들어갔다. 보통 경매로 낙찰받은 물건은 오래돼 변색된 비디오폰, 오래된 벽지가 세월의 흔적을 말해준다. 가스 쿡탑이 없는 싱크대, 입주 때 그대로의 욕실 컨디션, 그런 기본 상태의 집을 상상하는 동안 문이 열렸다. '하악! 올수리다!'

중문이 보였다. 인터컴도 이미 비디오폰으로 교체돼 있었다. 지금이야 도어락, 인터컴, 샷시 상태, 현관문 상태만 보고도 어느 정도 수리 상태를 예측할 수 있지만, 당시 아파트를 처음 낙찰받아 본 경매 초보였던 나는 아무것도 몰랐다. 정말 랜덤박스였다. 욕실도 예쁘게 수리돼 있었고, 싱크대도 고급스러웠다. 올수리 비용을 걱정하고 있었는데 뜻밖의 행운이라 기분이 좋았다. 컨디션이 좋아서 도배, 장판만 교체하고 부동산에 물건을 내놓았는데 3일 만에 계약이 됐다. 그것도 시세보다 비싸게 말이다. 헌 집인 줄 알았는데 새 집이었다. 이런 게 복권 맞은 기분이지 않을까.

## 랜덤박스에서 올수리 물건을 고르는 꿀팁

첫째, 임장하면서 샷시가 교체돼 있는지 확인하자. 샷시가 교체돼 있으면 다른 곳도 수리돼 있을 가능성이 높다.

둘째, 현관문이 수리돼 있거나 시트지, 페인트칠이 돼 있으면 수리돼 있을 가능성이 높다.

셋째, 도어락, 인터컴이 교체돼 있으면 수리돼 있을 가능성이 있다.

어떻게든 현관문을 열고 내부를 확인하면 정확한 입찰가 산정이 가능하다. 나는 내부를 확인하지 못했지만, 올수리된 내부를 확인한 사람이 입찰에 들어왔다면 나는 패찰했을 것이다. 당시 모두가 충청권 쪽에 아파트 갭투자를 하고 있어서 자연스럽게 지방에 관심을 갖게 됐다. 충남 천안에 유행처럼 갭투자로 사람들이 몰려가 물건을 심었고, 이미 충청권은 입주 물량으로 매매가가 크게 꺾인 상태라 "더 이상 떨어지지 않을 것"이라 생각했다. 나는 청개구리처럼 남들과 반대로 움직였다.

현금흐름은 방어고 갭투자는 공격이다. 사람의 성향은 크게 두 가지다. 공격성이 있는 사람, 방어적인 사람. 최선의 방어가 공격일 수도 있지만, 아직 해보지 않은 분야에서는 진지를 구축하고 때를 기다리는 게 자연스럽다. 그래서 나는 방어 진지에 무게를 두기로 했다. 갭투자는 솔직히 무서웠다. 새로운 임차인을 맞추지 못하면 전세보증금을 빼주지 못하는 두려움이 있었다. 그래서 갭투자는 천천히 하기로 했다.

## 언젠가는 오는 그날, 대출이 막히는 날

대출이 나올 때까지 현금흐름을 조금 더 만들고 싶었다. 플러스피로 종잣돈을 만들어 투자금을 최소화하고 싶었다. 사람은 사회적 동물이다. 타인을 의식하며 사는 건 당연하다. 우리는 타인에게 비친 모습을 통해 자신을 개념화하기 때문이다. 타인을 의식하며 더 나은 사람으로 변모하기도 하고 행동 동기를 만들기도 한다. 하지만 타인의 시선을 지나치게 의식할 때 문제가 생긴다.

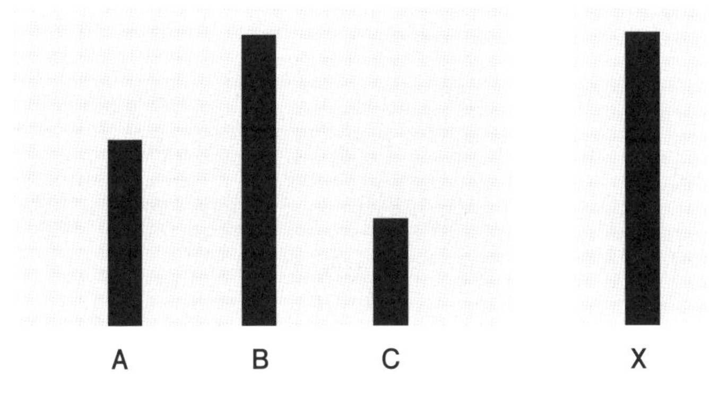


A, B, C 중 오른쪽의 X 길이와 같은 것은 당연히 B다. 하지만 7명의 실험자 가운데 6명이 A라고 답하자 마지막 한 명은 당황하면서도 A라고 답했다. 다수의 시선이 한 명을 바보로 만드는 건 이렇게 쉽다. 사람들은 "빌라는 사는 게 아니다"라고 한다. 빌라를 매입하는 순간 고생만 한다고 한다. "아파트 투자가 진짜 투자다"라고 말한다. 다들 지방에 관광버스를 타고 아파트를 여러 채 계약하고 온다. 다들 아파트만 보니 자연스럽게 나도 "빌라가 아니라 아파트를 해야 한다"는 생각이 든다. 혼자 뒤처지는 느낌이라 나도 충청권으로 활동지를 옮기기로 했다.

아파트는 하고 싶고, 갭투자는 아직이라 생각한다. 그럼 결론은 무엇인가. '아파트를 월세로 세팅하고, 월세를 받으며 오르기를 기다리자. 매매가가 더 떨어져도 역전세 리스크가 없고, 기다릴 수 있잖아.' 충청권에 아파트를 월세로 세팅하기로 했다. 그럼 먼저 충청도를 알아보자.

충청남도 인구 210만

투자 가능 지역: 천안시 인구 67만, 아산시 인구 32만

천안시에는 서북구, 동남구가 있다.

불당동, 백석동, 쌍용동이 좋은 활동지다.

충청북도 인구 160만

투자 가능 지역: 청주 인구 84만, 충주 인구 21만

청주시는 4개의 행정구역, 흥덕구·상당구·서원구·청원구로 나뉜다.

복대동, 가경동, 용암동, 금천동, 수곡동, 탑동이 주요 활동지다.

발품을 팔기 전 손품으로 시세 파악을 한다. 경매 물건을 검색해 입찰 가능 물건을 찾고, KB시세와 실거래가를 함께 비교하며 입찰가를 산정한다. 일단 청주에 물건 하나 만들어 보자. '싸게만 받으면 OK 아니야.' 싸게만 받을 생각으로 두 번 유찰된 물건을 타깃으로 잡고 입찰했다.

여러 번 패찰하면서 청주법원 분위기와 낙찰률을 파악했고, 패찰 후 좌절은 쓸모없는 감정 소모라는 걸 깨달았다. 패찰하면 기계처럼 바로 다음 입찰 타깃 물건지로 가서 임장을 시작하는 게 어느 순간

자연스러워졌다. 드디어 낙찰. 입찰 전 '얼마나 들어오겠다'는 예측이 조금씩 가능해졌다. 예상만큼 들어왔고, 입찰가를 세 개 산정해 두고 법원 분위기에 맞춰 입찰가를 썼다.

## 대략적인 입찰 인원을 파악하고 낙찰 확률을 높이는 꿀팁

집에서 법원으로 출발하기 전에, 내가 입찰하는 물건이 당일 매각 진행되는지 먼저 확인하자. 법원에 가는 중간에도 물건 상태가 변경될 수 있다. 이왕이면 한 개보다는 두 개 이상 입찰하는 게 좋다. 한 개보다는 두 개, 두 개보다는 세 개가 낙찰 확률을 높인다.

오전 이른 시간 유료 사이트에 로그인해 물건을 확인하는 사람은 입찰에 들어오는 사람일 가능성이 높다. 과거에는 유료 사이트의 '당일 이른 아침 조회수'로 대략적인 입찰 인원수를 추정할 수 있었다. 최근에는 유료 사이트가 다양해져 조회수만으로 정확한 파악은 어렵지만, 인기 물건과 비인기 물건 정도는 참고할 수 있다.

**최종 결과**

|  |  |
| --- | --- |
| 대　지　권 | 30.686(9.283평) |
| 면　　　적 | 59.7(18.059평) |
| 연　　　식 | 94년식 |
| 낙　　　찰 | 93,930,000원(79.61%) |
| 대　출　금 | 75,000,000원(80%) |
| 법　무　비 | 1,644,730원 |
| 이　사　비 | 1,000,000원 |
| 미 납 관 리 비 | 2,650,000원 |
| 도 배 · 장 판 | 1,100,000원 |
| 합　　　계 | 25,380,000원 |
| 입　차　인 | 보증금 10,000,000원 / 월세 500,000원 |
| 대　　　출 | 75,000,000원 |
| 월　이　자 | 230,000원(금리 3.6%) |
| 실 투 자 금 | 15,380,000원 |

270,000원의 현금흐름을 만들었다.
(1호기 219,450원 + 2호기 90,220원 + 3호기 110,000원
+ 4호기 270,000원)

실투가 많이 들어갔다. 임차인 보증금을 1,000만 원밖에 못 받았기 때문이다. 하지만 27만 원의 현금흐름이 생겼다. 임차인을 맞출 때는 여러 상황이 있다. '임자 나타났을 때 빼야 한다'는 마음으로, 월세

욕심·보증금 욕심을 부리다 공실 기간이 늘어나는 것보다는 하루라
도 빨리 채우는 게 이득일 수 있다. 욕심은 금물이다.

# 월세 직원 5호기:
# 청주 32평 아파트

## 이사비 300만 원 달라더니 벤츠 타고 나타난 소유주

충청권으로 활동 지역을 옮기고 두 번째로 받은 물건이다.

**2016타경15757**  ● 청주지방법원 본원 ● 매각기일 : **2018.04.30(月) (10:00)** ● 경매 1계(전화:043-249-7301)

| 소 재 지 | | | 도로명검색 D 지도 지도 | | | | |
|---|---|---|---|---|---|---|---|
| 새 주 소 | | | | | | | |
| 물건종별 | 아파트 | 감 정 가 | 144,000,000원 | 오늘조회: 1 2주누적: 0 2주평균: 0 조회동향 | | | |
| | | | | 구분 | 입찰기일 | 최저매각가격 | 결과 |
| 대 지 권 | 40.187㎡(12.157평) | 최 저 가 | (64%) 92,160,000원 | 1차 | 2018-02-19 | 144,000,000원 | 유찰 |
| | | | | 2차 | 2018-03-26 | 115,200,000원 | 유찰 |
| 건물면적 | 84.95㎡(25.697평) | 보 증 금 | (10%) 9,220,000원 | 3차 | 2018-04-30 | **92,160,000원** | |
| | | | | 낙찰 : 116,409,000원 (80.84%) | | | |
| 매각물건 | 토지·건물 일괄매각 | 소유자 | | (입찰9명,낙찰 ░░░ / 차순위금액 110,880,000원) | | | |
| 개시결정 | 2016-12-16 | 채무자 | | 매각결정기일 : 2018.05.04 - 매각허가결정 / 대금지급기한 : 2018.06.12 | | | |
| 사 건 명 | 강제경매 | 채권자 | | 대금납부 2018.06.04 / 배당기일 2018.06.27 / 배당종결 2018.06.27 | | | |
| 관련사건 | 2017타경11530(중복) | | | | | | |

위 사진의 6층짜리 낮은 아파트는 물건지 앞동 사진이다. 해당 물건은 엘리베이터가 있는 최고층 14층 아파트였다. 유료 경매 사이트 정보를 100% 신뢰하면 안 된다. 특히 권리 분석은 본인이 꼭 해야 한다. 임장을 갔다가 관리비 확인을 안 하고 돌아오는 경우가 많다. 요즘은 유료 사이트에 관리사무소 연락처가 나오지만, 당시에는 관리비 조사를 깜빡하고 확인하지 못해 다시 가야 하는 실수를 했다. 관리비는 무조건 관리사무실에서 확인하고 입찰 들어가야 한다. 상업용과 비교하면 주거용은 관리비가 크지 않아 보이지만, 미납 관리비는 실투금을 잡아먹는 귀신이다. 현장에 도착하면 제일 먼저 관리사무실로 들어가자.

당시 청주 상당구의 24평형(59㎡) 구축 아파트는 보증금 2,000만 원에 월세 50만 원을 받기 어려워 32평형으로 타깃을 정했다. 1억 1,640만 원에 낙찰받았고 차순위와 640만 원 정도 차이가 났다. 지금은 차순위와 금액 차이로 "입찰을 잘못 받았다"라고 생각하지 않지만, 처음에는 차이가 클수록 비싸게 받은 것 같고, 차이가 작을수록 싸게 잘 받은 것 같은 느낌이 드는 게 자연스럽다.

## 임장 결과

| | |
|---|---|
| 매 매 | 시세 1억 2,500만 원~1억 4,500만 원 |
| 전 세 | 시세 1억 1,000만 원 |
| 월 세 | 시세 2,000/50으로 조사했다. |

## 최종 결과

| | |
|---|---|
| 대 지 권 | 40.187(12.157평) |
| 면 적 | 84(25평) |
| 연 식 | 93년식 |
| 낙 찰 | 116,409,000원(80.84%) |
| 대 출 금 | 93,000,000원(80%) |

낙찰가 - 대출 = 23,409,000원

| | |
|---|---|
| 법 무 비 | 1,832,180원 |
| 이 사 비 | 0원 |
| 도어락 교체 | 140,000원 |
| 수전·일자 선반·앵글밸브·변기 물탱크 손잡이·패킹 등 | 137,000원 |
| 도 배 | 750,000원(광폭 합지) |
| 중 개 수 수 료 | 308,000원 |
| 총 투 입 금 | 26,576,180원 |

| 임　차　인 | 보증금 10,000,000원 / 월세 600,000원 |
|---|---|
| 대　　　출 | 93,000,000원 |
| 월 대출이자 | 286,750원 |
| 실　투　자　금 | 16,576,180원 |

월 323,325원의 현금흐름을 만들었다.
(1호기 219,450원+2호기 90,220원+3호기 110,000원
+4호기 270,000원+5호기 323,325원)

　　지금까지 물건 중 실투자금이 가장 많이 들어간 물건이자 월세도 가장 많이 나오는 물건이 됐다. 종잣돈이 점점 줄어든다. 종잣돈이 바닥나면 게임에 참여하지 못하고 구경만 해야 한다. 위기의식을 갖고 종잣돈을 아끼면서 입찰금 선정에 신중을 기하기로 했다. 종잣돈은 총알이다. 총알이 없으면 좋은 사냥감을 발견해도 잡을 수 없고, 사냥을 할 수 없으니 사냥터를 떠나야 한다.

　　혼자 화장실 청소, 싱크대 청소, 베란다 구석구석 집 청소를 하며 "잘하고 있다"고 애써 위안했다. 다시 또 내려오지 않으려면 최대한 일찍 출발해야 한다. 텅 빈 집에서 먹는 짜장면은 외로움을 더 키운다. 투자자는 고독과 악수해야 한다. 이렇게 월세 직원 5호기를 마무리하면서 1년 동안 실투자금 2,000만 원으로, 대출 이자를 제외하고 현금흐름 100만 원을 달성했다.

# 월세 직원 5호기까지 실투자금과 현금흐름 정리

투자금 32,739,500원 - 플러스피 14,361,010원

= 실투 18,378,490원

현금흐름 1,022,917원

세상에 부자가 되는 사람은 왜 소수일까. 모두가 다 부자가 돼서 여유롭게 살면 안 될까. 각자의 역할이 있어야 하기 때문일까. 사실 쉽게 부자가 되지 못하는 이유는 역설적으로 '부자가 되고자 하는 마음'이 없기 때문이다. 부자가 되고 싶다는 간절한 마음이 없으면 절대 부자가 될 수 없다. 친구 따라 오디션에 갔다가 우연히 스타가 되는 이야기는, 그냥 어쩌다 나온 운 좋은 성공 스토리일 뿐이다. 간절함이 없으면 내가 원하는 것을 쉽게 이룰 수 없는 게 세상 이치다.

똘똘한 한 채, 다주택 포지션은 어떻게 해야 할까. 지금 상황에서 부동산을 늘리는 것이 옳은 선택인지 고민하는 사람이 많다. 더 떨어질까 조심스러운 상황에 여러 채를 안고 있으면 리스크가 몇 배로 늘어난다. 취득세 중과, 보유세 폭탄, 양도세 중과를 생각하면 똘똘한 한 채, 즉 가장 비싸고 사람들이 선호하는 '잘 팔리는 부동산'을 사는 게 맞다. 서울 아파트를 살 수 있는 자금력이 있는 사람이라면 아파트·빌라를 무피, 플러스피, 소액으로 매입해 월세를 만드는 과정을 굳

이 할 필요가 없다.

실투자금 2,000만 원으로 월세 직원을 5호기까지 매입해 현금흐름 100만 원을 만들어야 하는 이유는 분명하다. 우리의 목적은 내가 사고 싶은 아파트, 서울 아파트를 사기 위해 부동산 시장에 발을 담그는 시작점에 서는 것이다. 우리나라에서는 집을 많이 보유하면 투기꾼, 적폐 취급을 받는다. 하지만 미국은 1만 4,000채 부동산을 가진 사람이 대통령이 되기도 한다. 남의 시선은 신경 쓰지 말고, 부동산을 늘리고 싶다면 자기 의지대로 늘려도 된다. 대부분의 사람은 죽을 때까지 집을 아예 못 사거나, 내 집 마련 하나로 끝난다. 많이 보유해도 된다는 사실을 설득할 필요도, 이해시키려 애쓸 필요도 없다.

부동산으로 자산을 증식하는 기본은 싸게 사서 비싸게 파는 것이다. 바닥에 사서 꼭지에 팔면 된다. 하지만 타이밍을 정확히 맞추기 어렵기 때문에 "무릎에 들어가 어깨에 나온다"라는 말을 한다. 바닥은 상승 직전 단계인데, 한 번 상승이 시작되면 속도가 너무 빨라 타이밍을 놓치면 닭 쫓던 개 지붕 쳐다보는 상황이 된다. 두 배, 세 배 오르는 것을 보고만 있게 되는 시장을 우리는 이미 경험했다.

똑똑한 한 채든 다주택 포지션이든 시기에 맞춰 움직여야 한다. 모든 규제가 사라진다는 것은 부동산 시장이 아주 차갑게 얼어붙은 상태일 수 있지만, 그때 우리는 준비하고 있어야 한다. 대출 규제도 풀리고 취득세 중과가 풀리면 고수들이 하나둘 들어오기 시작한다. 거래가 늘고 실거래가를 모니터링하던 투자자들이 움직인다. 상승 거래가 늘어나면서 열차가 달리기 시작하면 상승장이 시작된다.

언론은 떨어질 때도 오를 때도 자극적인 기사를 쏟아낸다. 발 빠른 투자자가 대거 진입한다. 매물보다 사고 싶은 수요가 많아지면 가격은 오르기 시작한다. "부동산은 끝났다"며 관심 없던 사람들마저 엉덩이가 들썩이며 열차에 뛰어오른다. 이때가 대세 상승장이다. 상식적으로 생각해 보자. 입지가 안 좋은 아파트까지 모두 오르는 장에서 어떤 아파트를 들고 있어야 할까. 정답은 사람들이 가장 선호하는 아파트다. 사람들이 사고 싶어 하는 아파트가 가장 많이 오른다. 좋은 것을 많이 들고 있는 사람이 이기는 게임이다.

하지만 돈이 부족하니 은행 대출로 최대한 많이 사 모으려 한다. 은행은 소득과 상환능력을 보고 대출을 제한한다. 대출이 막힌 사람들이 임차인의 보증금을 활용해 집을 장만하는 방법을 고안해냈고, 그게 갭투자다.

10억이 있다고 치자. 10억짜리 아파트 한 채를 들고 있으면 15억이 돼 5억을 번다. 그런데 전세 8억을 끼고 사면 내 돈은 2억이다. 그러면 10억짜리 아파트를 5개 살 수 있다. 한 채면 5억, 다섯 채면 25억이다. 이걸 경험한 사람은 불이 붙은 시장에서 최대한 많이 사려 한다. 정부 규제 속에서도 제한이 없는 무주택 실수요자까지 뛰어들면 그게 '불장'이다. 물건은 없어서 못 사고, 가격은 천정부지로 뛴다.

종잣돈에 맞춰 누군가는 20억짜리를 하고, 누군가는 1억짜리를 한다. "좁쌀이 굴러봐야 호박 한 번 구르는 걸 못 따라간다"라며 큰 걸 하라고도 한다. 그런데 20억짜리에 내 돈 8억을 넣는 것과 1억짜리에 1,000만 원을 넣는 것은 수익률 구조가 다르다.

똑같이 100% 오른다고 가정하면 20억은 40억, 1억은 2억이다. 같은 돈을 넣었을 때 결과가 같아 보이지만, 20억짜리에 8억이 들어가면 수익률은 250%이고, 1억짜리 20개에 2억이 들어가면 수익률은 1,000%다. 즉 똘똘한 한 채가 아니라 '수익률'이 전부를 말해준다는 주장도 성립한다. 실제로 상승폭이 가장 컸던 2021년에는 서울보다 경기·인천이 더 많이 올랐던 시기도 있었다. 같은 돈으로 서울 한 채보다 수도권 여러 채가 수익률이 좋았던 것이다.

다만 이는 "모든 아파트가 2배 오른다"는 가정이 들어간다. 사실 1억짜리가 2억이 되는 것보다 20억짜리가 40억이 되는 게 더 쉬울 수도 있어, 무조건 쪼개는 게 유리하다고 단정할 수는 없다. 극단적으로 비싼 것과 싼 것만 고르기보다 중간급으로 포트폴리오를 구성하는 것도 방법이다. 나이가 어릴수록 다양한 경험을 위해 하나씩 해보는 게 이후 투자의 밑거름이 된다. 나는 '몰빵'보다는 지역과 입지를 나눠 여러 물건에 투자하며 경험을 쌓는 쪽을 선호한다. 관심 지역이 넓어지면 시장 전체를 모니터링할 수 있기 때문이다.


## 현금흐름보다 우선은 '싸게 사는 것'


현금흐름 100만 원을 만들고 월세 직원을 더 늘려 200만 원, 300만 원을 만들었다고 치자. 그런데 매도할 때 1,000만 원 손해를 보고 팔면 남는 건 고생뿐이다. 월세를 받다가도 매도 시점에 시세차익을 얻어야 한다. 월세는 시세차익이 나올 때까지 기다릴 수 있게 해 주는 장치다. 10년 동안 월세를 받으며 보유한 부동산은 대세 상승장을 넘어가며 월세 이상의 큰 시세차익을 안겨준다는 사실을 기억하자.

정확한 시세 파악을 위해 면적을 이해하라. 빌라는 구조와 면적이 제각각인 게 어렵다. 아파트는 같은 평수·같은 구조가 많아 시세 파악이 쉽지만, 빌라는 아래층·위층·옆집이 다 다르다. 개별성이 강해 내부를 직접 보지 않으면 구조 파악이 어렵다. 하지만 반대로 그 개별성 때문에 기회가 생기기도 한다. 아파트보다 빌라가 싸게 살 기회가 많은 이유다.


## 부동산 면적 3초 만에 계산하는 법


부동산 거래에서 핵심은 면적, 즉 평수다. 20평대를 살지 30평대를 살지 결정해야 한다. 국민평수 84㎡는 25평이 나온다. 우리나라 아파트는 전용면적과 공급면적이 있다. 전용면적은 실평수다. 방·거실·주방·화장실 등 실제 생활 공간을 말한다. 공급면적은 전용면적+공용면적이다. 공용면적은 복도·계단·엘리베이터 등 단지의 공동 사용 공간이다. 보통 "몇 평"이라고 말하는 면적은 공급면적이다.

1평은 3.3057㎡다. ㎡를 3.3057로 나누면 평수가 나온다. 84㎡는 약 25.41평이다.

148/3.3057=44.7평

전용면적을 3초 만에 구하는 방법은 이렇다.

첫째, 끝자리를 반올림한다. 5 미만은 버리고, 5 이상은 올린다.

둘째, 3을 곱한다.

소수점까지 정확히 하려면 3.3057로 나눠야 하지만, 44.7평이나 45 평이나 실전에서는 큰 차이가 없다.

**빌라 면적 감각**

30㎡: 방 2개, 거실·주방 일체형

40㎡: 방 2~3개, 거실에 작은 소파

50㎡: 방 3개, 거실에 일반 소파

60㎡: 방 3개, 거실에 큰 소파

빌라 투자는 시세차익형이 아니다. 빌라가 절대 안 오른다는 뜻은 아니지만, 아파트만큼 매매가 활발하지 않아 시세가 쉽게 오르지 않는다. 싸게 내놓지 않으면 팔기도 어렵다. 그래서 "바로 팔아도 수익이 나는 가격"이 아니면 갭투자(전세 끼고 매매)로 접근하지 않길 바란다.

## 아파트로 월세 직원 만드는 법

월세 직원 5호기를 전부 빌라로 만들었다면 실투자금이 거의 안 들어가고 플러스피로 종잣돈도 만들며 현금흐름을 만들었을 것이다. 아파트는 기본적으로 수익형이 아니라 차익형이어서 월세 수익률이 빌라보다 낮을 수밖에 없다. 실투자금을 많이 넣지 않고 아파트에서 월세를 받고 싶다면, 우선 갭투자로 매입하고 나중에 반전세로 전환하면 된다. 전세가 회복하거나 오르는 만큼 월세로 받으면 된다.

흙수저로 태어난 이상, 서울에서 평생 내 집 마련은 불가능하다. 월급을 모아 서울에 내 집 마련을 하겠다는 건 정말 어렵다. '직장인의 별' 대기업 임원으로 승진할 확률은 1%가 안 된다는 수치도 있다. 연봉이 높은 직장인이나 소득이 높은 자영업자는 한 번 비벼볼 만하다고 생각할 수도 있다. 하지만 계산해 보면 답이 나온다. 1년에 3,000만 원을 저축할 수 있는 사람이 15억을 모으려면 50년이 걸린다. 1년에 3,000만 원을 못 모으는 사람이라면, 저축만으로는 답이 없다.

PIR<sub>Price to Income Ratio</sub>은 연간 소득 대비 주택가격의 배수다. PIR 10이면 10년 동안 소득을 한 푼도 쓰지 않고 모아야 중위가격 집 한 채를 살 수 있다는 의미다. 아파트로 아파트를 사야 서울 아파트를 살 수 있다. 집은 원래 저축해서 사는 것이 아니라는 말이 나온 이유가 있다. 대출이나 전세보증금 레버리지를 활용해 매입하지 않으면 올라가는 자산을 붙잡기 어렵다. 대출은 제한적이지만, 임차인의 전세보증금을 레버리지하면 금액 제한이 느슨해진다. 그래서 전세제도는 서민의 주거 사다리로 기능한다.

예를 들어 3억짜리 아파트를 2억 대출, 내 돈 1억으로 샀다고 하자. 이자 4%, 기간 40년 가정 시 매달 비용이 붙는다. 많은 사람은 이 대출이 삶을 조인다고 느끼고, 죽을 때까지 대출만 갚는 하우스푸어를 떠올린다. 하지만 그 비용을 내가 아닌 '내가 소유한 부동산', 즉 월세 직원이 내준다면 얘기가 달라진다. 잠자는 동안에도 돈이 들어오는 구조가 된다. 그리고 서울 아파트로 끝이 아니라, 그 이후 경제적 자유로 가는 길로 이어질 수 있다.

월세 직원 1~5호기로 현금흐름 100만 원을 만들었다는 말은 다른 말로 2억 5,000만 원의 종잣돈을 만든 것과 같다는 관점도 가능하다. 월세 직원이 전세 직원을 만들고, 전세 직원과 월세 직원이 더 나은 직원들을 만들어 주며, 결국 서울 아파트를 살 수 있게 해 주는 구조로 이어진다.

지금까지 이 책에서 말한 내용은 특별한 비법도 비밀도 아니다. 다만 순서를 지키고, 위험을 구분하고, 직접 움직이며 확인하라는 원칙의 반복이다. 경매는 부동산 투자의 한 방법일 뿐이고, 도구일 뿐이다. 중요한 것은 도구가 아니라 사용하는 사람이다. 조급하지 않고, 과욕을 부리지 않고, 확인한 것만 믿고, 감당 가능한 범위 안에서 한 걸음씩 실행하는 사람만이 결국 끝까지 간다.

처음에는 소소한 금액의 작은 물건, 쉬운 권리 관계부터 시작하면 된다. 한 번의 낙찰보다 열 번의 임장, 한 번의 수익보다 한 사이클의 경험이 더 값지다. 패찰과 시행착오는 비용이 아니라 데이터다. 직접 부딪혀 얻은 경험은 어떤 강의와 콘텐츠보다 오래 남는다. 시장은 늘 변하지만, 현장을 보고 판단하는 힘은 사라지지 않는다.

남의 속도 말고 자신의 속도로 가자. 남의 시선 말고 자신의 원칙을 따르자. 씨를 뿌렸다면 조급해하지 말고 기다리자. 시간이 지나면 자산은 가격이 아니라 구조로 남을 것이다. 이 책을 덮는 지금을 끝이 아니라 출발점으로 삼기를 간절히 바란다. 이제 실제 물건을 찾고, 보고, 결정할 차례다.

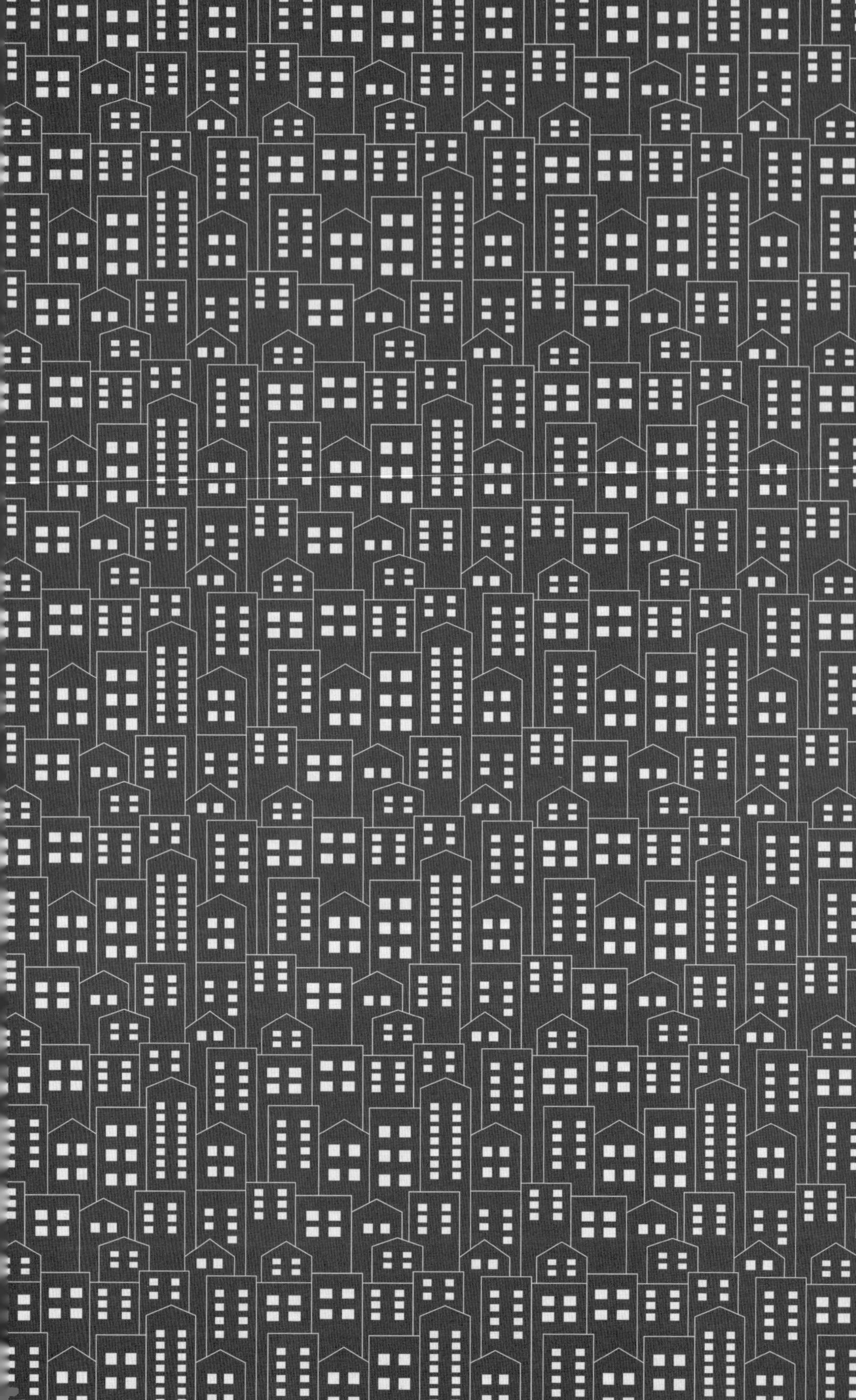